大夏书系 | 数学教学培训用书

数学课，
可以
这么好玩

苏明强————著

华东师范大学出版社

·上海·

图书在版编目（CIP）数据

数学课，可以这么好玩 / 苏明强著.
—上海：华东师范大学出版社，2023
ISBN 978-7-5760-3752-4

Ⅰ.①数… Ⅱ.①苏… Ⅲ.①小学数学课—教学研究 Ⅳ.① G623.502

中国国家版本馆 CIP 数据核字（2023）第 042993 号

大夏书系 ┃ 数学教学培训用书

数学课，可以这么好玩

著　　者	苏明强
策划编辑	朱永通
责任编辑	薛菲菲
责任校对	杨　坤
装帧设计	淡晓库

出版发行	华东师范大学出版社
社　　址	上海市中山北路 3663 号 邮编 200062
网　　址	www.ecnupress.com.cn
电　　话	021-60821666　行政传真 021-62572105
客服电话	021-62865537
邮购电话	021-62869887
地　　址	上海市中山北路 3663 号华东师范大学校内先锋路口
网　　店	http://hdsdcbs.tmall.com/

印 刷 者	北京密兴印刷有限公司
开　　本	700×1000　16 开
印　　张	18
字　　数	277 千字
版　　次	2023 年 5 月第一版
印　　次	2023 年 5 月第一次
印　　数	6 100
书　　号	ISBN 978-7-5760-3752-4
定　　价	65.00 元

出 版 人　王　焰

（如发现本版图书有印订质量问题，请寄回本社市场部调换或电话 021-62865537 联系）

目 录

序 一 / 001
序 二 / 005
前 言 / 007

好玩一　平行四边形的面积

第一节　教学故事与感悟　/ 003
第二节　教学内容与分析　/ 013
第三节　教学问题与思考　/ 023
第四节　教学实录与评析　/ 028

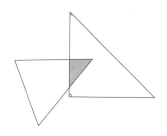

好玩二　三角形内角和

第一节　教学故事与感悟　/ 045
第二节　教学内容与分析　/ 053
第三节　教学问题与思考　/ 064
第四节　教学实录与评析　/ 070

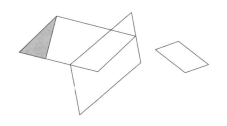

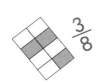

好玩三　分数的初步认识

第一节　教学故事与感悟　　/ 083
第二节　教学内容与分析　　/ 090
第三节　教学问题与思考　　/ 100
第四节　教学实录与评析　　/ 106

好玩四　用数对确定位置

第一节　教学故事与感悟　　/ 123
第二节　教学内容与分析　　/ 134
第三节　教学问题与思考　　/ 140
第四节　教学实录与评析　　/ 146

好玩五　三角形边的关系

第一节　教学故事与感悟　　/ 161
第二节　教学内容与分析　　/ 171
第三节　教学问题与思考　　/ 180
第四节　教学实录与评析　　/ 187

好玩六　用字母表示数

第一节　教学故事与感悟　　/ 199
第二节　教学内容与分析　　/ 208
第三节　教学问题与思考　　/ 217
第四节　教学实录与评析　　/ 225

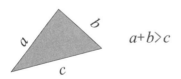

好玩七　真分数假分数

第一节　教学故事与感悟　　/ 239
第二节　教学内容与分析　　/ 249
第三节　教学问题与思考　　/ 256
第四节　教学实录与评析　　/ 261

后　记　/ 273

序　一

我认识苏明强老师是在2013年。那年10月，东北师范大学承担了教育部的"国培计划（2013）"——骨干教师高端研修项目小学数学"种子"教师培训。苏老师是福建省教育厅选送的参加培训的学员。我曾经给这个培训班上过课，下课后苏老师来找我，闲聊了一会儿，又在教室外的走廊合影留念。

那次培训，《义务教育数学课程标准（2011年版）》（以下简称《2011版课标》）的解读与实践是一个重点专题。难能可贵的是，苏老师作为一名大学教师，不仅从理论上研究课程标准，并且亲自到小学授课，开展基于课程标准所提倡的"四基"和"四能"的教学实践研究，进行了很有意义的探索。后来，我通过教学视频观看了他到小学执教的第一堂课"平行四边形的面积"，教学设计突出数学本质，教学过程彰显激情魅力，给我留下了深刻的印象。

接下来，苏老师用了10年的时间，重点研究了《2011版课标》所确立的"四基"和"四能"课程目标的意义，探索与其相应的教学实践的理念与策略。他提出了"以情优学"的教学思想和"魅力课堂"的教学主张，并且带领了一批小学数学教师协同发展，取得了明显的效果，在国内产生了一定的影响。他于2018年申报的"闽派小学数学名师'1+6+N'协同发展模式的探索与实践"项目获得国家级教学成果二等奖，这是非常不容易的，可喜可贺。

苏老师对于基于数学课程标准的教学研究相当执着。2019年12月，我在福建参加《2011版课标》修订会，苏老师专程来到开会的酒店找我，我们在大厅聊了一个多小时。他向我口述了五节小学数学课的教学设计，当时我就觉得这些课的设计都较好地体现了课程标准的教学理念，能够启发学生对数学的思考，引导学生认识数学的本质，感悟其中蕴含的数学思想，是具有教学参考价值的课例。现在我很高兴地知道，这五节课都被收录到这本书中了。

2020年6月，苏老师基于自己的教学实践与思考，针对《2011版课标》的修订问题，给我写了两封信，提出了10条详细的修改建议，很多意见都富有建设性。我把这些意见提供到课程标准修订会议上进行研讨，有些建议得到采纳。

熟悉苏老师的人都知道，他是一位兼做小学校长的大学教师，也是一位能上小学数学课的大学教授。事实上，真正做到既能给大学生上课，又能给小学生上课，是一件非常不容易的事情。对于数学教育学科而言，能够把大学课堂移到小学，通过现场教学、亲自示范给大学生讲解数学教法的要义，是一种理想的教学形式，苏老师对此进行了尝试，树立了良好的榜样，这就为小学数学教学研究与实践开辟了一条新的路径。

数学好玩，这是许多数学家对数学的一种感受。可是，如何在中小学数学教学的过程中，让学生感悟到数学好玩，让学生喜欢上数学课，是一件非常困难的事情，但又是一个非常重要的研究课题，这关系到学生数学学习兴趣的培养，关乎到学生学习数学的动力。无论是2011版还是2022版课标，学习的兴趣始终都是数学课程目标之一。因此，苏老师在小学数学教学研究与实践中提出的"以情优学""魅力数学""魅力课堂"等设想，以及这本教学研究专著《数学课，可以这么好玩》中的教学案例，都为实现这样的课程目标的教学活动提供了成功范例。

如何在课堂教学中贯彻落实数学"四基""四能"和核心素养的基本理念，这是一个数学教学的理论问题，更是一个实践的问题。在这方面，苏老师也做出了很好的尝试，在《数学课，可以这么好玩》这本书中，每章的第二节都通过案例从知识体系、教材比较、数学本质、数学"四基"、数学"四能"、核心素养等六个维度深入分析教学内容，合理确定教学目标，并且进行了规范的表述；每章的第四节是实践苏老师提出的"通过问题驱动思考"的设想，通过案例的"教学实录与评析"，展示"四环驱动"

的设计特色，即设计一个核心问题，同时搭配三个相关问题，组成问题串，推进教学活动的进程。如此精心设计让学生学会思考的教学活动的路径，既有理论分析的科学性，又有实践操作的可行性，是值得有兴趣的读者参考和借鉴的。

最后，希望苏老师再接再厉，在小学数学教学的研究中，与更多的一线教师共同成长，为我国的基础教育做出更大的贡献。

东北师范大学 史宁中
2022 年 9 月

序 二

2021年暑假，我接到泉州师范学院苏明强老师的邀请，为他刚刚完成的《数学课，可以这么好玩》一书写序。这正好是个学习的机会，我欣然答应。连着几天，我阅读他的新作，字里行间寻找着他和小学生一起"玩"数学的足迹……

苏明强老师是一位大学教授，却深爱着小学数学，他不仅深爱小学数学，而且还能像小学老师一样，走进课堂给小学生亲自上课，这并不多见。我曾有机会走进他的课堂，感受着他与孩子们亲切的交流，感受着他的数学教育主张。他在长期的小学数学教学实践与研究中，提出了"以情优学"的教学思想，创设了"魅力课堂"的教学主张，通过小学数学教学实践研究，带领了一大批小学数学教师共同成长，收获了教师与学生的共同成长，取得了显著的成效。他在2018年申报的"闽派小学数学名师'1+6+N'协同发展模式的探索与实践"项目还获得了国家级教学成果二等奖。

苏明强老师作为一名大学老师，立志成为大学生专业成长的引路人。为了更好地培育出合格的小学教育专业的大学生，为他们未来教育生涯之路奠定好坚实的基础，他率先实践，大胆尝试，积极推进教学改革。他把课程标准的教学理念与小学数学的教学实践紧密结合起来，带着大学生走进小学课堂，亲自执教小学数学课，为大学生的专业成长提供一种现场的教学示范。这样的教学改革，取得了明显的成效。2014年，"高师院校小学数学教学法类课程的改革与实践"项目获得福建省高等教育教学成果一等奖。

《数学课，可以这么好玩》这本教学研究专著，是苏明强老师10年教学实践与研究的一次回顾和总结。他从教学实践中培养学生的数学学习兴趣入手，辅以鲜活的课堂教学案例，深入浅出。书中自然流淌着一位大学教授对小学数学教育的热爱；书中诠释着一位大学教授对小学数学的独特见解和情怀。我常常被他持之以恒地对小数学教育执着研究的精神所感动。他怀揣梦想，砥砺前行，在长期的小学数学教学实践中，逐步形成了自己的教学风格。他的教学设计独特，站位较高；他的教学语言幽默，有亲和力；他的课堂灵动智慧，富有魅力……这些都给大家留下了深刻的印象。苏明强老师的课堂不仅能够教学生学会思考，而且很好玩。他的课堂里经常会出现一些令人难忘的故事，常常打动学生和老师，课后学生说得最多的是——数学很神奇、数学很奇妙、数学很好玩。

《数学课，可以这么好玩》一书，不是一本纯粹的理论研究著作，而是一本适合广大一线教师阅读的教学实践研究著作。该书精选了"数与代数"和"图形与几何"两个领域中的七个教学案例，全方位、立体式地呈现了每个教学案例的研究历程。在"教学故事与感悟"中，我们能够了解一个教学案例研究的缘起、思考、故事和感悟，以及老师的听课感受或学生的学习体验，这部分内容对教师的教学研究会有一定的启发。在"教学内容与分析"中，我们能够学习如何根据课标理念分析一个教学课例的教学内容，最后确定教学目标，并进行规范表述，这部分内容对教师的教学研究会有很好的帮助。在"教学问题与思考"中，我们能够看到苏老师关于"以情优学""魅力数学""魅力课堂"的一些教学思考，阅读这部分内容，大家能更好地走进苏老师的数学课堂。在"教学实录与评析"中，我们能够看到根据教材分析、教学理念和教学主张如何进行教学设计，阅读这部分内容，大家就能真正走进苏老师的魅力课堂。这时，也许你就会深刻体验到，数学课——原来还可以这么上；也许你就会深刻感受到，数学课——原来可以这么好玩！

希望苏明强老师怀揣梦想，继续潜心小学数学教育实践研究，让更多的孩子喜欢并爱上数学，造福更多的孩子；让更多的老师喜欢并爱上数学教学，成就更多的老师。

北京教育科学研究院 吴正宪
2022 年 9 月

前　言

1996年，我毕业于华东师范大学数学系，入职后便成了一名光荣的人民教师。我一直梦想着努力提高自己的教学水平，努力成为学生成长中的引路人，努力成为小学生眼中的好老师，努力成为数学老师成长中的好伙伴，努力促进广大教师的协同发展，努力为国家基础教育做些力所能及的事情。这些都是我的毕生追求，这些都是我的美好梦想。

我身为一名大学老师，长期在高校从事小学教育专业人才培养的工作，由于缺乏小学一线教学经验，导致我所担任的小学数学教学法类课程的教学情况，总是不尽如人意，严重影响了我的梦想——成为学生成长中的引路人。因此，为了从根本上解决这个棘手的问题，2010年9月，我对高校小学数学教学法类课程进行了深度改革，开始到小学上课。我把大学课堂移到小学教室，把大学生带到小学，开展了持续的教学研究。为了能够更好地开展教学研究，为了能够更好地促进高校教师和小学教师的协同发展，2012年，我开始组建一个由大学教师和小学教师组成的小学数学教学研究团队。

10年来，我们围绕小学数学教学问题，定期举办魅力课堂——泉州师范学院小学数学教学研讨会。到2022年，我们共举办了10届70场专题研讨活动，集中研究了132节小学数学研究课，参加我们教学研讨活动的老师和大学生约15000人次。10年的教学改革，带给我们10年的专业成长，我们优势互补、互利互惠、爱拼敢赢、协同发展，我们编写了"魅力课堂"系列丛书《小学数学教学案例研究》，共五本，研究了60个经典教学案例，均由东北师范大学出版社出版。截至2022年8月，这套丛书已经出版了 3 本。我们团队的伙伴们，现在也都成长为特级教师、省级教学名师或市级教学名师。

我作为一名大学教师，在这个过程中也获得了前所未有的成长：2014 年获得福建省高等教育教学成果一等奖；2017 年获得福建省基础教育教学成果一等奖；2018 年获得福建省基础教育教学成果特等奖和国家教学成果二等奖。与此同时，我在北京、上海、天津、重庆、江苏等 28 个省（市、自治区），分享了我的教学思考，留下了我的教学足迹。我所执教的小学数学课，深受小学生的喜爱和一线教师的好评。

10 年来，我在小学数学教学实践与研究的道路上，时常被天真可爱的小朋友所感动，也时常被渴望成长的老师们所折服。我体会到小学数学的魅力，体会到小学教学的奥秘，体会到小学老师的不易，更体会到小学老师的神奇。我始终坚信"一切皆有可能"，我始终坚持"努力创造奇迹"。一节数学课有时可以改变孩子的一生，这就是小学老师的神奇，这就是数学教学的奇迹。我爱数学，我爱小学数学，我更爱小学数学教学。

10 年来，我在小学数学教学实践中提出"以情优学"的教学思想，通过"三情"优化"三学"，试图在良好情绪、积极情感和理性情操的体验、获得和满足中，优化学习的内容、过程和结果，让学生喜欢数学、爱上数学，并学好数学。

10 年来，我在小学数学教学实践中倡导"魅力课堂"的教学主张，通过把握数学本质，融入数学思想，突出数学思考，积累数学经验，让课堂焕发数学应有的魅力，让学生绽放生命应有的活力，促进学生更好地学知识，促进学生更好地长见识，促进学生更好地悟道理。

在这 10 年的改革与实践中，恰逢《2011 版课标》的颁布与实施，我一路追寻富有魅力的数学课堂，思考如何落实课程标准的教学理念。我要感谢华东师范大学张奠宙教授、东北师范大学史宁中教授、北京师范大学肖非教授、贵州师范大学吕传汉教授、中央民族大学孙晓天教授，还要感谢北京教育科学研究院吴正宪老师、教育部黄伟处长和人民教育出版社王永春师兄，在我迷茫困惑时，是他们给予我鼓励和指导，让我继续怀揣梦想，砥砺前行。我要感谢《小学数学教师》的蒋徐巍主编和陈洪杰副主编、《小学教学》的殷现宾主编、《教学月刊》的邢佳立副主编和王永峰编辑、

《小学教学研究》的刘茂主编、《数学教学通讯》特约编辑储冬生、《教师博览》的余华副社长和《江西教育》的周瑜芽编辑,还要感谢《福建教育》《教育视界》《新教师》《小学教学参考》等杂志陆续发表了我的研究成果。

在这10年的改革与实践中,我一路追寻如何才能真正让数学好玩起来,我一路思考如何才能真正让学生喜欢数学、爱上数学、学好数学。我发现数学好玩,源于数学内在的魅力,数学的魅力在于它的美妙和神奇;我发现数学好玩,源于数学课堂的魅力,课堂的魅力在于思考的乐趣;我发现数学好玩,源于数学老师的演绎,老师的演绎在于精巧的设计。我们的课堂,不仅要有思想的味道,还要有思考的味道,更要有人情的味道;我们的课堂,不仅要让学生学知识,还要让学生长见识,更要让学生悟道理。这样的数学学习才会好玩起来,这样的数学课堂才会富有魅力,这样的课堂教学才会充满活力。

在这10年的改革与实践中,我曾在全国各地,分享了20多节比较典型的教学案例课,不仅留下了许多感人的故事,而且留下了许多美好的回忆。按照时间顺序,我精心挑选了"平行四边形的面积""三角形内角和""分数的初步认识""用数对确定位置""三角形边的关系""用字母表示数""真分数假分数"等七个教学案例,形成了《数学课,可以这么好玩》这本书,覆盖了小学数学中"数与代数"和"图形与几何"两个领域的教学内容。

全书共七个部分,每个部分集中阐述一个教学案例。围绕"数学课怎样才能真正好玩起来"这一问题,从"教学故事与感悟""教学内容与分析""教学问题与思考"和"教学实录与评析"四个方面展开论述。首先阐述教学案例的研究与实践过程中的教学故事与教学感悟,文后附有教师的听课感受或学生的学习体验,希望大家能从中获得一些启发——一节课是如何研究出来的?教师的听课感受是什么?学生的学习体验是什么?为什么会有这样的感受和体验?其次从知识体系、教材比较、数学本质、数学"四基"、数学"四能"、核心素养等几个角度分析本节课的教学内容,希望大家能从中学会用课标理念分析教学内容,为教学设计奠定重要基础。然后阐述了相关教学问题与思考,说明我对课标理念、以情优学、魅力数学、魅力课堂等问题的一些理解与思考,希望大家能够从中感悟到,为了让数学课真正好玩起来,我们究竟应该怎么做。最后详细阐述了这个教学案例的实录与评析,重新再现这一教学案例的真实课堂,希望大家能够从中获得一些教学启示,感悟如何将教学理念和教学主张融入教学设计中。

现在,恰逢《义务教育数学课程标准(2022年版)》(以下简称《2022版课标》)颁布和实施,希望该书能促进大家深入思考一些教学问题,更希望该书能带给大家一些具体的教学建议!由于水平所限,不足之处,敬请批评指正!

最后,以一首小诗和大家共勉:

行走在路上,
梦,就在前方。
有了梦想,
心,就会飞翔。
有了飞翔,
梦,就不再遥远!

2022 年 9 月

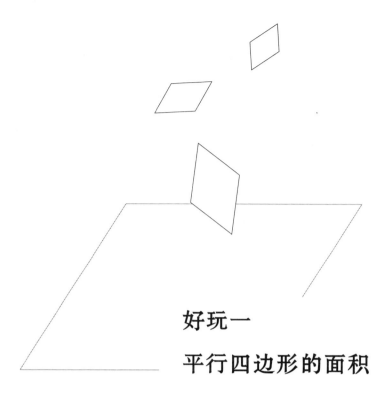

好玩一

平行四边形的面积

第一节　教学故事与感悟

"平行四边形的面积"是我第一次到小学上的"下水"课。这节课不仅没有失败,而且还得到小学生的积极鼓励和一线教师的广泛好评,让我找到了上小学数学课的自信,也让我在小学数学教学研究的道路上行走至今。因此,"平行四边形的面积"这节研究课的故事,对我来说,不仅是一次刻骨铭心的经历,更是砥砺前行的动力源泉。这节研究课的诞生,标志着我正式走上了小学数学教学研究的道路。

一、前行迷茫孕育新的开始

1996年华东师范大学毕业后,我开始从事小学教师的培养工作,五年后正常晋升为讲师。2002年,我开始思考未来前行的方向,感到十分迷茫,不知道要往哪儿走,这也许是青年教师专业成长中的必经之路。在这个关键时刻,能否得到高人指点,显得极为重要。如果有高人指点,就可以少走一些弯路。

我算是幸运的。在我产生困惑、感到迷茫时,遇到了高人,我常常把好运气归结为人品好。就在这一年,我国著名的数学教育家、华东师范大学的张奠宙先生,恰好来泉州讲学,我的领导刘思清主任是张先生的学生,他带我去拜见了张先生。我向张先生说明了自己的迷茫和困惑,他为我详细分析了当时我国数学教育的研究情况,并给我指明了前行的方向。他的一番话,让我整整思考了五年,最终明确了小学数学教学研究的方向。因此，张奠宙先生和刘思清主任成了我专业成长道路中的重要贵人，让我深刻感到，一个人的专业发展，在关键时刻缺少不了高人指点。

在这个时期，为了让自己在大学能有更好的发展，我还是按照高校教师职称晋升的要求，积极做课题、写理论性文章，朝着副教授的方向努力前行，而把"小学数学教学研究"的梦想藏在了心底，静待花开的时节。

二、思想"出轨"不一定是件坏事

2008年对于中国来说，是一个非同寻常的年份。这一年，中国在首都北京举办了奥运会。这一年，对于我个人来说，也是一个值得纪念的日子——成功晋升为副教授。对于大学教师来说，晋升为副教授，意味着有机会担任硕士生导师，意味着申报高级别课题更容易成功，意味着发表高级别论文更有可能，然而，对于我这个"不正常"的大学老师来说，我开始萌发"出轨"的念头，准备偏离大学教师向上发展的预定"轨道"，从数学教育的理论研究转向小学数学的实践研究。

我时常告诉自己：我是村庄里第一个考上省外重点高校的大学生，也是第一个在大学任教的人，哪怕就这样"一副到底"，也是对得起祖宗的。因此，我毅然选择行走在小学数学教学研究的道路上，全力去实现埋藏在心底的梦想。

这一时期，恰逢《2011版课标》研制，提出了数学"四基"、数学"四能"等理念，把数学思想作为数学课程的目标。我仿佛看到了黎明的曙光，看到了新的希望，也看到了前行的方向，激动万分。然而，如何在小学数学课堂中落实课标理念？如何才能上出数学课堂的新样态？如何才能让学生感受到数学的魅力？如何才能真正让学生感到数学好玩？如何才能让学生真正喜欢数学？这就是后来我提出"魅力数学""魅力课堂"教学主张的缘起。

因此，这一时期的思想"出轨"，为今天的我奠定了重要的基础，"出轨"不一定都是坏事，对我来说，变成了一件好事，是一次全新的旅程，为我打开了新的一扇窗。

三、行动"出轨"开启全新的旅程

经过近两年的孕育,我怀揣崭新的梦想,开启了全新的生活。为此,我专门购买了一台摄像机,写好了教案,做好了课件,于2010年9月从行动上正式"出轨"。

在许长雷校长和郭承金副校长的大力支持和积极鼓励下,我鼓起勇气,带着2007级小学教育专业的大学生,于9月15日下午,正式来到泉州师范学院第二附属小学(原泉州师范学院附属丰泽小学)多媒体教室。我开始模仿小学老师上课,第一次"下水"试教了五年级的"平行四边形的面积"一课。

当时,我尝试从"变与不变"的高度设计这节课,引导学生从"数量"和"形状"两个维度观察现象;从"变与不变"的角度思考问题,尽最大努力体现当时课程标准倡导的教学理念,尽最大可能说"人话",说儿童能够听得懂的话。当时只想试一试,没有指望能够成功。当我第一次站在小学的讲台上,面对一群可爱的小学生时,我心里充满了忐忑,甚至有些胆怯:我不知道上课的过程中会遇到什么,也不知道遇到问题后该如何去应对。

正式上课前,我在多媒体教室的后面架起了摄像机,吩咐我的大学生帮我拍摄录像,交代他们拍摄录像时的注意事项。做好一切准备后,我深深吸了一口气,就开始上课了。一节课的时间很快就过去了,没有想到的是,第一次试教居然没有失败,还受到学生的欢迎,得到领导、老师的好评。课后我们举行了研讨和交流,听课的老师和大学生都纷纷表扬和鼓励我,这让我找到了给小学生上课的自信。回家后我反复观看自己上课的视频,积累了给小学生上课的经验,仿佛找到了给小学生上课的感觉。

第一次"下水"试教的成功,增强了我的信心,也为我后来的教学研究奠定了重要基础。这次经过冷静思考后的行动"出轨"正式开启了一个全新的未来。

大学教授到小学亲自上小学数学课,这件事情在当时比较少见,引起了大家的高度关注:2010年9月16日,《丰泽:大学教授深入小学课堂

"授课传经"》的新闻出现在丰泽区教育局的网站上,2010年9月17日被转载到泉州市教育局的网站上,2010年9月20日被转载到福建省教育厅的网站上。从这一刻起,大学教授上小学数学课,不再是一件神秘的事情,一次行动"出轨",开启了全新的旅程!

四、冲动有时就是魔鬼

第一次"下水"试教没有失败,第一次"下水"试教赢得好评,第一次"下水"试教获得关注,增强了我的自信,鼓舞了我的士气,激励着我前行,我仿佛看到了黎明的曙光,仿佛触及了美好的未来,仿佛拥有了全新的世界。

2010年9月25日,我萌发了再上一节新的研究课——"分数的基本性质"——的念头。分数的基本性质是,分数的分子和分母同时乘以或除以除零外的相同数,分数的大小不变。想到这里,我非常激动,试图再次从"变与不变"的角度设计这节新课。因为有了第一次的成功和喜悦,因为有了新的思考和梦想,那一年的国庆节,我过得特别的充实和快乐——忙着设计新课。

2010年10月13日下午,我满怀信心,充满希望,带着大学生,再次来到泉州师范学院第二附属小学的多媒体教室,开始了第二次的试教,这也是我一生中第二次到小学上课。我像上次一样架起了摄像机,吩咐我的大学生进行拍摄,信心满满地开始了我的教学。

然而,这一次并没有那么幸运,虽然我很努力,但是奇迹没有出现。梦想很美好,设计很精巧,可是现实很残酷。这次教学推进得非常艰难,一节课居然上了一个小时。我努力地讲着,学生们努力地听着,我和学生仿佛身处两个不同的世界,我说的话,他们好像听不明白,他们说的,我也不太明白。

课终于上完了,学生还是不明白,满脸的困惑,我看着学生们迷茫的眼神,看着学生远离的背影,想着刚才的一切,我的心凉了,脚也软了,我的额头源源不断地冒着可怜的汗珠。下课后按照惯例照常,我们举行了教学研讨活动,老师们安慰我,大学生鼓励我,然而我非常清楚地知道——这一次真的失败了！

回家后，我把装摄像机的包随意地放在书房里，没有往常的激动，也没有兴趣再看自己上课的视频，静静地躺在沙发上，大脑一片空白。老婆下班回家，像往常一样，用一种期待的眼神看着我，高兴地问道："苏老师今天的课上得怎么样？"我弱弱地回答道："失败了！"她笑着跟我说了一句话——冲动是魔鬼！说完就去厨房做饭了，而我默默地陷入了沉思！

我突然感悟到，小学数学虽然姓"小"，可是"小"中藏着"大"学问。小学数学教学，具有挑战性和艺术性；小学教学研究，具有实践性和持久性。教学理论与教学实践之间还有很大的差距，要把教学理念转变成教学设想，需要读懂教材，并进行深度的思考；要把教学设想转化成教学设计，需要读懂儿童，并进行巧妙的设计；要把教学设计变换成教学效果，需要读懂课堂，并进行灵活的处理。这一切都需要有"经验"，这种"经验"无法从书中获得，这种"经验"需要有丰富的实践，这种"经验"需要在成功与失败之间反复揣摩、深刻反思后才能获得。因此，小学数学教学实践，不是一件简单的事情，也不是一件容易的事情。

从那以后，我时刻告诫自己，在小学数学教学实践与研究的道路上，不能再冲动，妻子的那句"冲动是魔鬼"有时确实是真理。

五、机遇常常成就未来

带着一丝成熟，拥有一点经验，收拾一下心情，朝着既定的目标继续前行。很快就来到了2011年，这一年，教育部正式颁布了《2011版课标》，明确提出"数学'四基'""数学'四能'""核心概念"等教学理念和教学要求，这在我国数学教育发展中是一次较大的突破。我凭借自己的经验和直觉，推断《2011版课标》的颁布与实施，是一次极好的机遇，是一次崭新的开始，更是一次全新的挑战。

经过冷静的思考和分析后，我不再急着研究新课，而是集中精力认真研究《2011版课标》的教学理念。结合自己的教学实践，立足能够更好体现《2011版课标》理念，我重新修改了"平行四边形的面积"一课的设计方案，并在市区、城乡结合部以及农村三种不同层次的小学进行了三次试教,进一步积累了小学数学课堂教学的经验,也感受到相同的教学设计,在不同学校执教所产生的差异性,为后续的教学实践奠定了重要基础。

2012年4月8日,全国高师数学教育研究会小教培训工作委员会在江苏泰州举行第九届学术年会暨海峡两岸小学数学"问题解决导向"教学模式观摩研讨活动。参加本届学术年会的有来自北京、江苏、山东、海南、河南、安徽、贵州、陕西、四川、广西、广东、福建、江西、内蒙古等14个省(市、自治区)600多名教师代表,学会的夏俊生会长和刘效丽秘书长让我作为大学教师代表与特邀的特级教师和教学名师同台上课,执教一节小学数学课,并做一个专题报告,这又是一次全新的机遇。

当我得知这一消息后,既激动又紧张,激动的是能正式与名师同台上课,可以更好地向名师学习,紧张的是这是我第一次到省外交流。这时的我只会上一节小学数学课——五年级的"平行四边形的面积",然而五年级的学生已经学过,因此我只能用四年级的学生。另外,这次现场交流,是我第八次到小学上课,仅凭这一点点的教学经验,又不了解江苏小学生的学情,面对这样的情况能否招架得住,我心中没底,担心会再次失败。因此,在临近会期的那段时间,我经常睡不好觉、吃不下饭,有一种"恶心"的感觉,仿佛有一种莫名其妙的"妊娠"反应。

可喜的是,这次上课并没有失败,而且还得到了好评,江苏的夏俊生先生、北京的刘效丽教授、山东的郑强教授、江西的刘咏梅教授、海南的黄浪波主任、内蒙古的李文华教授、四川的谢定兰教授、贵州的张佩玲校长和安徽的孙玉宝校长等,都给予了我积极的鼓励,他们是我在小学数学教学研究道路上的第一批贵人。可以这样说,没有他们提供的机会和平台,没有他们的鼓励和鞭策,就没有今天的我,直到今天,他们依然关心着我,鼓励着我,我一直心怀感恩!

本次交流结束之后,在2012这一年里,我的第一节"下水"课——"平行四边形的面积",应邀在全国多个省份展示交流多达23次,通过这节课,更多的人认识了我,也了解了大学教师如何执教小学数学课,了解了课堂教学如何落实课标理念。

这就是我所说的"机遇常常成就未来",关键在于,机遇来了,你抓住了吗?你准备好了吗?你表现得怎样?

六、学生是我成长中的贵人

自从 1996 年入职以来，我就一直梦想着能够成为学生成长中的引路人，然而 15 年后，我才顿悟，学生才是我成长中的贵人。在我的一生中，有几个特殊的日子让我终生难忘，永远铭记于心，第一个是结婚纪念日 1999 年 12 月 19 日；第二个就是 2012 年 4 月 8 日，这一天，我第一次走出福建，来到江苏泰州，在一个大型学术研讨会上执教我人生中的第一节"下水"课——"平行四边形的面积"。

让我永远铭记于心的是，课末，10 位江苏泰州实验学校四年级的小学生对我说的 10 句心里话："您真是中国最棒的数学教师。""这节课很快乐。""见到您很高兴，因为您很幽默。""老师，我觉得您上课很认真。""苏老师，希望您以后还能来我们学校上课。""苏老师，这节课您讲得真好，可以留电话号码吗？""苏老师，您长得真帅！""老师，您能给我一个签名吗？""合作愉快！""苏老师，您有 QQ 号吗？"

时隔多年，每当想起当时的场景，历历在目，心头总是暖暖的、甜甜的。这批孩子勉励我的 10 句心里话，成了我继续在小学数学教学大道上砥砺前行的宝贵动力，他们成了我专业成长中的贵人，这也许就是人们常说的"教学相长"吧！

教师听课感受

▶ **福建省晋江市第二实验小学许贻亮老师：**

2011 年秋，我参加福建省第四批小学数学学科教学带头人培训。苏明强老师任我们班的首席学术导师，于是也让我们更"近水楼台"地亲历了他神奇的小学数学课堂教学探索的开局与精彩。我们都惊叹于他的执着与深邃，于是"神奇苏"就成了我们对他的昵称。

"平行四边形的面积"是苏老师的成名课，2012 年以泉州为起点，经由江苏泰州，迅速地走向全国各地，刮起了一股"苏旋风"。虽已过多年，但当时初观课堂的感受仍十分清晰，用一个字表达就是"哇！"他的课堂和我们一线教师的课堂差异太大了，远在我们原有的思考范围之外：没想到课还可以这样设计，没想到这些地方还有这些数学问题，没想到数学思想方法还可以这样渗透……

本课可供鉴赏的地方很多，虽然他当时尚未提出"魅力课堂"的教学主张，其"样子"虽然还很年轻，但"精气神"是一以贯之的。对我而言，印象最深的是平行四边形框架"掉"下去的设计。其一，这一"掉"勾起了学生的学习兴趣：这异于常态的设计，不仅学生没见过，我们也没见过，对于后面戏法如何来变，便充满了期待。其二，这一"掉"唤起了学生对生活经验的回忆：玻璃掉在地上，通常是数量变了、形状也变了，长方形框架掉地上会怎样？其三，这一"掉"串起了学生的学习历程：(1) 周长不变，面积变不变？引发学生的思考。(2) 怎样比较原长方形和现平行四边形的面积？引出"转化"的方法。(3) 提供学习单自主探究，建构并理解平行四边形的面积公式。(4) 厘清为什么周长不变，面积会越变越小的数学本质：形状变了—角度变了—面积变了，使认识从浅层走向深层，折射出当时已潜意识地践行深度学习的样态。因此，我以为这一"掉"是全课的点睛之笔，它"提"起来的是对学生心理、学生学情、数学活动、数学本质等的思考与创新。于是，"神奇苏"的魅力不仅征服了学生，更征服了台下的老师，用一个字形容："帅！"

透过课堂表层的"繁华"，学着像苏老师一样去思考小学数学教学，在深入中浅出，高站位、小切口，课堂一定会绽放"神奇美妙"的魅力。

▶ **福建省厦门市乌石浦小学冯玉新老师：**

我于 2011 年秋参加了福建省第四批小学数学学科教学带头人培训，导师苏明强教授是一个风趣幽默的人，比如他说话时，为了强调某件事，常常用"公然……"，引得我们阵阵发笑，所以听他的课一点儿也不累。但是，2011 年 11 月苏老师"公然"走进小学数学课堂，要给我们展示五年级的"平行四边形的面积"，这节课着实让我们感到疑惑又充满期待。疑惑的是，他的小学教学实践经验几乎为零，能上好课吗？见多了侃侃而谈的大学教授分享他们对教育的见解，却从未见过一个大学教授俯身执教小学数学课。如今，苏老师愿意做第一个敢于吃螃蟹的人，我们能不充满期待?

课开始了,从长方形引入,似乎落入"俗套",苏老师对长方形的边、角、周长、面积做了特别细致的复习,感觉有点多余。说实话,我开始对他的课有点担心了。没想到苏老师的话锋一转,提出:"生活中你有没有不小心把东西掉到地上?比如玻璃杯。"玻璃杯和平行四边形能有什么关系啊?这是要变成生活常识课的节奏吗?正当我满心疑惑的时候,苏老师让学生从数学角度思考问题,并进一步对比了长方形和平行四边形,引导学生思考什么变了,什么不变。此时我才豁然开朗,不管是对长方形知识点的深入复习,还是举例生活中摔碎的杯子,都是为了深入体会变中不变的思想!对比之后新的问题来了:怎样求平行四边形的面积?在自主探索平行四边形的面积后,让学生进一步思考:长方形变成平行四边形,面积为什么变小了?练习中,将一个长方体变成平行六面体,让学生思考什么变了,什么不变。整节课以"变"与"不变"两个视角来思考分析问题,体会变中不变的数学思想,真是高明。此时,我终于明白苏老师所说的"站位要高"的道理,也就是从数学本质、数学思想的角度研读教材、思考教学,才能有效实现教学三境界:学知识、长见识、悟道理!

▶ 福建省福州市鼓楼区教师进修学校叶育新老师:

第一次听到苏老师说他要亲自上一节小学数学课给我们听,我还是省学科带头人培训班的一名学员,当时我很是吃惊。在此之前,我所接触的大学教授和一些专家大都站在理论的角度做专题论述或对一节课进行评价,很少有亲自"下水"上示范课的。而我也认为这样非常正常,因为教授擅长的是理论而不是课堂实践,要是课上砸了,专家的颜面何存?想到这里,我不得不佩服苏老师的勇气和冒险精神,同时也为他捏了一把汗。

直到听了苏老师的课——"平行四边形的面积",我发现了这节课与众不同的地方,那就是,苏老师非常重视引导学生对数学思想方法的观察和感悟。这节课上,他把"变"与"不变"作为主导思想,不断引导学生结合操作的过程带着问题进行观察思考,什么变了?什么不变?究竟是谁的变化引起了面积的变化?课堂上,孩子们被苏老师幽默的语言所感染,被有趣的问题所吸引,他们上得很开心,也很投入,不断突破已有的认知。这是一节情理交融的好课，看来我的担心是多余的！回宿舍的路上，我还在不断回味苏老师的这节课，我突然感悟到，学习数学，不就是要让学生在变化中寻找不变吗？如果把握住数学变化规律，理解数学就会变得简单，这也是数学思考的策略。

　　后来，我又听了苏老师上的几节数学课，发现他都十分注重从数学思想方法的高度来理解和处理教材。而在他的讲座中，他也不断列举小学数学教材，问我们这节课渗透了怎样的数学思想方法。我终于明白，大部分小学老师都是从知识和经验的层面来理解小学数学，而大学教授是站在数学思想方法的高度来理解教材的，这就是高度的不同。

　　当然，苏老师独具一格的语言和幽默感也极具个人魅力，很多孩子因为苏老师而爱上数学。

第二节 教学内容与分析

"平行四边形的面积",属于图形与几何领域中"图形度量"的教学内容。人教版安排在五年级上册第六单元,苏教版安排在五年级上册第二单元,北师大版安排在五年级上册第四单元,沪教版安排在五年级上册第五单元,冀教版安排在五年级上册第六单元,浙教版安排在五年级上册第四单元,青岛版安排在五年级上册第五单元,西师版安排在五年级上册第五单元。在以上八套教材中,都把"平行四边形的面积"一课安排在五年级上册多边形面积的单元中进行学习。

本节将从知识体系、教材比较、数学本质、数学"四基"、数学"四能"、核心素养等几个角度分析这节课的教学内容,以期为大家深入研究本课的有关教学问题提供参考。

一、知识体系分析

图形与几何领域的教学内容主要包括图形的认识、图形的测量、图形的运动以及图形与位置。图形的认识主要包括图形的名称、要素、特征、性质和画图等。小学阶段认识的图形分为平面图形和立体图形,平面图形主要有长方形、正方形、三角形、平行四边形、梯形和圆,立体图形主要有长方体、正方体、圆柱、圆锥和球。

图形的测量主要包括周长、面积和体积三个方面。首先,在线段长度概念的基础上,引出常见的长度单位毫米、厘米、分米、米和千米,在图形周长概念的基础上，学习长方形的周长、正方形的周长和圆的周长，从而得出小学数学第一组公式——周长公式。其次，在图形面积概念的基础上，引出常见的面积单位平方毫米、平方厘米、平方分米、平方米、平方千米，学习长方形的面积、正方形的面积、平行四边形的面积、三角形的面积、梯形的面积、圆的面积以及组合图形的面积。最后，在图形体积概念的基础上，引出常见的体积单位立方毫米、立方厘米、立方分米、立方米，学习长方体的体积、正方体的体积、圆柱的体积和圆锥的体积（见下图）。

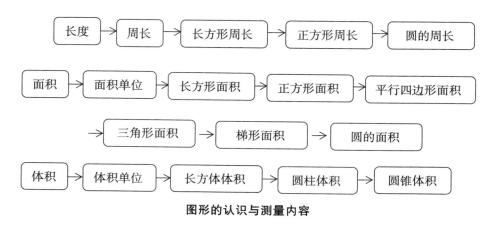

图形的认识与测量内容

图形的运动主要包括平移、旋转和轴对称；图形与位置主要用上下、左右、前后描述物体的相对位置，用东南西北描述物体的方位，用参照点、方向和距离描述物体的位置，在方格纸上用数对确定物体的位置等。

二、教材比较分析

人教版安排在五年级上册第六单元"多边形的面积"。教材首先给出问题情境：长方形花坛和平行四边形花坛哪一个的面积大？在"我只会算长方形的……"的启发下，引出对平行四边形面积的探索与思考，机器人提示"用数方格的方式试一试"。接着，教材呈现一张表格，要求在方格纸上数一数（一个方格代表1平方米，不满一格的都按半格计算），通过观察表格发现平行四边形和长方形面积之间的关系，这是一个特殊的结论，然后提示语"不数方格，能不能计算平行四边形的面积呢？"引出了对平行四边形面积一般结论的探索。最后，教材倡导通过"剪拼"的方法，把平行四边形转化成长方形，观察原来的平行四边形和转化后的长方形，发现底和长、高和宽的等量关系，通过演绎推理的方式，得出了平行四边形面积的一般结论，并用字母表示为 $S=ah$。

苏教版安排在五年级上册第二单元"多边形的面积"。教材没有创设相关的生活情境，是直接从数学问题入手，通过三道例题学习了平行四边形的面积。例题 1 在方格纸中给出两组几何图形（每一组中的第一个是非基本图形，第二个是基本图形），通过比较两组几何图形的面积，体验等积变形，积累图形局部平移转化成长方形的经验。例题 2 在方格纸中给出一个长 7 个方格、高 4 个方格的平行四边形，提示将它转化成长方形，教材提供了两种转化成长方形的方法，一是剪下一个三角形后平移，二是剪下一个直角梯形后平移，要求比较两种转化方法，并说说有什么相同的地方。例题 3 要求从教材附录中剪下一个平行四边形，把它转化成长方形，填写相应表格，探索平行四边形与长方形之间相关量的关系，通过讨论得出平行四边形的面积公式。

北师大版安排在五年级上册第四单元"多边形的面积"。在这个单元中，教材事先安排了"比较图形的面积"和"认识底和高"两课时的学习内容，为平行四边形面积的学习奠定基础。在"平行四边形的面积"一课中，教材首先创设一个生活情境：公司准备在一块平行四边形的空地（两邻边分别为 6 米和 5 米，高为 3 米）上铺上草坪，如何求这块空地的面积？由此引出对平行四边形面积的探索，通过类比长方形的面积公式，提出"平行四边形的面积能用两个邻边的长度相乘吗？"接着，教材借助方格纸对以上猜想进行了验证，发现两邻边长度分别为 6 格和 5 格的长方形面积是 30 格，而平行四边形的面积显然小于 30 格，这样验证了原来的猜想并不成立。那么，平行四边形的面积究竟跟什么有关呢？最后，教材不再借助方格纸，而是给出了一般的方法，通过"剪拼"把平行四边形转化成长方形，引导学生观察发现平行四边形和长方形相关量的等量关系，凭借演绎推理得出了平行四边形的面积公式。

冀教版安排在五年级上册第六单元"多边形的面积"。教材没有创设相关的生活情境，也没有借助方格纸，而是直接从平行四边形的纸片开始学习。本课的学习素材大致可以分成三部分：首先，把平行四边形的纸片剪一刀拼成一个长方形。教材提供了两种方法：一是沿着高剪下一个直角三角形后平移，二是沿着高剪下一个直角梯形后平移。其次，通过"议一议"，发现平行四边形和拼出的长方形之间有什么关系——平行四边形的底和长方形的长相等，平行四边形的高和长方形的宽相等，二者的面积相等。最后，通过演绎推理的方式，得出平行四边形的面积公式。

通过以上分析，我们不难发现人教版、苏教版、北师大版和冀教版四套教材，在这一课学习内容的编写中不尽相同、各有特色。相同点主要有：在平行四边形面积公式探索过程中，都强调通过"割补"把平行四边形转化成长方形，都倡导通过"比较"发现平行四边形和长方形之间的等量关系，都主张通过"演绎推理"得出平行四边形的面积公式，并用字母进行表示。以上这些不变的内容，为我们精准把握本节课的教学问题提供了有益的参考。不同点主要表现在以下几个方面：第一，本节课的学习是否需要生活情境？人教版和北师版分别给出了具体的生活情境，通过生活情境引出数学问题，而苏教版和冀教版都没有生活情境，直接从数学角度引出数学问题。第二，本节课的学习是否需要借助方格纸？人教版、苏教版和北师大版都借助方格纸探索平行四边形的面积，而冀教版没有引入方格纸，直接通过一般方法探索平行四边形的面积。第三，本节课的学习是否需要借助表格？人教版和苏教版都要求通过填写表格的方式，引导学生观察发现平行四边形和长方形之间的等量关系，而北师大版和冀教版都没有安排填写相应表格。以上这些有变化的内容，为我们深度研究本节课的教学问题，提供了一些具体的方向和参考。

关于本节课的教学，你觉得以上这三个方面要不要？为什么？当我们能够充分说明"要"和它的理由或"不要"和它的理由时，我们在教学研究的道路上就前进了一大步，这是教师专业成长的必由之路。

三、数学本质分析

几何的研究对象是图形，主要包括平面图形和立体图形，在图形与几何领域的学习中，从图形的认识到图形的测量是一次质的飞跃，是从感性认识上升到理性认识。图形的周长、面积和体积是几何学的三个重要几何量，通过这三个几何量，能够从三个不同的角度反映出几何图形的大小问题。

从数学本质的角度上看，图形的测量是图形"量化"的必然结果，没有量化就不能很好地达到精准的目的，周长是平面图形一维量化的结果，面积是平面图形二维量化的结果，体积是立体图形三维量化的结果。从图形构成的角度上看，边、角和高是几何图形中三个最为基本的几何要素，边和角是图形的显性要素，高是图形的隐性要素。从图形关系的角度上看，包括几何要素之间的关系和几何要素与几何量之间的关系。几何要素之间的关系又可以分为要素之间的位置关系和要素之间的大小关系，平行和垂直是描述两个几何要素（边）之间的两种特殊的位置关系。几何要素之间的大小关系，主要包括封闭图形边的大小关系和角的大小关系，由最基本的封闭图形（三角形）边的大小关系（两边之和大于第三边）可以延伸出多边形边的关系，由最基本的封闭图形（三角形）角的大小关系（三角形内角和）可以延伸出多边形内角和和多边形外角和。几何要素与几何量之间的关系，一般分成两个阶段进行探索：在小学数学中，主要研究显性要素边与图形周长的关系，显性要素"边"、隐性要素"高"与图形面积、体积的关系；在中学数学中，引入了三角函数，此时就研究显性要素"边""角"与图形面积之间的关系。

也就是说，周长公式反映的是图形的边长与周长之间的关系，面积公式反映的是图形的边、角和高与面积之间的关系，而体积公式反映的是图形的边、高与体积之间的关系。这三种关系，从本质上看是一种函数关系，是变量之间的一种函数关系。比如，长方形的周长公式 $C=(a+b)\times 2$，本质上是一个二元函数关系，是长方形的长 a、宽 b 与周长 C 之间的函数关系；圆的周长公式 $C=2\pi r$，本质上是一个一元函数关系，是圆的半径 r 与圆的周长 C 之间的函数关系；长方形的面积公式 $S=ab$，本质上是一个二元函数关系，是长方形的长 a、宽 b 与面积 S 之间的函数关系；平行四边形的面积公式 $S=ah$，本质上也是一个二元函数关系，是平行四边形的底 a 和高 h 与面积 S 之间的函数关系；长方体的体积 $V=abh$，本质上是一个三元函数关系,是长方体的长 a、宽 b 和高 h 与体积 V 之间的函数关系；等等。从变量的角度看,函数关系就是自变量与因变量之间的一种关系。

通过以上分析,平行四边形面积本质上是一种函数关系,因此,在"平行四边形的面积"一课的教学中,如何把握平行四边形面积的数学本质,让学生在有效的数学活动中体会变量之间的函数关系,这又是一个新的教学研究问题。

四、数学"四基"分析

在《2011 版课标》中,明确提出了数学"四基"的目标要求,数学"四基"是指基础知识、基本技能、基本思想和基本活动经验四个方面,这是 21 世纪中国数学教育的一次新的突破和新的要求,也是中国数学教育的一个新亮点。《2022 版课标》依然保持数学"四基"的目标要求。然而,如何在课堂教学过程中落实数学"四基"的基本理念呢？这是一个教学实践的重要课题。我们认为：从数学"四基"的角度分析教学内容,是课堂落实数学"四基"理念的重要基础。下面,我们将从数学"四基"的角度分析一下"平行四边形的面积"一课的教学内容。

1. 从基础知识的角度分析

"平行四边形的面积"一课的基础知识有两个方面：一是显性知识——平行四边形的面积公式,这个面积公式在数学上是一个基本结论。数学结论的特性是它的一般性,数学结论的一般性决定了它的应用具有广泛性。也就是说,这个面积公式不仅能够解决一些比较特殊的平行四边形(边长和高是整数)的面积问题,而且能够解决一般平行四边形的面积问题。二是隐性知识——面积公式中的"底"和"高"应该对应,也就是应该理解平行四边形的一个"底"和它所对应的"高"相乘才是平行四边形的面积,而不是随便一个"底"和随便一条"高"相乘。这个知识点容易被忽视,教学时要高度重视,否则就没有真正理解平行四边形面积公式的内涵。

另外,学生已有的相关基础知识是面积的概念和长方形的面积,这是本节课学习的重要基础。因此,我们应该精准把握好"平行四边形的面积"一课的两个知识点——显性知识和隐性知识,明确显性知识具有一般性的特征,理解隐性知识的科学性。同时,还要明确学生已有的相关基础知识,这样才能根据实际情况进行相应的教学设计,确保知识目标的达成。

2. 从基本技能的角度分析

"平行四边形的面积"一课的基本技能主要包括两个方面:一是根据平行四边形面积公式进行正确计算,二是根据平行四边形面积公式解决简单实际问题。另外,在平行四边形面积公式探索过程中,还需要具备沿着高"剪"图形的操作技能和把剪开的图形"拼"成长方形的操作技能。因此,我们应该准确把握好"平行四边形的面积"一课的两个技能点,同时,还要明确学生应该具备的相关操作技能,这样才能根据实际情况进行相应的教学设计,确保技能目标的达成。

3. 从基本思想的角度分析

"平行四边形的面积"一课可以从三个维度进行分析。第一,从知识脉络上看,平行四边形的面积属于图形的测量,它是图形认识的延伸。另外,平行四边形面积公式是长方形面积公式的一次拓展,从这个角度分析,它属于"知识发展"的过程,主要蕴含着推理思想:通过"剪拼"把平行四边形变成长方形,这里蕴含着转化思想;通过比较平行四边形的底和高与转化后的长方形的长和宽之间的关系,从而得出平行四边形面积公式,这里蕴含着演绎思想。第二,从基本结论上看,本节课有两个基本结论,它属于"知识形成"的过程,主要蕴含着抽象思想:一是通过"剪拼"把平行四边形变成长方形,形状"变了",面积"不变",这里实质上是几何图形的等积变形,蕴含着变中不变思想;二是平行四边形面积公式中的"底"和"高"是对应的,也就是平行四边形的一个"底"与它所对应的"高"相乘才是这个图形的面积,这里蕴含着对应思想。第三,从结论应用上看,运用平行四边形面积公式 $S=ah$ 解决问题,属于"知识应用"的过程,主要蕴含着建模思想,在这里,面积公式的本质是一个二元函数,体现的是"底"和"高"与"面积"的变化规律,这里蕴含着函数思想。

因此,"平行四边形的面积"一课基本思想主要有转化思想、演绎思想、变中不变思想、对应思想和函数思想。

4. 从基本经验的角度分析

"平行四边形的面积"一课的基本经验主要包括观察的经验、操作的经验和思维的经验。观察的经验主要有观察图形的经验和观察数据的经验。操作的经验主要有"剪"图形的经验和"拼"图形的经验。思维的经验主要是遇到未知的问题（平行四边形的面积问题）会想到把它转化成已知的问题（长方形的面积问题）进行尝试、探索和解决，这是本节课最为重要的经验，这一思维经验将为后续探索三角形面积、梯形面积以及圆的面积奠定重要的经验基础。

五、数学"四能"分析

在《2011版课标》中，首次明确提出了数学"四能"的目标要求。数学"四能"是指发现问题的能力、提出问题的能力、分析问题的能力和解决问题的能力四个方面，这也是21世纪中国数学教育的一次新的突破和新的要求，也是中国数学教育的一个新的亮点。《2022版课标》依然保持数学"四能"的目标要求。那么，我们在课堂教学过程中如何落实数学"四能"的基本理念呢？下面，我们将从数学"四能"的角度分析一下"平行四边形的面积"一课的教学内容。

从发现问题和提出问题的角度分析，"平行四边形的面积"一课的核心问题是如何引导学生发现问题并提出问题。问题要具有关键性、统领性和挑战性，也就是引导学生发现并提出的问题必须是本节课的关键性问题，对本节课的教与学的进程要具有统领性，对本节课的学习要有挑战性。

提炼和设计一节课的核心问题，不仅关系到教师对教材深度的理解，而且关系到教师教学设计的创新，是基于教材又超越教材的关键所在。我们考虑到平行四边形的面积与长方形的面积具有紧密联系，它们的面积公式本质上一致：平行四边形的面积公式"底×高"具有一般性，长方形的面积公式"长×宽"具有特殊性，实质上也是"底×高"。

因此，我们可以设计一个可以活动的长方形框，把长方形框"拉"成平行四边形，然后，引导学生观察并思考：边变了吗？角变了吗？周长变了吗？这些都是显性的简单问题，通过观察和简单思考就能顺利解决。最后引导学生发现并提出本节课的核心问题"周长不变，面积变不变"，以此驱动学生的数学思考。这样的设计巧妙地把平行四边形和长方形联系起来，这个核心问题不仅具有关键性、统领性和挑战性，而且具有新颖性和探索性，大部分学生凭借自己的经验和直觉会认为面积不变。然而，事情并非如此，这就形成了认知上的冲突，也为后续分析问题和解决问题设置了悬念，更为本节课的"长见识"和"悟道理"埋下了伏笔，这是数学奇妙和数学好玩的关键所在！

从分析问题和解决问题的角度分析，我们可以在核心问题"周长不变，面积变不变"的统领下，通过赋予长方形的长与宽的具体数值（长8厘米，宽5厘米），引导学生利用已有长方形的面积公式，计算出长方形的面积。面对平行四边形的面积问题，借助方格纸，通过"剪拼"的方法，把平行四边形转化成长方形，数出平行四边形的面积，从而发现面积变小了。

然而，为什么会这样呢？转为探索平行四边形面积的一般结论，通过比较和演绎推理得出面积公式 $S=ah$，最后利用这个面积公式反过来解释长方形框拉成平行四边形后为什么周长不变面积会变小，领悟到面积变小的根本原因是——底不变而高变小了。让学生经历这样的分析问题和解决问题的过程，数学奇妙和数学好玩之感便油然而生，学生不仅学到了知识，而且增长了见识，还感悟到了道理。

六、核心素养分析

核心素养是《2022版课标》的重要内容，义务教育阶段数学的核心素养主要表现为量感、数感、符号意识、几何直观、空间观念、运算能力、抽象能力、推理意识、推理能力、创新意识、模型意识、模型观念、数据意识、数据观念、应用意识等。用史宁中教授的话，概括地说就是"三会"：会用数学的眼光观察现实世界，会用数学的思维思考现实世界，会用数学的语言表达现实世界。

在"平行四边形的面积"一课中，涉及的数学核心素养主要有：量感、符号意识、空间观念和推理意识。这里的量感主要体现在对平行四边形面积大小的感悟。符号意识主要体现在能想到用字母表示平行四边形的面积 $S=ah$，体会到用字母表示结论具有一般性。空间观念主要体现在能想象出把长方形框拉成平行四边形连续变形的过程，想象出"底"不变而"高"不断变小的过程。推理意识在本节课主要是指演绎推理，能根据已有的事实（平行四边形的底和转化后长方形的长相等、平行四边形的高和转化后长方形的宽相等、平行四边形的面积和转化后长方形的面积相等，长方形的面积等于长乘以宽），按照逻辑推理的方式推导出平行四边形的面积等于底乘高。

综合以上六个方面的分析，根据《2022版课标》的基本理念，我们可以拟定本节课的教学目标如下：

（1）在观察、思考、表达等数学活动中，掌握平行四边形的面积计算公式，理解底和高的对应关系，能进行正确计算，会用平行四边形面积公式解决简单实际问题。

（2）尝试从"变"与"不变"两个角度观察思考问题，经历发现问题、提出问题、分析问题和解决问题的过程，发展量感、符号意识、空间观念、推理意识，体会转化思想、演绎思想、变中不变思想、对应思想和函数思想，积累观察的经验、思考的经验和表达的经验。

（3）感受数学与生活的联系，感受数学内部之间的关系，了解数学的价值，体验数学的奇妙，激发学习的兴趣，养成从"变"与"不变"两个角度观察思考问题的习惯。

第三节　教学问题与思考

数学是有用的，这是众所周知且无需争辩的事实。然而，学过数学的人，真正能爱上数学的却寥寥无几，多数人因在学习过程中受到无意的"伤害"而"恨上"数学。

因此，在数学课堂教学中，让数学好玩起来，让学生喜欢并爱上数学，是一个重要的研究课题。我经过多年的教学实践与研究，提出了"魅力数学"教育观，试图从数学内部寻找解决问题的最佳突破口，在数学学习过程中，让学生感到数学好玩，从心底里感受到数学内在的魅力，促进学生产生积极的情绪，形成良好的情感，陶冶理性的情操，促进学生喜欢并爱上数学，从而达到以"情"优"学"的目的。

那么，如何让数学真正好玩起来？数学内在的魅力究竟在哪里？本章的教学问题就来讨论这个问题，下面，结合小学数学中的一些具体例子逐一进行阐述。

一、数学内在的魅力在于数学本质——美

数学的美是数学内在魅力之"根"，数学的美在于数学本质，数学本质就是指数学知识本身所固有的根本属性。在小学数学中，数与代数主要研究"数"和数量关系的问题，图形与几何主要研究"形"和空间形式的问题，统计主要研究数据的收集、整理、描述和分析的问题，概率主要研究随机现象及其大小的描述问题。

因此，在教学过程中，我们要深刻把握教学内容的数学本质，让学生在学知识的过程中，感悟教学内容的数学本质，这样才能让数学课具有数学的味道，才能让课堂焕发数学应有的魅力，才能让数学真正好玩起来。

比如，在数与代数领域中，数是量的一种抽象，自然数是自然量的一种抽象，真分数和纯小数是比0大、比1小的量的一种抽象，负数是具有相反意义的量的一种抽象，已知数是已知量的一种抽象，未知数是未知量的一种抽象，方程是代数式之间等量关系的一种抽象，函数是变量之间等量关系的一种抽象。初始阶段，数的本质属性是它的可数性。

因此，自然数以计数单位"1"数一数就会产生两位数、三位数、四位数等，分数以分数单位数一数就会产生同分母的真分数和假分数，小数以小数单位数一数就会产生纯小数和带小数。数的加减法运算本质上是相同计数单位的累计：自然数加减法运算要求个位对齐，本质上是确保相同计数单位能够进行累计；同分母分数加减法运算的本质是相同分数单位的累计，而异分母分数不能直接进行加减法运算，本质原因是分数单位不同；小数加减法运算要求小数点对齐，本质上是确保相同计数单位能够进行累计。

在图形与几何领域中，图是形的一种抽象，点是零维形的一种抽象，线是一维形的一种抽象，面是二维形的一种抽象，体是三维形的一种抽象。图的本质属性是它的可量性，周长是一维量化的结果，面积是二维量化的结果，体积是三维量化的结果，平行与垂直是几何图形边与边位置关系的一种抽象，平移和旋转本质上是一种刚体变换（不改变图形中任何两点之间的距离）。

因此，在数学世界里，数学的美不是一种外在的美，而是一种内在的美，不是美在它的直观形象，而是美在它的数学本质。教学时，我们要注意把握数学的本质，让学生在学知识的过程中，感悟数学本质，体验数学之美，这是让数学好玩起来的重要基础。

二、数学内在的魅力在于数学思想——神

数学的神是数学内在魅力之"魂"，数学的神在于数学思想，数学思

想是数学知识和方法在更高层次上的抽象与概括,数学思想常常蕴含在数学知识的形成、发展和应用之中。在数学知识的形成过程中常常蕴含抽象思想,在数学知识的发展过程中常常蕴含推理思想,在数学知识的应用过程中常常蕴含建模思想。

数学的基本思想主要有抽象思想、推理思想和建模思想。抽象思想具体包括集合思想、分类思想、对应思想、符号表示思想、数形结合思想、变中不变思想、极限思想等,推理思想具体包括转化思想、归纳思想、类比思想、演绎思想和代换思想等,建模思想具体包括简化思想、量化思想、优化思想、方程思想、函数思想、统计思想、随机思想等。

因此,在教学过程中,我们要深入挖掘教学内容深层的数学思想,让学生在学知识的过程中,润物细无声地体会数学思想,这样才能让数学课具有思想的味道,也才能让课堂焕发数学应有的魅力,才能让数学真正好玩起来。

比如,在"数的认识"中,我们可以通过数线让原本离散的自然数紧紧联系在一起,每一个自然数在数线上都有唯一的一个家与它相对应,而且让数的大小从此建立起一个直观的"数线"模型。当数的大家族中增加了小数和分数后,我们可以引导学生发现原来它们就镶嵌在数线上,甚至覆盖了原有的自然数。从自然数到小数和分数,数的"形"和"意"都发生了变化,然而,它们作为"数"的本质属性——可数性,却依然保持不变,小数、分数也可以用它们相应的计数单位数一数,便会产生其他的小数和分数。这就是数形结合思想和变中不变思想的奇妙之处。

在"数的运算"中,从横向的角度分析,进位加法,我们把"9+几"转化为"10+几";乘数是两位数的乘法运算,我们把它转化成乘数是整十数和乘数是一位数的乘法;小数乘法运算,我们把它转化成整数的乘法;表内除法运算,我们把它转化成乘法口诀;小数除法运算,我们把它转化成整数除法;分数除法运算,我们把它转化成分数乘法。

从纵向的角度分析,从自然数加减法,到小数加减法,再到分数加减法,运算的"对象"变了,从原来的自然数变成小数、分数,然而,加减法运算的算理却保持不变,它们都是相同计数单位的累计。这就是转化思想和变中不变思想的神奇之处。这样的教学,深入到数学知识的内部,触及数学的灵魂，彰显无穷的魅力，这是让数学好玩起来的关键所在。

三、数学内在的魅力在于数学思考——奇和妙

数学的奇和妙是数学内在魅力之"本"，数学的奇和妙在于数学思考。如果说数学的神和美是一种客观存在，那么数学的奇和妙就是学生学习数学的一种主观体验。数学思考在数学学习中具有不可替代的作用，它是运用数学思维的方式思考问题。

推理是数学思考的主要方式，推理在数学上包括合情推理和演绎推理，它们都是逻辑推理。合情推理是凭借经验和直觉通过归纳和类比推断结果的一种思维方式，演绎推理是根据已有事实通过逻辑推理法则推断结果的一种思维方式。

在数学发展的过程中，合情推理和演绎推理虽然功能不同，但是它们是相辅相成的。合情推理常常用于探寻思路和获得猜想，演绎推理常常用于解决问题和证明猜想。

因此，在教学过程中，我们要通过巧妙设计核心问题和推进数学思考的问题串，驱动学生进行必要的数学思考，让学生在学知识的过程中，独立思考，学会思考，并且逐步学会想得更清晰、更全面、更深刻，这样才能让数学课具有思考的味道，才能让课堂焕发数学应有的魅力，让数学真正好玩起来。

比如，在"小数的认识"中，我们可以借助数线的直观模型，通过"0和1之间有没有住着其他数"这个核心问题，驱动学生开启小数认识之旅，并接着促进其积极思考：如果有，是什么？这在学生对数的认识上是一次重大进展，当学生发现在0和1之间居然还住着小数时，数学学习就开始好玩起来了。我们可以引导学生进一步思考这些小数都住在哪里，让学生在数线上找到小数的家，这样不仅让学生从"形状"的角度认识了小数，还从"位置"的角度感受了小数。

在此基础上，我们还可以继续促进学生深入思考，发现并提出新的问题：0和1之间有多少个小数？0和1之间还住着其他数吗？如果有，会是什么呢？1的家里住着小数吗？1的右边住着小数吗？如果有，有多少

个？0的左边住着小数吗？……

在"平行四边形的面积"的教学中，我们可以把一个长方形框拉成平行四边形，引导学生观察、比较与思考：形状变了，角的大小变了，周长不变，面积变不变？通过这一核心问题驱动学生的数学思考，开启平行四边形面积公式的探索之旅，进而推进思考：如果变了，是变大了，还是变小了？为了解决以上问题就必须学习平行四边形面积公式，有了面积公式以后，反过来运用公式解释为什么长方形框拉成平行四边形，面积会变小。

在此基础上，我们还可以把二维平面问题顺势推向三维空间问题，通过呈现一个长方体倾斜变成平行六面体的场景，继续促进学生深入思考，发现并提出新的问题：周长（即棱长）变了吗？面积（即表面积）变了吗？体积变了吗？为什么？

这样，学生在数学知识的学习过程中，不断积累了思维活动经验。经过独立思考，不断学会思考，通过类比推理的思维方式，发现并提出一系列新的问题，不仅有效培养了创新意识，而且拓展了数学思考的深度和广度，还体会了数学的奇妙之处，原来看起来单调乏味的数学知识，此时就绽放出数学思考的无穷魅力。这样的数学课才具有思考的味道，这就是富有魅力的数学课堂，这是让数学好玩起来的根本保证。

第四节　教学实录与评析

"平行四边形的面积"是我的第一节"下水"课，也是在《2011版课标》颁布时设计的一节研究课。这节课试图突出数学"四基"、数学"四能"的教学理念，从"变与不变"的角度发现问题、提出问题、分析问题和解决问题。在问题解决的过程中，让学生掌握基础知识，习得基本技能，体会数学思想，积累活动经验，在学知识的过程中长见识、悟道理。

下面是根据2012年4月8日在江苏泰州的一次教学分享实况，整理出的教学实录。

一、课前谈话，引入教学

师：同学们，你们认识我吗？

生：（齐声）不认识。

师：很好，实事求是，这是一个科学态度。

师：知道我的名字吗？

生：苏明强。

师：你是怎么知道的呢？

生：屏幕上写的。

师：认真观察是一个非常好的学习习惯。

生：刚才那个主持人老师介绍的。

师：认真倾听也是一个非常好的学习习惯。

师：为什么你们推断我的名字是"苏明强"，而不是"泉州师范学院"呢？

生：因为你的名字不可能有这么长。

师：很好，凭借经验和直觉，中国人没有这么长的名字，从而推断了我的名字不可能是"泉州师范学院"。

评析

课前的闲谈和交流，旨在促进师生互相了解，拉近心理距离。谈话的话题简单，反问的问题新颖，不仅通过表扬让学生产生了积极情绪，而且巧妙地融入了合情推理的元素，让课前的互动交流不失数学的味道，为正式的教学营造了宽松和谐的氛围。

二、复习铺垫，情景导入

师：（出示自制长方形框）认识这个图形吗？谁来说说它叫什么？

生：长方形。

师：（手指长方形的长边）这叫什么？

生：长。

师：（手指长方形的宽边）这又叫什么？

生：宽。

师：我们把长和宽都统称为长方形的边。长方形一共有几条边？

生：四条边。

师：除了四条边外，你还看到了什么？

生：角。

生：四个直角。

师：（手指长方形一圈）这叫长方形的什么？

生：周长。

师：这位同学一直举手，你知道我下面要问什么吗？

生：面积。

师：真棒！你能猜出老师接下来要问的问题，说明你一直在思考。

师：（拆下自制的长方形框中间的长方形纸片贴在黑板上）现在我们一起回顾一下生活经验。你们是否在生活中碰到过这样的问题——不小心把东西掉在地上？有的请举手（全班举手）。比如一个玻璃杯不小心掉在了地上，这个时候通常会怎样呢？

生：玻璃杯会碎掉。

师：如果玻璃杯太珍贵，我们的心也都快要碎了。

师：你们有没有从数学的角度思考过这样的现象呢？

生：（齐声）没有。

师：今天我们就来研究怎样从数学的角度来思考这个问题。比如一个杯子，我们可以用哪个数来表示？

生：1。

师：现在不小心掉在地上，变成了8个碎片，又可以用哪个数来表示？

生：8。

师："从"1"变成"8"，这是什么变了？

生：数量变了。

师：很好，这是数学思考的一个角度。

师：本来是玻璃杯，现在掉在地上，变成了碎片，不是玻璃杯了，这是什么发生了变化？

生：形状。

师：真棒，是形状发生了改变。

师：我们一般可以从数量和形状两个角度来思考问题。

评析

这一环节的设计，旨在利用教师自制的长方形框（可以拉动）复习几何图形的四个基本要素"边、角、周长、面积"，为后面的有序思考奠定基础。同时，通过引入生活情景，唤起学生对已有生活经验的回忆，为学生从形状和数量两个角度思考问题，提供生动形象的生活情景。

三、观察思考，提出问题

师：（再次拿起自制的长方形框架）下面请同学们猜猜看，如果老师不小心把这个长方形框也掉在了地上，你觉得它什么会变？什么不会变？（学生思考）

师：先来思考第一个问题，数量会变吗？

生：不会。

师：本来是一个框，掉在地上还是一个框。那么形状会变吗？

生：会。

生：（异口同声）会变成平行四边形。

师：这是你们的猜测，我们试试看。（教师演示长方形框架掉在地上的情景）还真的变成了平行四边形，我们把这个图形也贴在黑板上。（手指图形的底边）我们把这个叫作平行四边形的什么？

生：底。

师：（手指图形的高）这条叫什么？

生：平行四边形的高。

师：（手指黑板上的长方形与平行四边形）请同学们观察这两个图形，想一想边的长度变了没有？

生：没有。

师：角变了没有？

生：变了。

生：本来长方形有4个直角，现在变成了4个都不是直角了。

生：4个直角变成了2个锐角和2个钝角。

师：周长变了没有？

生：没有。

生：长和宽没有变，所以周长也就没有变。

师：（出示课件）现在我给这两个图形都标上了数据。请问周长不变，面积变不变？同桌之间讨论一下。（学生轻声讨论）

师：认为面积不变的请举手。（全班举手）

师：我儿子的妈妈也认为面积不会变。（一片笑声）

师：认为面积变的请举手。（无人举手）苏老师认为面积变了，你们不一定会相信，我们今天就来研究这个问题。

评析

这一环节的设计，旨在通过教师引导学生观察、思考长方形框的变化，发现长方形框的边长和周长"不变"，角的大小"变"了，然而在面积"变不变"这个问题上，产生了分歧，形成了冲突，制造了悬念，从而提出本课的核心问题"周长不变，面积变不变"。通过这个问题，有效驱动了学生的数学思考。在这里，不仅引导学生学会从"变"与"不变"的角度思考问题，而且渗透了变中不变思想的教学，为教学进程的推进奠定了重要基础。

四、启发思考，分析问题

师：（课件出示问题）怎样比较这两个图形的面积？

生：算。

生：（手指屏幕上的两个图形）可以把那边的图形移到这边来。

师：哦！重叠。

生：平移再重叠。

师：（操作演示黑板上的两个图形）平移再重叠一起。可是平行四边形长着两个翅膀，那该怎么办？请继续思考。

生：画一条高剪下来，然后平移过来变成一个长方形。

师：同学们说得很好，今天我们一起研究一下，从计算的角度看能不能把它们的面积比出来。这个长方形的长是8厘米，宽是5厘米，那么它的面积是多少？

生：40平方厘米。

师：它的面积公式是怎样的呢？
生：长方形的面积＝长×宽。（教师板书）
师：这个平行四边形的面积是多少，你们学过它的面积公式吗？
生：没有。
师：如果它是什么图形就好办了？
生：如果它是长方形或正方形就好办了。
师：那么怎样将它转化成长方形呢？
生：（手指着图形）把平行四边形的那个角切下来移到那边。
师：你说的切，是不是随便切一下？
生：不是。任意画一条高切下来。
生：也就是沿着它的高切下来。
师：（出示课件，呈现四个平行四边形）我们规定方格纸中的小正方形边长为1厘米，那么你能数出第一个平行四边形的底是多少厘米吗？
生：7厘米。
师：高是多少？
生：4厘米。
（教师分别引领学生观察并判断其他三个平行四边形的底和高。）

评析

这一环节的设计，旨在通过教师呈现长方形和变形后的平行四边形，引导学生观察比较两个图形的大小，在重叠比较的方法上遇到困难，从而思考通过计算的方法进行比较。然而，如何计算平行四边形的面积？这自然成了焦点问题。"如果它是什么图形就好办了"这一问题的提出，继续把学生的思维向前推进。在这个过程中，让学生经历分析问题的思考过程，体会转化思想，积累思维活动经验。

五、动手操作，解决问题

（课件出示以下表格。）

平行四边形			转化成的长方形		
底（厘米）	高（厘米）	面积（平方厘米）	长（厘米）	宽（厘米）	面积（平方厘米）

师：平行四边形的底、高是多少，我们可以通过数方格来确定。你们可以选择一种办法把它剪下来，想办法变成长方形，然后再数一数长方形的长、宽分别是多少，算出长方形的面积。最后再把这个平行四边形的面积写出来。下面请从抽屉里拿出第一张学习记录单，用剪刀把你喜欢的平行四边形剪下来，然后想办法把它变成长方形。（学生动手操作）

师：剪好的同学再拿出第二张记录单，把相关数据填在表格里。底和高填好后再把图形变成长方形，把长方形的相关数据填在表格中，再思考表格下方的问题。

（1）平行四边形的"底"与长方形的"长"有什么关系？
（2）平行四边形的"高"与长方形的"宽"有什么关系？
（3）平行四边形与转化成的长方形的面积有什么关系？
（4）长方形的面积 = × ？
（5）平行四边形的面积 = × ？

师：（每个同学所选的图形不同，但是发现的结论相同）你们发现所选的平行四边形的底与转化后的长方形的长有什么关系呀？

生：相等。（教师板书）

师：平行四边形的高与转化后的长方形的宽有什么关系呀？

生：相等。

师：平行四边形的面积与转化后的长方形的面积有什么关系呀？

生：相等。

师：你发现平行四边形的面积可以怎么算出来？

生：平行四边形的面积＝底×高。（教师板书）

师：如果我们把面积用 S 表示，底用 a 表示，高用 h 表示，那么面积公式要怎么写？一起说。

生：S=ah。（教师板书）

师：请同学们把这个计算公式齐声读一遍。（学生齐读）

师：这就是我们今天要研究的问题。（板书：平行四边形的面积）结论既然出来了，我们回过头来思考下刚才那个问题，（手指黑板上的平行四边形）我们只知道这个平行四边形相邻两条边分别是 8 厘米和 5 厘米，现在，如果老师告诉你底边（8 厘米）上的高是 4 厘米，你能算出它的面积吗？

生：8×4=32（平方厘米）。

师：（出示课件）我们刚才算出原来长方形的面积是 8×5=40（平方厘米），当这个长方形掉到了地上，变成了平行四边形，它的面积是 32 平方厘米，说明它的面积是变小了。接着往下想，我把这个平行四边形再压扁一些，（课件呈现）高是 3 厘米，你发现现在的面积又变怎样了？

生：又变小了。

生：面积是 8×3=24（平方厘米）。

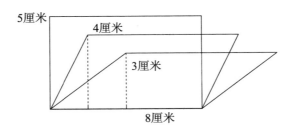

师：认真观察以上三个图形的变化，请同学们思考一下以下问题：周长不变，面积为什么会不断变小呢？

生：因为被压扁以后，每条边长度没变，而高却变得越来越短了。

师：真是一位善于观察的孩子，也就是面积变小的原因是因为高变得越来越短了。（手指黑板上的长方形）我们也可以把这个"长"看作

"底",把这个"宽"看作"高"。这样一来,我们就发现了这两个公式本质上其实是一样的,都是"底 × 高",只不过在长方形中有个特殊的名字,可以叫作"长 × 宽"。

师:再追问一个问题,我们刚才说面积变小的原因是高变短了,为什么高会变短呢?

生:因为它变得越来越扁了。

生:因为角变了。

师:为什么角会变了呢?

生:形状变了。

师:哦!你说得很好。我们一起从头想一下,我不小心把长方形掉在了地上,形状变了,角变了,高变短了,所以面积也就变小了。

评析

这一环节的设计,旨在通过教师引导学生动手操作、观察思考、独立思考、合作交流等方式,归纳得出平行四边形的面积公式。在这里,自然融入了数学思想的教学,让学生在平行四边形面积公式的探索与推导过程中,体会了归纳思想和演绎思想。同时,通过课件,教师再次呈现从长方形到平行四边形的三个连续变化过程,并要求学生运用平行四边形的面积公式,解释"周长不变面积变小"的原因。这一细节的设计,不仅引导学生解决了课前提出的问题,做到首尾呼应,而且还融入了数学思想的教学,让学生初步体会了函数思想,初步感受到在平行四边形的底不变的情况下,一个量"高"的变化,将引起另一个量"面积"的变化。

六、巩固练习,应用拓展

1. 练一练

(课件出示"练一练":平行四边形花坛的底是 6 米,高是 4 米,它的面积是多少?)

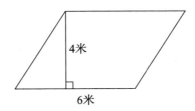

师：动笔列式算一算。

（学生动笔，全班交流。）

2. 算一算

师：再来挑战第 2 题。（课件出示题目：计算下图平行四边形的面积。）

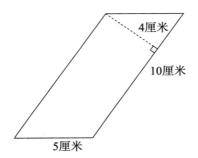

师：这 5 厘米是什么长度？（生：底。）这 10 厘米是什么长度？（生：底。）4 厘米呢？（生：高。）请你列出算式把面积算出来。（学生动笔列式，再集体交流。）

[教师挑选一个算错的学生的答案：4×5=20（平方厘米）。]

师：同意的请举手。（没人举手）

生：应该是 4×10=40（平方厘米）。

生：因为 4 厘米是 10 厘米上的高。

师：哦！底和高要相对应。我们不能对一个男人说，他是爸爸，应该说清楚，他是谁的爸爸。5 厘米的底的"爸爸"（高）出现没？现在我告诉你们，它的"爸爸"（高）是 8 厘米（课件展现 5 厘米的底上的高），你能把它的算式说出来吗？

生：5×8=40（平方厘米）。

3. 做一做

师：再来挑战第 3 题。（课件出示题目：一个平行四边形的停车场，底长 50 米，高 5 米，每个停车位占地 10 平方米，这个停车场共有几个停车位？）

生：5×50=250（平方米）。

师：5×50=250（平方米），这个算的是什么？

生：停车场的面积。250÷10=25（个），也就是有 25 个停车位。

生：5×50÷10=25（个）。

4. 想一想

师：再来挑战一题，请看题目。（课件出示下图）

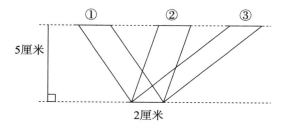

师：分别有①、②、③三个图形，图中有两个数据，分别是 2 厘米和 5 厘米，请问 2 厘米是什么的长度？

生：是长方形的长度。

生：不对，应该是平行四边形的底的长度。

师：是哪个平行四边形的底啊？

生：三个底都是 2 厘米。

师：那就是说三个平行四边形共同的底都是 2 厘米。那 5 厘米呢？

生：是平行四边形的高。

师：哪个平行四边形的高？

生：三个的。（教师演示课件）

师：这三个平行四边形的面积各是多少，能算出来吗？一起说。

生：2×5=10（平方厘米）。

师：注意观察，这三个平行四边形，什么变？什么不变？

生：形状变了，面积没有变。

生：高和底都没变。

生：它们的角变了。

生：它们的位置变了。

师：周长会不会变？

生：会变。

5. 试一试

师：我们再来看这一个问题。（课件出示下图）

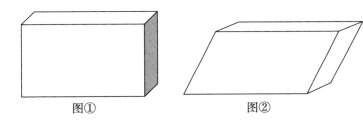

图①　　　　　　图②

师：图①叫什么？

生：长方体。

师：图②，你想把它叫什么？

生：平行四边体。

师：图②是图①长方体歪了，认真观察，你觉得哪些会变？哪些不会变？

生：面积会变，周长不会变。

生：体积会变。

师：你觉得会变大还是会变小？

生：变小。

生：高会变，变小了。

师：从图①到图②，我们今天研究的不就是这个长方体的正面吗？你还想提什么问题？

生：它们的面积是多少？

生：它们的周长是多少？

生：它们的高各是多少？

生：它们的角各是多少？

生：图①比图②的面积大多少？

生：图②在哪里有用处？

评析

这一组练习题目的设计，旨在巩固新知，拓展提升。第1题是对知识的简单巩固，第3题是对知识的简单应用，第2题是对面积公式隐性知识（底和高要对应）的考察。第4题的设计旨在让学生通过观察思考得出"等底等高的平行四边形面积相等"这一结论，同时，与本课所讨论的长方形被不断"压扁"这种情形，正好形成鲜明的对比，让学生的认知再次扩大，进一步激活学生的数学思维，充分突出了数学思考，通过交流讨论发现这三个图形面积"不变"，周长"变"了。在这个过程中，不仅再次巩固了平行四边形面积公式的应用，促进学生形成基本技能，达成"双基"目标，而且再一次融入了数学思想的教学，让学生体会变中不变思想，感受数学的神奇和奥秘。

第5题从二维拓展到三维，课前是长方形变成平行四边形，课末是长方体变成平行六面体，旨在拓展延伸，促进思考。这样首尾呼应的设计，不仅体现了融入数学思想的整体设计思路，而且突出了数学思考，把学生的思考引向深入，让课堂焕发出数学应有的魅力，让数学变得好玩起来，带学生体验了数学的神奇和美妙，从而喜欢数学、爱上数学。

>>

七、课堂总结，反思提升

师：同学们，生活中很多事情都有密切的联系，我们要善于从"变"与"不变"中观察分析事物的本质，要善于从"数量"和"形状"两个角度去思考问题，要善于运用"转化"的思想解决问题。让我们从今天起，用这样的一双数学眼光去观察、分析、思考、解决生活中的问题。今天的学习快要结束了，请你说说心里话。

生：您真是中国最棒的数学老师。

生：这节课很快乐。

生：见到您很高兴，因为您很幽默。

生：老师，我觉得您上课很认真。

生：苏老师，希望您以后还能来我们学校上课。

生：苏老师，这节课您讲得真好，可以留电话号码吗？

生：苏老师，您长得真帅！

生：老师，您能给我一个签名吗？

生：合作愉快！

生：苏老师，您有 QQ 号吗？

评析

从学生说的心里话中，我们能深切地感受到这节课没有失败，这样的思考是有趣的，这样的教学是有魅力的，这样的课堂是受学生欢迎的，这样的老师是富有超强的人格魅力的，这样的学习是好玩的，这样的经历会给学生留下隽远的记忆。

好玩二
三角形内角和

第一节　教学故事与感悟

"三角形内角和"是我 2013 年的一节重点研究课,也是我到省外广泛交流的第二节课。2013 年 5 月 25 日,夏俊生会长再次为我提供学习交流的机会,邀请我参加在江苏省扬中实验小学举行的"江苏省数学名师演绎小学数学课堂经典促教师专业成长"教学研讨活动。会上,我执教了"三角形内角和"一课,这是我的第二节小学数学研究课。课堂上发生的一些意外事情,给我留下了深刻的记忆,虽然已经过去好多年,但是每次想起,还是历历在目。

我非常荣幸当时能与吴正宪老师同台上课,吴老师建议我一定要把这节课的教学故事写下来,非常有价值。下面是这节课在实践过程中所发生的一些教学故事。

一、精心准备的一次课前互动

"三角形内角和"一课,苏教版教材安排在四年级,由于当时四年级的学生已经学过了,因此,我就选用了三年级的学生,这是我第一次给低学段学生上课。由于缺乏相应的教学经验,面对这么小的学生,我心里一直忐忑不安。为此,我专门为这节课设计了一个课前互动,旨在试探一下学生的状态,做好教学准备,同时,激发学生学习的好奇心,营造一个轻松的学习氛围。

我像往日一样，带着一个黑色的手提包（至今还在用），里面装着教学时所需要的一些教具（一支笔、几张卡纸和几个磁吸），走到讲台前说："同学们，今天老师带来的这个包可不是普通的包，它有魔法。"话音刚落，我发现孩子们瞪大了眼睛，很好奇。我接着慢慢从包里拿出一只普通的水笔，问："这是什么？"一个学生信心满满地站起来回答："是一只水笔。"我摇摇头说："不对。"这时我发现很多学生觉得有些意外，也许在想："明明是一只水笔，怎么就不对呢？"我接着提问另一个学生，他说："是一只黑色的水笔。"我摇摇头说："不对。"这下孩子们更觉得奇怪了。"这到底是什么？"我接着提问第三个学生，他说："是一只能写的黑色的水笔。"我还是摇摇头说："都不对。"这时学生更加困惑了。我笑着说："同学们，通过刚才大家的回答，我发现你们的头脑停在了'第一频道'——生活频道。我们人的头脑有两个频道，你们知道第二频道是什么吗？"孩子们用可爱的语调齐声回答："数学频道。""对了。现在我喊'一、二'，你们就统一切换到数学频道，好不好？"他们回答道："好。"当我喊完口令后，再拿出同样的水笔问另一组的学生："这是什么？"一个学生站起来就说："是1。"我说："很好，还可以是什么？"另一个学生接着说"是线段"，第三个学生又说"是直线"。我总结道："我们学数学的人，要自动把头脑切换到数学频道，看问题要用数学眼光，今天我们就带着数学眼光一起来学数学。"在孩子们期待的眼神下，我们开始了这节课的学习。

这次课前互动是我针对三年级学生的特点专门精心设计的。我心里默认三年级学生是比较感性的、比较可爱的、比较天真的，教师在与学生的沟通交流中，语言、动作、表情、语调等要尽可能做到位，要尽自己最大的努力，变成和三年级学生一样可爱的老师，从而拉近与学生的心理距离。

有了以上这种出其不意的设计和对话，透过学生的眼神，依稀可以看出他们对本节课的学习充满了期待——因为这个老师一开始就很不一样，因为这个老师说包包有魔法。然而，究竟今天的学习会发生什么，没有人知道，因此，学生对本节课的学习就充满了好奇和期待，这就是教师在陌生环境下上课，课前互动的重要性。我们应该根据不同年级学生的具体特点精心进行设计，在课前互动短短的两三分钟里，尽最大努力让学生产生良好的情绪，这样才能为接下来的正式上课奠定重要的情感基础。

二、课堂出现意外该怎么办

我和三年级的学生满怀期待地进入了正式上课环节，我期待着第二节研究课能再次创造奇迹——没有失败，继续沿着自己的梦想砥砺前行；孩子们期待着这个有趣的老师和那个有魔法的包包。

我缓缓地从包里拿出了一张白色的卡纸，这是今天上课重要的道具。我问："这是什么？"学生异口同声地回答"长方形"，并没有说是一张白纸，我立刻进行了表扬，表扬他们一直停在了"数学频道"。他们笑了。我按照既定的设计，利用这个长方形教了"内角"与"内角和"的概念，一切进展得那么顺利，收到了预期的效果。

我便信心满满地跟学生说："接下来即将发生神奇的一幕，请你们闭上眼睛，举起你们的右手，我喊'一、二'，你们大声说一个字——剪，神奇的现象就会发生。"听到这个信息后，听话的孩子紧闭双眼，等待老师的口令，有的可爱的女孩用双手遮住自己的眼睛，以此表示对老师的支持与配合。

然而，调皮的孩子终究战胜不了好奇心，他们情不自禁偷偷地睁一只眼闭一只眼，有的从手指缝中偷看，想要亲眼目睹神奇现象的发生过程。其实，我拿出来的卡纸，学生正面看完好无损，卡纸的背面，我早已用小刀沿着对角线割开。我准备当学生闭上眼睛后，伴随着我的口令，用力把卡纸拉开，变成两个直角三角形，以此显示魔法的神奇。然而，意外还是发生了。我信心满满地把卡纸高高举起来，大声地喊了口令，同时用尽力气拉了好几下，却怎么也拉不开。这次操作失败了，我低估了卡纸的"表面张力"。孩子们配合地喊完"剪"字后，便马上睁开了眼睛，看见我为了"魔法"而做出的努力——用力拉，然而，他们眼前看到的还是原来的长方形，并没有发生什么神奇的现象，这下该怎么办呢？我吓出一身冷汗，究竟该怎么办呢？

我突然灵机一动，对学生说："刚才我发现有的同学睁一只眼闭一只眼，导致魔法失灵了，我们再来一次。"我就用这样的借口，为自己赢得了一次机会,这一次只能成功,不能再失败了,于是我弯下腰,把卡纸拿到讲台桌下方,不再让学生看见即将发生的一切。然而,调皮的学生依然很好奇,还是睁一只眼闭一只眼。为了快速推进教学,我顾不了那么多了,直接喊了口令,并用力把卡纸撕开。然而,当我把撕开后的卡纸高高地举起来时,所有学生都大声且惊奇地说:"哇,好神奇哦!"在三年级学生的心中,老师就是这么神圣,虽然有的学生已经看到真实的一幕,但是他们依然相信这里真的有魔法,这就是三年级可爱的孩子!

我们在上课的过程中,根据预设的教学方案,难免会出现一些意外的事情。因为是事先意想不到的,便无法提前预设相应的方案,这就要求教师应该具有一定随机应变的能力,能够及时选择合适的方式,处理课堂教学中的意外事件。

三、入戏太深的孩子

我把两个直角三角形缓缓地重叠起来,问道:"长方形的内角和是360°,那么这个直角三角形的内角和会是几度?"学生立即回答:"180°。"我指着一个直角三角形说"难道……",一个女生补充道:"难道所有的直角三角形的内角和都是180°?"我通过两块三角板直接验证了这个结论,学生备感好奇。

我接着拿起一个直角三角形,当着学生的面,从直角顶点向斜边慢慢地剪开,变成一个锐角三角形和一个钝角三角形。我高高举起了锐角三角形,问道:"这个锐角三角形的内角和几度?"学生快速回答:"90°。""怎么想的呢?""180除以2等于90。"我拿着锐角三角形说:"我如果再剪一刀,变成两个更小的三角形呢?"学生抢答道:"45°。""再剪呢?"学生异口同声地回答:"22.5°。"这时听课的老师们都笑了。我又举起了钝角三角形,问道:"这个钝角三角形的内角和几度?"学生快速回答道:"90°。"我不再出声,但是,依然把钝角三角形高高举着,让学生继续观察。就在这个时候,有个别学生高声喊道:"不对,不对。"我问道:"我们都觉得是90°,你为什么觉得不对呢?"学生指着三角形中的钝角说:"老师,这个角已经是钝角了,钝角大于90°,所以钝角三角形的内角和不可能是90°。"话音刚落,全班同学恍然大悟,颇感震惊。我慢慢地说"难道……",这个时候,又有学生补充道:"难道钝角三角形的内角和也是180°!?"我开玩笑地说:"如果真是这样,你受得了吗?"学生高声道:"受不了!"

接下来,我用几何画板做成的课件,验证了这个猜想。我让"电脑博士"把每个角都精确到小数点后五位,目的是不让学生进行口算,学生看着"电脑博士",颇感神奇——太厉害了,怎么可以如此精确!我把"电脑博士"测量出来的三个内角的度数横向呈现在屏幕上,说:"请同学们做好准备,深深吸一口气,'电脑博士'要公布结果了。"我稍停片刻后快速按下"确定"键,这个时候,屏幕上突然显示出三个角的和——180.00000°。我清楚地听见,全班同学都惊奇地发出一声"啊!"这个时候,我突然发现一个女同学脸色苍白,浑身颤抖,我很吃惊,以为她发高烧、生病了,于是停下教学,走到她的身旁,本能地用我的手试一下她额头的温度,问道:"你生病了吗?"她说:"没有。"我觉得奇怪,又问道:"那你为什么浑身颤抖?"她说:"我害怕。"这一下我觉得更加奇怪了,数学课怎么让人感到害怕?我紧接着问道:"你害怕什么?"她说:"老师,太神奇了,为什么会这样,还是180°?"这时全场的老师都笑了,我也终于明白了,原来小女孩"入戏太深",她依然停留在老师的小包包有魔法的意境之中!这就是三年级可爱的孩子!

四、数学课竟然可以治疗口吃

在这堂课顺利推进的过程中,大约正式上课8分钟的时候,我不经意间提问到一位小男孩。记得当时他戴着一个黑框的眼镜和一条灰白相间的领带,就坐在第二组第二排,他的回答让我感到意外,因为他有口吃的现象。记得当其他同学要笑话他时,我比画了安静的手势,并跟全班同学说:"我们请他慢慢说。"当时他很费劲地又说了一遍,我表扬了他的胆量和进步,并提议全班同学给他热烈的掌声以示鼓励。这时我心里就在想:今天这节课,我一定要多给他机会回答问题,让他多得到锻炼。

伴随着这堂课的慢慢推进,我经常可以看到,这个小男孩在积极思考和大胆举手。他总是那样笑嘻嘻地看着我，仿佛认定了我，对我一直有什么期待，我不断地提问着他，他也大胆、努力地回答我提出的问题，每一次回答后，我都表扬他，并让全班同学用热烈掌声表示对他的肯定。到了第五次回答时，他的口吃居然好了，这时全场500多位参会的老师自发地响起了热烈的掌声。我觉得这太神奇了，我的心里非常高兴，便对他说："台下老师们的掌声是送给你的，你高兴吗？"他快速流利地说："高兴！"这时全场再次响起了掌声。当时，我心想，难道今天的课真的有魔法？他是偶然说流利了，还是真的好了呢？为了证明这一点，随着课的推进，我第六次提问了他，他的回答还是那么的流畅，自然又赢得了全场的掌声。课要结束时，我按照惯例问了一个拓展思考的问题——"通过今天的学习，你们还能提出新的问题吗？"这时我发现举手的人并不多，大约有四五个孩子，我清楚地记得，这个小男孩又高高举起了小手。我决定第七次让他回答问题，他自信地站了起来，大声流利地说："我想知道四边形、五边形、六边形，是不是也有三边形这样的规律呢？"天啊！这是真的吗？他好了！全场又是一片热烈的掌声。

　　下课后，也许这节课对学生来说真的太神奇了，也许学生喜欢上了这节课，也许学生真的喜欢上了我，学生纷纷涌到讲台前，要求我给他们签名，我瞬间倍感幸福和快乐，有时老师的幸福就是这么简单——学生喜爱。然而，这个小男孩没有在签名的人群中，他马上跑到台下第一排，找到他的数学老师，他跟数学老师说的第一句话是："钱老师，我好了！"钱老师亲眼目睹了课堂发生的一切，感动得马上给奚一琴校长打了电话，说明了情况。奚校长坐在会场的最后一排，她也亲眼目睹了这神奇的一幕。她让钱老师给学生家长打电话——"你儿子今天在数学课上口吃好了"——这是多么激动人心的事情啊，太神奇了！难道魅力课堂真的有魔法，数学课还可以治病？！

　　后来，奚校长让陈荣芳副校长专门把这堂课的录像刻录了下来，组织全校数学教师专门讨论这堂课，并让这个班级的学生每人制作一张小卡片，把想对苏老师说的话写在卡片上，然后在校园里进行专题展览。可爱的孩子们在卡片中给我写了许多感人的心里话。后来，每当我在江苏上课，遇见扬中实验小学的数学老师时，他们都会主动跟我讲这个小男孩后来的故事，他真的就这么好了！

教师听课感受

▶ **河南省焦作孟州市城佰镇立义小学陈沙沙老师：**

有幸聆听了泉州师范学院苏明强教授"三角形内角和"的现场课，真是美好、轻松又愉悦的一次享受。这节课让我有一种无比震撼但又想拍案叫绝的感觉，颠覆了我30年来对数学课的认知——数学原来这么好玩、数学原来这么美、数学课原来如此轻松有趣！数学课不是一堆冰冷的数字、计算和公式，不是老师的歇斯底里和学生无助迷茫的眼神，而是富有热情和激情的思维之旅，是学生天真可爱的笑脸，能激发学生积极参与、思考和回答。这才是真正的学习，这才是真正的课堂！我想说：数学，对不起，我刚刚认识了你！

这是我有生以来上过的最精彩、最富有魅力的数学课，没有呆板和枯燥，没有压抑和无趣，而是那么的奔放和开放，不走寻常路，是成功的创新。这节课朴素中不乏深刻，幽默中不乏机智，轻松愉悦中不乏任务的达成。苏教授就像一个技艺高超的魔术师，把学生吸引到数学世界里，让学生用满腔热情进行一场数学思维之旅的探险。这是我见过的最美的风景，它令我如沐春风、心驰神往！我要把它放在内心最珍贵的地方！

▶ **河南省济源市济渎路学校邵军红老师：**

今天听了苏老师的课才发现，真正的"大神"在这里。苏老师关注的是"如何说，孩子才愿意听进去"，关心的是孩子的感受。而我们大多数老师关注的是"如何说，才能把该说的说完"，看似要教给孩子更多的知识，其实他们一句也没听进去。教师要懂得利用语言的力量，而不是让它成为我们的绊脚石。所以，我们一定要做一个学识渊博，幽默风趣，愿意弯下腰来牵着孩子们的手，陪他们一起快乐成长的老师！教师要始终铭记并努力践行"亲其师，信其道"的神奇力量，才能在教育这条路上走得越来越好。

▶ **河南省焦作市道清小学张海军老师：**

今天听了苏明强教授执教的"三角形内角和"一课，深有感触。最大的感觉是，苏教授高屋建瓴，举重若轻，诙谐幽默，谈笑风生，整节课始终用自己独特的魅力，吸引着孩子们的目光，让孩子们不知不觉地度过了愉快的40分钟。相信这节课会让很多孩子铭记终生，也相信很多孩子会通过这节课爱上数学，更相信所有听课的老师都能从中受到启发。苏教授的课是有温度、有爱心的，苏教授的课堂魅力不只是数学教学的魅力，更是人文关怀的魅力。这辈子即使做不了像苏教授一样的名师，也要向着苏教授指引的方向努力前行，这将是我教师生涯的永恒追求。

▶ **云南省曲靖市麒麟区教师进修学校附属小学龚雪燕老师：**

我在教师岗位十余年，一直在想如何做一名成功的数学老师，听完苏老师的课后我找到了答案。苏老师幽默诙谐，一言一行都深入学生内心，枯燥的数学课在苏老师的讲授下笑声不断，顿时自叹不如，这就是我前进的一个风向标。是的，一个成功的老师首先要让学生喜欢你。数学来源于生活，苏老师恰如其分地将生活与数学联系起来，让学生在学习中感悟数学的重要性，惊叹数学竟是如此的神奇！

第二节　教学内容与分析

"三角形内角和"，属于图形与几何领域中"图形的认识"的教学内容。人教版安排在四年级下册第五单元，苏教版安排在四年级下册第七单元，北师大版安排在四年级下册第二单元，冀教版安排在四年级下册第四单元，浙教版安排在四年级下册第四单元，青岛版安排在四年级下册第四单元，西师版安排在四年级下册第四单元。

本节将从知识体系、教材比较、数学本质、数学"四基"、数学"四能"、核心素养等几个角度分析这节课的教学内容，以期为大家深入研究本课的有关教学问题提供参考。

一、知识体系分析

图形与几何领域的教学内容主要包括图形的认识、图形的测量、图形的运动以及图形与位置。图形的认识主要包括图形的名称、要素、特征、性质和画图等。图形的性质是图形认识的教学内容，它是初步认识图形的名称、要素和特征后进一步学习的重要内容，属于图形的再认识，研究的是几何要素之间的关系，主要包括图形边的性质和角的性质，在中小学数学中主要研究封闭图形中边和角的性质。在数学中，最简单的封闭图形是三角形，因此，三角形边和角的性质成为小学数学图形与几何领域的重要内容，将为初中数学的学习奠定重要基础。

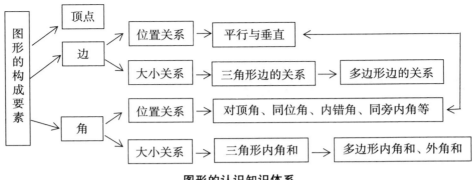

图形的认识知识体系

从上图可以看出，在中小学数学中，对图形的认识基本上是沿着图形的构成要素（边和角）逐步深入，从要素的名称到要素的关系，从要素内部的关系到要素之间（边与角）的关系。对于图形的边的研究将在"好玩五 三角形边的关系"一章第二节进行讨论，这里不再阐述。对于图形的角的研究，主要体现在以下三个方面。

一是研究角的形成过程，从"静态"和"动态"两个角度进行研究。从"静态"的角度看，这是小学数学第一阶段的学习内容，属于角的初步认识。小学数学教材中将角定义为"由一个顶点向外引出两条射线所组成的图形"，由顶点和射线进行定义，认为角的两条边可以无限延伸，无法度量。其实，在我们所研究的平面图形中，角是由顶点和线段组成的，角的两条边都可以度量。如果我们把角作为几何图形的组成要素加以认识，那么我们可以说"角是由一个共同顶点的两条线段所组成的图形"。

从"动态"的角度看，这是小学数学第二阶段的学习内容，属于角的再认识，是认识上的一次实质性的飞越，从"静态"过渡到"动态"，为中学几何学的学习奠定了基础。这个时候，小学数学教材经常这样定义："角是一条射线绕着它的端点旋转所成的图形。"这个概念可以定义出0°的角、180°的角和360°的角，此时根据旋转后角的大小，把角分为锐角、直角、钝角、平角和周角。但对于270°的角、大于180°小于270°的角、大于270°小于360°的角等这些特殊的位置所形成的角，都没有给出相应的名称。另外，这里的旋转默认为逆时针方向，只旋转一周。这个时候学生对角的认识具有局限性，以为最小的角是0°，最大的角是360°。其实并非如此。继续延伸下去，到了中学数学，进一步加深对角的认识，把角沿着逆时针方向继续旋转，得到了比360°还大的角，可以旋转一周、两周、三周……同时还可以沿着顺时针方向旋转一周、两周、三周……。这样一来就会遇到两个主要问题：一是这么多的角无法分别进行命名，二是逆时针旋转所得到的角与顺时针旋转所得到的角应该如何区分。

为此，人们通过引进平面直角坐标系的办法来解决上述问题：把平面直角坐标系分成四个象限，给出始边和终边的概念，根据旋转后终边在平面直角坐标系中所在的位置，给出象限角的概念，这时把角的大小表示为$\beta=2k\pi+\alpha(k\in z)$。同时，规定逆时针方向旋转所得到的角为正角，顺时针方向旋转所得到的角为负角，把角分为正角、负角和0°角，这样，角的分类与数的分类（正数、负数和0）完全统一起来，角的大小就可以用实数进行表示。

二是研究角的位置关系，这是初中几何的重要内容，在小学数学中没有。角的位置关系与线的位置关系紧密相关，线的位置关系有相交和不相交，相交的一种特殊位置叫垂直，平面内不相交叫平行，不在同一平面内不相交叫异面。

在初中数学中，两条直线相交后产生了四个角，根据它们的位置，把位置相对的两个角叫作对顶角，把位置相邻的两个角叫作邻补角。三条直线相交后，根据它们的位置，就产生了同位角、内错角、同旁内角、同旁外角等。在此基础上，把角的位置与线的位置结合起来，研究了平行线的性质定理：两直线平行同位角相等、两直线平行内错角相等、两直线平行同旁内角互补等。反过来，研究了平行线的判定定理：同位角相等两直线平行、内错角相等两直线平行、同旁内角互补两直线平行等。

三是研究角的大小关系，主要包括内角的大小关系、外角的大小关系、余角的大小关系和补角的大小关系。在小学数学中，首先研究最基本的封闭图形三角形内角的大小关系：三角形的内角和为180°，以此为基础，拓展研究了多边形内角和的基本规律$(n-2)\times180°$，n为多边形的边数。在初中数学中，进一步研究多边形外角和的基本规律：多边形外角和为360°。同时，根据两个角之和的两种特殊情况，给出了余角和补角的概念：如果两个角有一条公共边且和为90°，就称这两个角"互为余角"；如果两个角有一条公共边且和为 180°，这两个角"互为补角"。

二、教材比较分析

人教版安排在四年级下册第五单元"三角形"，首先学习三角形的特征、三角形的底和高、三角形边的关系，然后学习三角形的分类、三角形的内角和与四边形的内角和。在"三角形内角和"一课中，教材首先提出"画几个不同类型的三角形，量一量、算一算，三角形三个内角的和各是多少度"，然后一个小朋友说："我画的这个直角三角形的内角和大约是 180°"，另一个小朋友说："我画的是锐角三角形，也是……"，接着问"你发现了什么？用实验来验证一下"，最后提供了一种验证的方法——通过"剪拼"的方法，把三角形的三个角剪下来拼成一个平角，由此得出基本结论"三角形的内角和是 180°"。

苏教版安排在四年级下册第七单元"三角形、平行四边形和梯形"，首先学习三角形的概念、三角形的底和高，然后学习三角形边的关系、三角形内角和与三角形的分类，最后以探索规律的方式学习多边形内角和。在"三角形内角和"一课中，教材首先提示"你知道每块三角尺三个内角的和是多少度吗"，然后给出每块三角尺的度数并算出它们的和都是 180°，接着要求从教材附页中剪下三个三角形，通过小组合作，用量角器量出每个三角形三个内角的度数并求和，最后给出"剪拼"和"对折"两种方法验证结论，得出三角形的内角和等于 180°。

北师大版安排在四年级下册第二单元"认识三角形和四边形"，首先学习三角形的分类，然后学习三角形内角和，最后学习三角形边的关系。在"三角形内角和"一课中，教材首先给出一个对话的情境——大三角形对小三角形说："我的三个内角的和一定比你大。"然后给出活动记录单，要求每人准备一个三角形，量一量、填一填，并进行小组交流。小女孩笑笑说："我们发现三角形的三个内角和都在 180° 左右。"智慧老人说："实际上，三角形三个内角的和就是 180°，只是因为测量有误差……"最后给出"剪拼"和"对折"两种方法验证，并得出结论：三角形内角和等于 180°。

冀教版安排在四年级下册第四单元"多边形的认识"，首先学习三角形的特征，接着学习三角形边的关系，再学习三角形的分类、三角形的底和高，最后学习三角形内角和。在"三角形内角和"一课中，教材首先提示"任意画一个三角形，测量三个内角的度数并求和"，并通过图示说明什么是内角，然后小组合作填写活动记录单，把每个三角形三个内角的度数和三角形三个内角的和填写在记录单上。接着提示"从大家测量和计算的结果中，你发现了什么"，继而得出结论——任意三角形的内角和都是180°，最后要求把教材附页中的三个三角形（钝角三角形、锐角三角形和直角三角形）剪下来，通过"剪拼"的方法验证结论。

通过以上分析，我们不难发现人教版、苏教版、北师大版和冀教版四套教材，在这一课学习内容的编写中不尽相同、各有特色。相同点主要有：第一，强调通过动手操作，量一量和算一算，然后发现结论；第二，强调小组合作学习，通过汇报交流发现结论；第三，强调通过"剪拼"的方法验证结论。

不同点主要表现在以下几个方面：第一，本节课的学习是否需要把三角形分成三类进行探索？人教版和冀教版都把三角形分成三类，但是处理方式不同，人教版一开始就从三类不同三角形分别探索规律，冀教版是先得出结论再用三类不同三角形进行验证。第二，本节课的学习应该从哪里开始？人教版、苏教版都从直角三角形开始，而北师大版和冀教版都是从锐角三角形开始。第三，本节课是否需要事先学习"内角"和"内角和"的概念？人教版、苏教版和北师大版都没有单独出现"内角"和"内角和"的概念，而冀教版专门安排"内角"这一概念的学习，但是没有出现"内角和"的概念。第四，本节课的探索过程是否需要记录单？人教版和苏教版没有提供学习记录单，而北师大版和冀教版都提供了活动记录单。第五，本节课的结论是否需要两种方法进行验证？人教版和冀教版只用"剪拼"的方法进行验证，而北师大版和苏教版都强调用"剪拼"和"对折"的方法进行验证。第六，本节课的结论是否需要强调"任意三角形"？冀教版强调了这一点，其他三个版本的教材都没有特意强调。以上这些不尽相同的地方，非常值得我们深入思考，这些内容涉及对本节课教学内容的理解、把握和处理，当你能够给出自己的思考和说明理由时，也就把握并超越了教材。

一个教师在专业成长道路上,要从优秀走向卓越,就需要有一种独特的专业眼光,需要有一种敏锐的批判和思维,需要有一种基于教材又超越教材的理解和处理能力。

三、数学本质分析

角是一个二维不封闭的几何图形,它是其他基本几何图形的构成要素。角的认识、角的分类、角的大小和角的关系,是几何学对角的基本研究路径。角的大小是几何图形量化的结果,是指角的两条边张开的大小,它的大小可以利用专门的测量工具(量角器)进行测量,具有可度量的性质,这一点和线段一样(线段的长度可以利用专门测量工具——刻度尺进行测量)。

如果说角的大小是平面图形中的显性特征,那么角的大小关系本质上是平面图形的隐性规律,三角形内角和是三角形内角的隐性规律。无论是锐角三角形,还是直角三角形,或者钝角三角形,无论是小一点的三角形,还是大一点的三角形,或者更大的三角形,它们的形状和大小可以变化,它们的内角和却始终保持不变。也就是说,三角形内角和是变化的三角形中隐藏的不变规律,这就是三角形内角和的数学本质。

从数学命题的角度分析,三角形内角和是一个探索正命题的逆命题的真假性问题。在数学上,我们常常在正命题是真命题的基础上,讨论它的逆命题是否也是真命题,从而进一步研究命题中的条件和结论之间的逻辑关系。如果由 A 能够推出 B,那么 A 是 B 的充分条件;如果由 B 能够推出 A,那么 A 是 B 的必要条件;如果由 A 能够推出 B,由 B 也能够推出 A,那么 A 是 B 的充要条件。

三角形有三个角,这个基本事实是一个正命题,且是一个真命题,反过来,三个角一定能组成一个三角形吗?这个逆命题却不一定成立,这里面隐藏着深刻的秘密,这个秘密就是三角形内角和,也就是说,只有三个角的和为 180°,才能组成一个三角形。以此类推,等腰三角形一定有两个角相等,反过来,三个角中有两个角相等一定就是等腰三角形吗?比如 30°、30°、80°,有两个角相等,但构不成三角形。等边三角形一定有三个角相等，反过来，三个角都相等一定就是等边三角形吗？比如30°、30°、30°，三个角相等，但构不成三角形，更别说构成等边三角形了。

因此，当我们从数学命题的角度看三角形内角和时，就会发现许多有趣的事情，通过认真思考和探究，不仅可以学到新的知识，而且可以增长见识，同时还可以感悟道理，这就是数学的奇妙之处。类似这样的思考、探索和发现，是学生感到数学好玩的重要基础。

从结论形成的角度分析，接下来我们一起来讨论，三角形内角和这一基本结论怎么得出来会比较符合情理、比较接近数学本质呢？画一个三角形，然后用量角器测量出三个角的度数，接着把它们加起来发现了规律，这样符合情理吗？我觉得这只是一种"一厢情愿"。画一个三角形，想知道每个角是多少度，因此，用量角器分别量出三个角的度数，这个可以理解，合情合理。然而，为什么会想到把它们加起来呢？这不太符合情理，这是已经知道结论进行验证的一种思维和操作。画一个三角形就得出结论，这不科学，结论也不可靠，可能只是个例，这样得到的结论不具有普遍性。

另外，让全班同学每人任意画一个三角形，用量角器分别测量出三个角的度数，然后把它们加起来，发现有的人算出来正好是180°，有的人算出来比180°小，有的人算出来比180°大。然后，就说算出来180°才是对的，其他的情况都是测量"误差"所致，这样的解释不足于说服学生，有一种"霸王条款"的感觉，也不符合情理，这也是已经知道结论进行验证的一种思维和操作，不是探索发现未知规律的一种思维和做法。那么，如何处理才比较合理，更加接近数学本质呢？

在三角形内角和的探索过程中，用量角器测量不应是验证结论，而应是获得猜想。学生通过测量和计算得出的结论，可以分成三类，我们会发现算出来正好是180°的人很多，于是获得相应的数学猜想：任意三角形的内角和是否都是180°？然后再进行相应的验证，比如通过"剪拼"和"对折"把三角形的三个角拼成一个平角等。

从图形联结的角度分析，要研究几何图形内角的问题，最直观的图形不是三角形，而是长方形。因为长方形的四个角都是直角，而直角又是90°，这些都是已有的事实。因此，我们可以轻易得出长方形的内角和是360°。

要研究三角形内角和的问题，研究的切入点应该是直角三角形，因为其中有一个角是直角，直角是90°。另外，三角尺是学生常用的学具，两块三角尺也都是直角三角形。

当我们把长方形和直角三角形联结起来，就更加接近三角形内角和探索过程的数学本质。将长方形沿着对角线剪开，就变成了两个完全一样的直角三角形，通过推断和计算就能得出猜想：直角三角形内角和为180°，然后通过两块三角尺进行验证，接着通过类比推理获得新的猜想：锐角三角形和钝角三角形的内角和也是180°，并进行验证。由于三类三角形的内角和都是180°，因此，最后得出一般的结论：任意三角形的内角和都是180°。这样的思考和探索历程，是否更符合情理、更全面、更科学、更能体现数学本质呢？

四、数学"四基"分析

1. 从基础知识的角度分析

"三角形内角和"一课的基础知识包括两个概念和一个结论：内角、内角和是两个基础概念，三角形内角和是一个基本结论。理解内角、内角和这两个概念，是学习三角形内角和这一基本结论的重要基础。

在本节课的学习中需要的基础知识是三角形的概念、组成、分类和特征，这是本节课学习的重要基础。因此，教学时我们应该通过相应的数学活动，事先让学生理解内角、内角和的概念，再进一步探索三角形内角和。

2. 从基本技能的角度分析

"三角形内角和"一课的基本技能是会用三角形内角和解决问题。在本节课的学习中需要具备的基本技能是度量、剪拼和计算，这些技能是探索三角形内角和规律的重要基础。

3. 从基本思想的角度分析

"三角形内角和"一课所蕴含的数学思想，可以从以下几个方面进行分析。

第一，三角形可以分为直角三角形、锐角三角形、钝角三角形，因此，三角形内角和的基本结论应该分别从直角三角形、锐角三角形和钝角三角形这三类三角形中归纳得出，这里蕴含了分类思想、集合思想和归纳思想。

第二，在发现直角三角形的内角和是180°时，通过类比推理获得新的猜想——锐角三角形和钝角三角形的内角和也是180°，在这个过程中蕴含着类比思想。

第三，在三角形内角和的探索过程中，发现三角形的"形状""大小"都在变，而三角形的"内角和"始终保持不变，这里蕴含着变中不变思想。

第四，在三角形内角和的拓展应用中，利用三角形内角和是180°这一基本结论，推导出多边形内角和的规律，把多边形通过分割的方法，转化成若干个三角形，从而得出结论，这里蕴含着转化思想。

4. 从基本经验的角度分析

"三角形内角和"一课的基本经验主要包括观察的经验、操作的经验和思维的经验。观察的经验主要有观察图形的经验，操作的经验主要有"量"的经验、"剪"的经验和"拼"的经验，思维经验主要是探索数学一般规律常常从特殊情况入手，归纳得出结论、获得猜想、验证。比如，探索三角形内角和的一般规律，就从直角三角形这一特殊情况入手，获得猜想后再进行验证，积累这样的思维经验是后续数学学习的重要基础。

五、数学"四能"分析

从发现问题和提出问题的角度分析，我们应该考虑在"三角形内角和"一课的教学中，如何引导学生发现问题并提出问题？从哪个角度发现问题？

数学一般结论可以从特殊情况入手进行探讨，从这个角度分析，我们可以引导学生从直角三角形中发现问题并提出问题，获得数学猜想。然而，直角三角形内角和是180°又该如何发现呢？我们可以借助特殊的四边形——长方形，它的特殊性就在于其四个角都是直角。因此，长方形内角和360°可以作为探索直角三角形内角和的基础。

综上所述，我们可以这样进行设计：通过长方形教学内角、内角和的概念，然后把长方形沿着对角线分割成两个直角三角形，借助演绎推理发现直角三角形内角和是180°（360÷2=180），再通过两块三角尺进行验证，在此基础上通过类比推理发现并提出新的问题——锐角三角形和钝角三角形内角和是否也是180°？通过以上的数学活动，培养学生发现问题和提出问题的能力。

从分析问题和解决问题的角度分析，我们可以继续把其中一个直角三角形分割成一个锐角三角形和一个钝角三角形（从直角顶点出发朝着斜边剪开），让学生猜测这两个三角形的内角和分别是多少度。学生凭借上面的经验和自己的直觉，常常会认为这两个三角形的内角和都是90°（180÷2=90）。

然而，事实并非如此，它们依然是180°，为什么会这样？在这个直角三角形剪成一个锐角三角形和一个钝角三角形的过程中，是谁悄悄地提供了180°参与了两个三角形内角的平均分？通过观察分析，发现原来是直角三角形的斜边，在斜边上蕴藏着一个平角，平角就是180°，虽然它不是直角三角形的内角，但是，分割后它却变成了锐角三角形和钝角三角形内角的一部分。

让学生经历分析问题和解决问题的过程，不仅培养了学生分析问题和解决问题的能力，而且还让学生在学知识的过程中，长见识和悟道理，这就是数学的奇妙之处，也是数学好玩的关键所在。

六、核心素养分析

在"三角形内角和"一课中，涉及的数学核心素养主要有：量感、空间观念和推理意识。这里的量感主要体现在对锐角三角形、钝角三角形"内角和"大小的感悟。空间观念主要体现在能想象长方形被分割成两个相同直角三角形后内角的变化过程，能想象三角形形状和大小的变化过程。推理意识在本课中主要有合情推理，能根据已有的事实（直角三角形内角和是180°），凭借经验和直觉推断结论，通过类比推理获得新的猜想：锐角三角形和钝角三角形的内角和也是180°；能根据几个特殊的锐角（或钝角）三角形内角和是180°，通过归纳推理得出结论：锐角（或钝角）三角形内角和都是180°。推理意识在本课中还表现在演绎推理，利用"直角三角形内角和是180°"这一基本结论，通过在锐角三角形和钝角三角形中画出底边上的高，推导出锐角三角形和钝角三角形的内角和都是180°。

综合以上六个方面的分析，根据《2022版课标》的基本理念，我们可以拟定本节课的教学目标如下：

（1）在观察、思考、表达等数学活动中，了解内角与内角和的含义，掌握三角形的内角和等于180°，会用三角形内角和解决问题。

（2）经历发现问题、提出问题、分析问题和解决问题的过程，发展量感、空间观念和推理意识，体会分类思想、集合思想、变中不变思想、归纳思想和转化思想，积累观察的经验、思考的经验和表达的经验。

（3）感受数学知识之间的紧密联系，激发数学学习的兴趣，养成良好的思维习惯，体会数学的神奇和美妙。

第三节　教学问题与思考

核心素养是我国新时代基础教育的顶层设计理念，数学学科核心素养是《2022版课标》的重要内容，发展学生数学核心素养是我国新时代数学教育的根本任务。本节主要讨论为了让课堂有思考的味道、数学真正好玩起来，基于核心素养的教学问题与思考。

在数学核心素养的新时代，如何构建一个"以学为中心"的课堂教学生态，让学生真正位居课堂的中央？这里的"以学为中心"不是一句口号，"课堂的中央"也不是一种单纯的物理位置，我们应该从数学学习的本质入手，构建一种新的课堂教学生态，让数学真正好玩起来，从根本上激发学生数学学习的积极性和主动性，通过课堂让学生的需求得以满足，以"情感态度与价值观"促进"知识与技能"和"过程与方法"的目标得以更好实现。这样才能真正实现"以学为中心"，让学生位居课堂的中央，体会数学的魅力，感受数学的好玩。

我主张构建魅力课堂的教学生态，倡导通过把握数学本质，融入数学思想，突出数学思考，让课堂焕发数学应有的魅力，让学生焕发生命应有的光彩，形成和发展学生的数学核心素养。

数学的魅力在于它的神奇和美妙，数学思想是数学的神，数学本质是数学的美，数学的神和美是一种客观存在，而数学的奇和妙是数学思考的一种主观体验。那么，如何才能让学生感到数学是好玩的，如何才能让学生感受到数学的魅力，从而从根本上激发学习的积极性和主动性呢？

常言道，"教学有法，教无定法"。在魅力课堂的教学生态中，不管我们采用怎样的教学方式和教学方法，从学生数学学习的角度，要让数学学习真正好玩起来，我们的教学应该做到三个"有利于"：有利于学生感悟数学本质，有利于学生体会数学思想，有利于学生驱动数学思考。这样才能真正形成"以学为中心"的课堂生态，让数学焕发出应有的魅力，让数学真正好玩起来。下面，以"三角形内角和"一课为例进行阐述和说明。

一、要有利于学生感悟数学本质

数学本质是对数学知识更深刻、更全面、更清晰的理解和把握。要让课堂有魅力、让数学好玩起来，我们的教学要有利于学生感悟数学本质。感悟数学本质是学生形成和发展数学核心素养的重要基础。

在数学核心素养的新时代，在魅力课堂的教学生态中，我们的教学不能只停留在数学知识的表面上，仅仅让学生掌握数学的基础知识、习得数学的基本技能，而应该深入到数学知识的内部，通过学习让学生感悟教学内容的数学本质，感受数学的魅力，从而促进学生数学核心素养的形成与发展。比如，"三角形内角和"一课，如果我们的教学仅仅是让学生掌握"三角形内角和是180°"这一基本结论，并能够进行应用和解题，那么这样的教学只是停留在知识的表面上，学生难以感悟到教学内容的数学本质，无法体会数学的魅力，学生就不会觉得数学好玩，数学课程"情感态度与价值观"这一维度的教学目标就很难达成。

然而，三角形内角和的数学本质是什么？我们可以从以下两个方面进行分析。第一，从知识领域的角度分析。"三角形内角和"是图形与几何领域中"图形的认识"的教学内容，图形的认识一般包括图形的概念、图形的特征、图形的性质、图形的运动以及图形的测量等内容，三角形内角和属于图形的性质，是三角形再认识的教学内容。第二，从知识发展的角度分析。三角形内角和是在初步认识三角形（图形的概念、要素和特征）的基础上，进一步研究图形的性质（三边关系与内角和），它属于三角形的再认识，在后续的数学学习中，还将进一步学习多边形内角和以及外角和等内容。

因此，三角形内角和是三角形认识的一次延伸，是从感性认识到理性认识的一次提升，是从图形外在特征到图形内在本质的一个转折，是从研究图形构成要素到研究要素之间关系的一次飞跃。

教学时，我们可以通过设计有效的数学活动，让学生在基础知识（三角形内角和是180°）的学习过程中感悟到它的数学本质，不仅要让学生明白三角形内角和是三角形内角的一种性质，是三角形内角的一种规律，而且要让学生明晰知识与知识之间的内在联系，了解三角形内角和从何而来，又要到哪儿去，从而感受到数学的神奇和美妙。这才是数学的魅力所在，是数学好玩的重要基础。

二、要有利于学生体会数学思想

数学思想是数学知识在更高层次上的一种抽象与概括，是数学的灵魂和精髓。要让课堂有魅力，让数学好玩起来，我们的教学要有利于学生体会数学思想，体会数学思想是学生形成和发展数学核心素养的重要内容。

在数学核心素养的新时代，在魅力课堂的教学生态中，我们的教学不能只停留在基础知识和基本技能上，应该让学生在基础知识和基本技能的学习过程中体会数学思想，体验数学的神韵，感受数学的魅力，从而促进学生数学核心素养的形成与发展。

那么，"三角形内角和"一课蕴含了什么数学思想？我们可以从以下几个方面进行分析。第一，从知识形成的角度分析。数学上，三角形分为锐角三角形、直角三角形和钝角三角形，三角形的形状和大小"变"了，但内角和"不变"，这是图形内角和的奥秘，这里蕴含着抽象思想中的分类思想和变中不变思想。第二，从数学命题的角度分析。三角形都有三个角，这是一个正命题，是真命题，然而，它的逆命题却是一个假命题，任意给定三个角不一定能组成一个三角形，只有当给定的三个角之和是180°时，才能组成一个三角形，也就是三角形是三个角的充分非必要条件，这里蕴含着推理思想。第三，从知识发展的角度分析。三角形内角和是内角的一种规律，这个规律的得出本质上是一个归纳的过程，也就是在观察、操作三角形（锐角三角形、直角三角形和钝角三角形）的基础上，归纳得出三角形内角和的基本结论，这里蕴含着归纳思想。第四，从知识拓展的角度分析。如果把三角形内角和进一步拓展到多边形，那么多边形内角和问题可以通过分解成三角形得以解决，这里蕴含着转化思想。

因此，教学时，我们可以通过精心设计一组数学活动，在观察、操作中，经历发现问题、提出问题、分析问题和解决问题的过程，归纳概括出三角形内角和的基本结论，获得初步猜想并进行验证，再进行适当的应用和拓展，让学生在掌握知识、习得技能的同时，体会数学思想，积累思维经验，感受数学的魅力，促进数学核心素养的形成和发展。

三、要有利于学生驱动数学思考

数学思考是用数学的思维方式思考问题。要让课堂有魅力，要让数学好玩起来，我们的教学要有利于学生驱动数学思考，驱动数学思考是学生形成和发展数学核心素养的重要保证。问题是数学的心脏，是思考的重要载体，核心问题是驱动数学思考的关键所在，问题串是推进数学思考的根本保证。

在数学核心素养的新时代，在魅力课堂的教学生态中，我们的教学应该通过提炼核心问题，精心设计问题串，让学生在数学知识的学习过程中，更为积极地思考，并且想得更全面、更深刻，在深度思考中感受数学的奇妙，体验数学的魅力，从而促进学生数学核心素养的形成与发展。

比如，"三角形内角和"一课，我们可以设计一系列内角和的探索活动，不断启发引导学生思考问题。首先通过一张长方形纸，让学生了解图形中内角与内角和的概念，由于长方形的四个角都是直角，于是学生很容易就知道长方形的内角和是360°，然后沿着对角线把长方形分割成相同的两个直角三角形，学生凭借直觉和经验很快便能得知一个直角三角形的内角和是180°。这是一种巧合还是一种规律？直角三角形的内角和有没有规律？这里的"有没有"就是本节课的核心问题。如果有，又是什么？带着这样的问题，启发学生进行数学思考，激发学生的探索欲望。此时我们可以指导学生选取一副三角板进行验证，通过不完全归纳基本可以得出结论：直角三角形的内角和是180°。

接着我们可以拿出分割后的一个直角三角形，由直角顶点向斜边剪开，分割成一个锐角三角形和一个钝角三角形，引导学生进一步探索锐角三角形和钝角三角形内角和的奥秘。学生凭借经验和直觉容易获得猜想：锐角三角形和钝角三角形的内角和都是90°。然而，当学生发现钝角三角形中已经有一个角是钝角时，马上就会意识到这样的猜想是不合理的，这就形成了一个认知冲突，进一步驱动学生的数学思考——锐角三角形和钝角三角形的内角和究竟是多少？

这时我们可以通过几何画板进行动态演示，学生就会惊讶地发现：锐角三角形和钝角三角形的内角和也是180°。这就显示出三角形内角和的神奇和奥秘：通过不断分割，三角形的形状和大小不断变化，内角和却保持不变，这是为什么？凭借数学直觉和平均分的经验，为什么分割后的钝角三角形和锐角三角形的内角和不是90°而是180°？原来已经是180°，那么参与平均分的另一个180°从哪儿来？这些问题对于学生来说非常具有神秘感和吸引力。我们借助数学思考产生的新问题就可以进一步推动数学探索的进程。经过分析可以发现，第二次分割图形与第一次有着本质的区别，第一次是沿着"点对点"（对角线）进行分割，第二次是沿着"点对边"进行分割，直角三角形的斜边蕴含着一个平角（180°）。当"点对边"进行分割时，这个潜伏的平角就参与了内角的平均分，一部分变成了锐角三角形的内角，另一部分变成了钝角三角形的内角。因此，分割后两个三角形的内角和都是180°。

当学生明白这个道理后，不禁感叹三角形内角的奥秘的神奇，这样的教学，才能真正让学生感到数学好玩。这就是数学的奇妙之处。

最后我们可以沿着相反的思路，把这两个三角形（锐角三角形和钝角三角形）还原拼接成原来的直角三角形，启发学生思考：为什么拼接而成的直角三角形内角和不是360°，而是180°？其中的180°消失到哪里去了？通过观察和分析不难发现，拼接后一个180°组成了一个平角，消失在直角三角形的斜边上了。至此，三角形内角和问题已经得到解决。我们可以接着追问"还有吗"，从而引导学生去思考四边形、五边形、六边形等其他多边形的内角和是不是也存在一定的规律，进一步拓展学生的数学思考。如果有，又是什么？为什么？

在这里,"有没有""是什么""为什么""还有吗"四个问题形成了一个问题串,构成一个数学思考的循环系统,在核心问题的统领下,驱动了数学思考。沿着问题串,推动思考的进程,一个问题解决了,又发现并提出新的问题,这样数学思考就自然延伸到了课外。

课已经结束了,思考却还在路上,教师在不知不觉间把数学思考导向了更为广阔的未知领域,以求探索更多的数学奥秘。这样的思考不仅能够让学生养成探索数学奥秘的学习习惯,而且能够让学生充分体会到数学的奇妙之处。这就是新教学生态的课堂魅力所在,这样的数学课堂才能真正好玩起来。

第四节　教学实录与评析

魅力课堂倡导"三情"优化"三学",通过"积极情绪""良好情感"和"理性情操",优化"学习材料""学习过程"和"学习结果"。那么,数学课堂的魅力究竟在何方?如何让数学学习好玩起来?

我认为:数学课堂的魅力在于"思维"和"乐趣",我们的教学应该让学生在学知识的过程中长见识、悟道理、促思考,让学生在思考问题的过程中体会到乐趣——快乐和有趣,这样数学才能真正好玩起来。下面是根据在安徽合肥的一次研讨活动的现场录像,整理出的"三角形内角和"一课的教学片段实录与评析。

一、教学内角与内角和的概念

1. 教学内角的概念

师:(呈现一张长方形的卡纸)这是什么图形?

生:长方形。

师:长方形有几条边?几个角?

生:长方形有四条边、四个角。

师:(指着长方形的一个角)这个角是什么角?多少度?

生:直角,90°。

师:请认真观察,这四个角是在图形的"内部"还是"外部"?

生:都在图形的内部。

师：在图形"内部"的角，你想称它是什么角？

生：（稍加思考后犹豫地说）内角。

师：真棒。数学家也称它为内角，长方形有几个内角？

生：四个。

师：既然有内角，那就有——

生：（微笑、齐声）外角。

师：这是你们的大胆设想，敢想敢说，真好！其实，在我们生活中有许许多多的"内"和"外"，比如：有课内，也就有课外；有校内，也就有校外；有国内，也就有国外。

师：我们有外公（妈妈的爸爸），也就有——

生：（全场笑声）内公（爸爸的爸爸）。

2. 教学内角和的概念

师：大人经常这样说，不知道你们能不能听得懂。长方形"内角和"，你们知道这是什么意思吗？

生：（自信）就是把长方形的所有内角通通加起来。

师：（竖起大拇指）用自己的话说得很清楚，真好！把一个图形的所有内角都加起来，我们就称它为这个图形的"内角和"。

师：长方形的内角和是几度？

生：360°

师：怎么想的？

生：一个内角90°，4个内角就是360°。

评析

数学课堂的魅力在于学知识。在"学知识"过程中体会到思维的乐趣，是数学课堂焕发魅力的重要基础。学知识是魅力课堂的第一重境界，为了确保数学课堂有魅力，我们在教学过程中，不能只是让学生进行简单、机械的记忆，而应该让学生在学知识的过程中体会思维的乐趣，这样课堂才能焕发出数学应有的魅力，数学才能好玩起来。在这里首先学习的是"内角"和"内角和"两个相关的概念。以上教学片段把长方形内角和作为本节课教学的"基准点",学习内角与内角和的概念。在数学概念的学习中,如果采用教师"讲"学生"听",那么就会缺少"思考"的过程和"思维"的成分,数学课堂不容易产生魅力。我们应该变"讲授"为"启发",变"倾听"为"思考",这样课堂才能焕发数学应有的魅力。在上面的教学片段中,教师没有正面讲授两个数学概念,而是通过精心设计,促进学生积极思考,让学生凭借经验和直觉,通过类比推理的方式进行推断,自主习得内角与内角和的概念,为三角形内角和的探索奠定了重要基础,让学生在思考的过程中体会到成功的快乐,在数学学习过程中产生了"积极情绪"。这是数学课堂富有魅力、数学好玩的重要基础。

二、教学三角形内角和的结论

1. 直角三角形内角和

师:我把这个长方形沿着对角线剪开,就变成了2个完全相同的直角三角形,请问一个直角三角形的内角和是多少?

生:(异口同声)180°。

师:你们是怎么想的?

生:360除以2等于180。

师:难道……来,你来补充。

生:难道所有的直角三角形的内角和都是180°?

师:这个问题提得好,说明你善于思考,善于提出问题,给他掌声鼓励。你有什么办法可以验证一下?

生:(举起手中的三角板)我们可以通过一副三角板进行验证。

师:(课件展示一块三角板三个角的度数)30°、60°、90°。

生:(惊讶)哇!真的是180°耶!

师:(课件展示另一块三角板三个角度数)45°、45°、90°。

生:(惊叹不已)哇!太神奇了!

师：这就是直角三角形的奥秘，它们的大小都在变，有的大，有的小，然而，什么不变？

生：内角和不变。

2. 锐角三角形内角和

师：刚才我们沿着长方形的对角线剪开，变成两个直角三角形，发现了直角三角形蕴藏着的秘密。现在，我在其中一个直角三角形中，从直角顶点朝着斜边剪开，又变成了两个三角形，一个是锐角三角形，一个是钝角三角形。

师：（举起锐角三角形）这个三角形的内角和多少度？

生：（几乎异口同声）90°。

师：怎么想的呢？

生：（自信且大声）180除以2等于90。

师：如果我继续剪开，变成两个更小的三角形呢？

生：（快速抢答）90除以2等于45。

师：再剪呢？

生：（脱口而出）22.5°。

（此时听课的老师们都笑了，学生却不知是何故。）

3. 钝角三角形内角和

师：（举起钝角三角形）这个三角形的内角和是多少？

生：（快速回答）90°。

（教师静静地停了片刻，不语。）

生：（突然领悟且大声喊道）不对，不对，不可能是90°！

师：（假装惊讶）你说什么？180除以2等于90，难道这个计算有错吗？

生：（快速上台指着钝角）你没有看到这里有一个钝角吗？

师：我看到了，钝角怎么啦？

生：老师，钝角大于90°，你真不知道吗？

师：这个我知道，钝角大于90°又怎么啦？

生：（略有生气）老师，这个钝角已经大于90°了，那么这三个内角加起来怎么可能变成90°呢?!

师：（装作有所领悟地）哦！说得有道理，看来钝角三角形的内角和不是90°。难道……（此时有人举手）你好像有话要说。

生：（惊喜且声音响亮）难道钝角三角形的内角和也是180°！？

师：（一片寂静后学生纷纷举起了手）你们好像还有话要说。

生：（惊讶且声音响亮）难道锐角三角形的内角和也是180°！？

师：如果真是这样，你的小心脏受得了吗？

生：（笑着摇摇头）受不了！

评析

数学课堂的魅力在于长见识。在长见识过程中体会到思维的乐趣，是数学课堂焕发魅力的重要前提。长见识是魅力课堂的第二重境界。为了确保数学课堂有魅力，我们在教学过程中，不能只是让学生学知识，还应该让学生长见识，在增长见识的过程中体会思维的乐趣，这样课堂才能焕发出数学应有的魅力。

推理是数学思维的重要方式，包括合情推理和演绎推理。合情推理是从已有的事实出发，凭借经验和直觉，通过归纳和类比的方式推断结论；演绎推理是从已有的事实和确定的规则出发，按照逻辑推理的法则推断结论。在数学课堂教学中，融入推理的教学，不仅可以让学生增长见识，而且可以让学生在思维的过程中，体会到推理的乐趣。

以上教学片段是本节课教学的"生长点"，生长了新的知识，从长方形内角和是360°，推断直角三角形的内角和是180°，这里蕴含着演绎推理，结论是正确的。通过列举两个直角三角形（一副三角板），分别考查它们的内角和，从而验证直角三角形内角和是180°这一结论，这里蕴含着归纳推理。在研究锐角三角形和钝角三角形的内角和时，学生凭借研究经验和直觉，通过合情推理，对锐角三角形和钝角三角形的内角和做出了推断，结论却是错误的。伴随着个别学生的反问"钝角已经大于90°了，那么这个三个内角加起来怎么可能变成90°呢"，有效驱动学生新的数学思考，把课堂引向深入，从而提出新的猜想——难道锐角三角形和钝角三角形的内角和也是180°？这样不仅产生了认知的冲突，而且增长了见识,在思维过程中体会到推理的乐趣,在数学学习过程中产生"良好情感"。这是数学课堂富有魅力、数学好玩的重要前提。

三、验证三角形内角和的结论

1. 验证锐角三角形内角和

师:我们已经知道直角三角形的内角和是180°,那么我们能否利用这一结论验证锐角三角形的内角和呢?你们能把锐角三角形分割成直角三角形吗?拿出学习记录单在锐角三角形中画一画。

生:(独立思考)我们可以过顶点做底边上的高(如下图)。

师:左边直角三角形内角和是180°,右边直角三角形内角和也是180°,合起来应该是360°,那么另外的180°消失到哪去了呢?

生:(指着图形)因为两个直角合起来是180°,消失在底边上了,已经不是锐角三角形的内角,因此,锐角三角形内角和是180°。

2. 验证钝角三角形内角和

师:刚才大家已经利用直角三角形内角和,通过分割的方法,把一个锐角三角形分割成两个直角三角形,从而验证了锐角三角形内角和180°的猜想是正确的。你们还能用同样的方法验证钝角三角形的内角和吗?请在学习记录单上再画一画,想一想,同桌相互说一说。

生:过钝角三角形的顶点做底边上的高(图略),同样道理,另外的180°消失在底边上了,所以钝角三角形的内角和也是180°。

师:大家真厉害,根据直角三角形内角和验证了锐角三角形和钝角三角形的内角和。下面,我们一起请出"电脑博士",请看大屏幕。

师:(通过几何画板软件选用"生成点的动画"进行连续变化的显示)大家注意观察,什么变了?什么不变?

生：三角形和三个内角的形状、大小一直在变，三角形的内角和不变。

师：（板书：变：形状和大小；不变：内角和。）对了，这就是三角形内角的奥秘。你受得了吗？

生：有点受不了，这太神奇了！

师：这就是数学的魅力。直角三角形、锐角三角形和钝角三角形的内角和都是180°，因此我们可以准确地说：三角形的内角和是180°。（板书结论）

评析

数学课堂的魅力在于悟道理。在悟道理过程中体会到思维的乐趣，是数学课堂焕发魅力的关键所在。悟道理是魅力课堂的第三重境界。为了确保数学课堂有魅力，我们在教学过程中，不能只是让学生学知识、长见识，还应该让学生悟道理，在悟道理的过程中体会思维的乐趣，这样课堂才能焕发出数学应有的魅力。

数学的灵魂在于"理"，我们应该在学生获得感性认识的基础上，通过"说理"把感性认识上升到理性认识。因此，在数学课堂教学中，我们应该自觉融入"说理"的教学，不仅让学生增长见识，而且让学生感悟道理，让学生在思维的过程中，体会到说理的乐趣。

以上教学片段是本节课教学的"延伸点"，延伸了新的思考。先是利用直角三角形的内角和是180°这一基本结论，通过把锐角三角形和钝角三角形分割成两个直角三角形，凭借演绎推理解释了锐角三角形、钝角三角形内角和也是180°。同时，让学生明白了另外的180°组成了一个平角，消失在底边上。然后利用几何画板软件播放三角形连续变化的动态效果，通过直观观察，再次感受三角形形状、大小都在变，而三角形内角和却永远不变。这样一来，学生不仅增长了见识，明白了道理，还感悟了数学中变中不变思想，触及数学本质，在思维的过程中，体会到说理的乐趣，感受到数学内在的魅力，在数学学习过程中产生了"理性情操"。这是数学课堂富有魅力、数学好玩的关键所在。

四、拓展三角形内角和的应用

1. 拼接三角形的应用

师：我们已经知道一个三角形的内角和是180°，那么将两个小的三角形拼接成一个大的三角形，它的内角和是多少？（如下图所示）

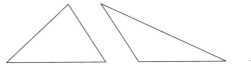 

生：大的三角形内角和也是180°。

师：两个小的三角形内角和都是180°，拼接起来，内角和为什么不是360°而是180°？同桌讨论，另外的180°消失到哪里去了？

生：另外的180°变成了一个平角，消失在大三角形的底边上了，它们已经不是大三角形的内角。

师：对了，这里小问题蕴藏着大秘密。当我们在一个大三角形中，从一个顶点出发朝着对边剪开时，就变成了两个小三角形，小三角形的内角和依然是180°，原因是对边蕴含着一个平角（180°）参与了平均分。相反，当我们把两个小三角形拼接成一个大三角形时，大三角形的内角和依然是180°，原因是小三角形的两个内角组成一个平角（180°），消失在一条边上了。这就是三角形内角和的奥秘。

2. 推断多边形内角和的应用

师：在我们几何图形的世界里，三角形是最简单的封闭图形，其实我们也可以叫它三边形，你们觉得还会有几边形？

生：（齐声）四边形、五边形、六边形……

师：（配合下表逐项呈现）我们今天通过学习，知道了三角形的内角和是180°，也明白了其中的道理。你们还能提出新的数学问题吗？

图　形	△△	▭	⬠	⬡
名　称	三角形	四边形	五边形	六边形
边	3	4	5	6
角	3	4	5	6
内角和				

生：四边形的内角和是不是也是180°？

生：（有人马上插嘴）不可能。

师：为什么四边形的内角和不可能是180°？

生：长方形的内角和就是360°，不是180°。

师：我们前面不是说两个三角形拼接起来就会消失180°吗？

生：这里拼接起来没有消失在边上，而是变成四边形的内角了！

师：观察得真仔细。你们还有问题吗？

生：难道所有四边形的内角和都是360°吗？

师：这个问题问得好！谁有办法利用三角形内角和的结论，说明四边形内角和是360°的道理？

生：将四边形的一条对角线连接起来，就把一个四边形分成了两个三角形，因此，四边形内角和是2个180°，也就是360°。

师：你真棒！这个问题解决了。还有其他问题吗？

生：五边形的内角和是不是也有规律？

生：六边形的内角和是不是也有规律？

生：三角形、四边形、五边形、六边形的外角有没有什么规律？

师：这就是多边形角的奥秘。大家提出了许多有价值的数学问题，下课后大家可以继续思考，也可以进行讨论，想一想有什么办法可以解决这些数学问题。

评析

数学课堂的魅力在于促思考。在促思考过程中体会到思维的乐趣，是数学课堂焕发魅力的根本保证。促思考是魅力课堂的第四重境界。为了确保数学课堂有魅力，我们在教学过程中，不能只是让学生学知识、长见识和悟道理，还应该促进学生思考，让学生想得更清晰、更全面、更深刻，在思考过程中体会思维的乐趣，这样的课堂才能更好地焕发出数学应有的魅力。

数学教学的精髓在于"思"，我们应该让学生明白道理的基础上，通过独立思考，发现并提出新的问题，从而促进学生深度思考，把数学学习引向深入。因此，在数学课堂教学中，我们应该重视"四能"的教学，通过巧妙的设计，让学生经历发现问题、提出问题、分析问题和解决问题的过程，不仅让学生感悟道理，而且让学生学会思考，让学生在发现并提出新问题的过程中，体会到思考的乐趣。这就是课堂的魅力，这样的教学才能让数学真正好玩起来！

以上教学片段是本节课教学的"拓展点"，进一步拓展学生新的思考，让学生利用三角形内角和是 $180°$ 这一基本结论，通过图形分割的方法，把多边形分割成若干个三角形，凭借类比推理，尝试解决问题。这样不仅拓展了学生数学思考的宽度，体会了数学内在的联系，而且感悟了转化思想和类比思想，感受到数学的奇妙。一节课的探索虽然已经结束，一阵子的思考却刚刚开始。翻过了一座山，迎来的却是更加迷人的景色，这就是好玩的缘由，这就是数学的魅力！

$\dfrac{1}{2}$

$\dfrac{4}{5}$

$\dfrac{2}{3}$

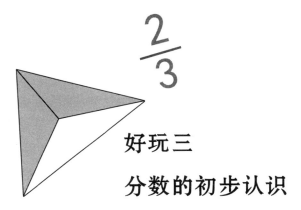

好玩三

分数的初步认识

$\dfrac{1}{3}$

$\dfrac{3}{4}$

第一节　教学故事与感悟

"分数的初步认识"是我 2015 年设计的一节小学数学研究课。这节课对我来说具有一定的标志性和代表性——标志着我对数学概念课的教学问题有了新的理解和感悟,在教学处理上,也具有一定代表性。我开始大胆引入数线作为辅助手段,开启数的概念教学之旅,这一次成功的尝试,直接为我后面设计新的研究课——"小数的认识""负数的认识""真分数假分数"等,奠定了重要的经验基础。

在这节课的设计与实践中,我发现可以用同一种模式去设计不同的概念课,让我对小学数学教学设计有了新的感悟。自此之后,我设计一节新课的速度,明显有了实质性的提高,这是一种经验,是一种课感,更是一种成长。下面是这节课的研究过程中所发生的一些教学故事。

一、与小女孩的空中"偶遇"

记得那是 2014 年的寒假,我到北京参加学术交流活动,活动结束后,我搭乘厦门航空公司的航班,从北京飞回泉州。平时,我一个人坐飞机时,很少与陌生人搭讪,经常静静地坐着,紧闭双眼,默默地思考着自己感兴趣的教学问题,一旦有所顿悟,有了思路,马上就拿出座位前的纸质清洁袋,把课的设计思路记录下来。时至今日,我还保存着许多研究课的原始创作记录。

然而,这一次和以前不同,我没有像往常一样闭目养神想问题,那是因为，在我身旁坐着一位小女孩。她的位置靠窗，我坐中间，虽然已经时隔多年，但是现在还能清晰地想起她的样子——面目清秀，眼睛炯炯有神，扎着长长的马尾辫，身穿紫红色的羽绒服，显得格外精神和美丽，一看就是一名好学生的样子。当时的我仿佛看到了梦想中的女儿，心中萌发了莫名其妙的欣喜。

小女孩一直看着窗外，不和陌生人说话，这一点跟我很像。但是我还是觉得有点奇怪，心想，这么小的孩子，怎么独自出门？为什么没有父母的陪同呢？我真佩服她的胆量，更佩服她父母的胆量。

我很想知道，她有没有什么地方需要帮忙，如果有需要，我会非常愿意帮忙。于是，我开始主动跟她说话，她认真地看了我一眼，也许她觉得，我看起来不太像坏人。因此，她放心地跟我聊了起来。我们聊了很多，聊天中知道她也是福建人，是北京某实验小学四年级的学生。我不记得她的名字，但是记得当时她跟我说，她准备回老家过年，到了晋江机场就有亲人来接她。

我们聊得很开心，她主动跟我讲了她们学校有趣的故事，我也主动告诉她，我是一名大学老师。也许是学生对老师有一种天然的信任，一下子，我们之间的距离拉得更近了。我们开始聊学习，得到她的同意后，我问了她一个数学问题。我在纸质清洁袋上用钢笔写下 $\frac{1}{2}$，问她："你觉得 $\frac{1}{2}$ 是数吗？"她凭借直觉肯定地回答："不是。"我接着追问："那它是什么？"她说："是分数。"她的回答，直接引发了我对分数教学问题的一些思考，四年级学生认为"分数不是数"，这让我感到很吃惊。

因此，2015年的春季，我带着一些疑问和困惑，进行了一次小调查。我在泉州选取了一所名校，随机调查1—2年级、3—4年级和5—6年级的个别学生，发现了一种大致相同的现象：1—2年级学生还没有学习分数，认为"$\frac{1}{2}$ 是数"，理由是"上面有1，下面有2"；3—4年级学生学了分数，却认为"$\frac{1}{2}$ 不是数"，理由是"它是分数"；5—6年级的学生，第一直觉与3—4年级的学生一样。

以上的简单抽样调查，基本反映了一个问题：小学生对数的概念是模糊的，可以说，基本没有建立起数的概念。教材在编写的过程中，也没有很好地进行系统的处理，数的概念之间基本处于孤立的状态，甚至一年级的学生只知道1、2、3……是阿拉伯数字，不知道它们就是自然数。有的教材，在一年级的数学安排中，根本没有出现自然数的概念。我觉得这些问题，真是不可思议，值得深入研究。

那么，在"分数的初步认识"中，该怎样帮助学生建立起数的概念，并通过认识分数，进一步完善数的认知结构呢？这就是我研究这节课的真正原因。一次在空中与小女孩的偶然相遇，促使我开始研究数的概念教学问题。感谢她给予我灵感，希望她一切都好，梦想成真。

二、一半还是半个

为了深入研究"分数的初步认识"这节课的教学问题，我结合平时听课的情况，开始回忆一线教师的一些教学情境，同时查阅了几个版本的小学数学教材，发现一种现象：在这节课的教学中，大家对"一半"和"半个"常常都不加以区分，经常混为一谈，仿佛是随机使用，有的直接从"一半"抽象出$\frac{1}{2}$，有的从"半个"中抽象出了$\frac{1}{2}$，然后说着说着，又说这是"一半"。那么"一半"和"半个"是相同的还是有本质区别呢？

一个苹果平均分给两个人，每人分到多少？这是大家最常用的问题情境。如果说"每人分到'一半'"，我觉得这样的表述不够完整，应该说"每人分到这个苹果的'一半'"。这里的"一半"表述的是每人分到的部分与原来苹果之间的关系，也就是说，"一半"本质上表示的是一种"关系"。如果说"每人分到'半个'"，这里的"半个"本质上表述的是每人分到的具体"数量"，也就是，"半个"表示的是一种"数量"。从这个角度看，"一半"和"半个"是有本质区别的，不能混为一谈，这就涉及分数的初步认识：是要认识分数表示一种"关系"，还是要认识分数表示一种"数量"？我们知道分数的意义很丰富，不仅可以表示一种"数量"，而且可以表示一种"关系"，还可以表示一种"比"。

我认为在"分数的初步认识"中，应该先认识分数表示一种"数量"更为合适，等到高年级教学"分数的再认识"时，再认识分数表示一种"关系"和一种"比"，这样可能会更加科学、合理一些。然而，我们现有的教材并非如此。

$\frac{1}{2}$从哪里抽象出来比较合理呢？我们说分数是一种数，那么，数是量的一种抽象。从这个角度分析，在"分数的初步认识"中，$\frac{1}{2}$从"量"的角度抽象出来比较合理，$\frac{1}{2}$对应的量比1对应的量要少。在具体情境中，那就是$\frac{1}{2}$个苹果比1个苹果的量少，因此，从数的大小上看，$\frac{1}{2}$就比1小。

这样一来，准确地说，$\frac{1}{2}$不是从"半个"中抽象出来的数，而是从"半"抽象出来的数，"半"个就是"$\frac{1}{2}$"个。从这个角度分析，"分数的初步认识"，认识的就是比0大比1小的量的一种抽象，所以应该先认识分数单位。在这一点上，我同意人教版教材的编排，即"分数的初步认识"先认识几分之一，这是本节课的关键所在。认识了比1小的计数单位，这样通过分数就能够表示出比1小的数量，这是在自然数的基础上，对数的认识的一次重要突破。

三、这句话真的那么重要吗

我们经常可以看到，很多老师在这节课的教学中，经常花很多时间、费很大的劲，让学生模仿老师，用一定的句式说话："把一个×××平均分成两份，其中的一份就是这个×××的二分之一。"大家都把这句话作为$\frac{1}{2}$这个分数的意义，作为本节课的重点和难点。这句话在数学老师看来很重要，可是在学生看来，要说好却很难。

从本质上看，这句话描述的是分数表示一种关系的意义。分数的这一层意义，要让三年级的学生真正理解，很难，因为学生缺乏这方面的经验。

那么，这句话真的那么重要吗？对于这个问题的认识，关系到对这节课数学本质的把握和理解。在"分数的初步认识"中，我们应该从"量"的角度去把握分数的数学本质，这一时期的分数，是比0大比1小的量的一种抽象。

因此，我们不要表述为"把一个圆平均分成两份，其中的一份就是这个圆的二分之一"，应该表述为"把一个圆平均分成两份，这样（其中）

的一份就可以用'$\frac{1}{2}$'进行表示",让学生理解分数是"量"的一种表示方法。以前比 1 小的量无法进行表示,学了分数后,就能用分数表示出比 1 小的量了,这才是这个时期认识分数最重要的一件事,让学生对数有更进一步的理解和感悟。

四、分数学习受"内伤"怎么办

很多老师在教学"$\frac{1}{2}$"时,经常这样说:把一个圆平均分成 2 份,"取出"其中的 1 份……经过老师们长期强调"取出"二字,学生在"分数的初步认识"中,就受了严重的"内伤",在不知不觉中,学生会形成这样的认识:一个东西平均分成 2 份,最多只能"取出"2 份;如果平均分成 3 份,最多只能"取出"3 份……虽然没有一个老师会这样教,但是学生心里难免会这么想。

这样的"内伤",在四年级的学习中,几乎没有机会去"治疗"、去痊愈,因此,在五年级"分数的再认识"中,就会显现出它的负面作用:学生从心底里无法接受"假分数"的存在,更无法理解假分数存在的价值和意义。在他们看来,这是不可能的事情,比如$\frac{5}{4}$,把一个东西平均分成 4 份,怎么可能"取出"5 份呢?这绝不可能!这就是"取出"两个字带来的严重后果,给学生对分数的再认识带来了负面影响。

这样的干扰,还体现在下面题目的解答中:把一根 5 米长的绳子平均分成四段,每一段是这根绳子的(　　),每一段长(　　)米。这道题第二个空格的错误率极高。由于学生无法理解假分数,比较习惯真分数,哪怕一开始想到的就是正确答案"$\frac{5}{4}$",但是由于这个答案让学生感到不可能——不可能"取出"5 份,他们还是把正确答案擦掉,写上自己认为合理的错误答案"$\frac{4}{5}$"。这个时候,不管老师如何进行讲解和说明,仿佛为时已晚,无法改正。这就是这类问题在各种考试中常常出现"一错再错"的根本原因所在。

那么,我们该怎么办?我觉得在"分数的初步认识"的教学中,我们一定不要说"取出"两个字，对于分数的分母和分子要做出合适且恰当的解释。要真正帮助学生正确理解分母和分子的表示方法，对于分母的解释应该是：把一个圆平均分成2份，分母就写2；平均分成3份，分母就写3；平均分成4份，分母就写4……而对于分子的解释应该是：要表示这样的一份，分子就写1；要表示这样的2份，分子就写2；要表示这样的3份，分子就写3……这样的教学，不仅把分数的表示法与自然数的表示法有机统一起来，而且也为后续假分数的学习奠定了重要基础，学生才能从根本上接纳假分数的存在。

五、你能帮我留个位置吗

根据以上教学思考，我开始探索数学概念课的教学模式，从数的角度，通过引入数线，融入数形结合思想，立足体现分数是量的一种抽象，力争帮助学生建立数的概念，设计了"分数的初步认识"一课。

为了让数学概念课能够体现数学"四能"的教学理念，我专门设计了四个驱动性的问题：有没有、是什么、在哪里、还有吗，以此开启分数的学习之旅，让数学概念课"听"的味道淡一些，"想"的味道浓一些，让数学焕发思考的魅力，让课堂绽放生命的活力，让数学好玩起来，让学生喜欢起来（具体设计详见本章第四节）。

记得2015年5月我在泉州市通政中心小学试教时，课末一个姓苏的小女孩站起来跟我说："老师，我长大后要考你们学校，你能帮我留个位置吗？"我当时马上答应她。一个小学二年级的学生，在一节数学课上，萌发长大后要考大学，让我非常感动，怎能不答应呢？课后，我问她："你为什么一定要考我们学校呢？"她非常感性地跟我说："不是有你嘛！"这让我突然想起一句话——有你真好！其实，对于小朋友来说，有时喜欢就这么简单——因为有你，无需惊天动地的理由。在小学数学教学研究的道路上，类似这样的感动瞬间有很多，我突然感悟到：做一名小学老师，真的很伟大，因为有时一节课可能就会改变孩子的一生！

教师听课感受

▶ **黑龙江省通途老师：**

苏老师这节课成功的主要原因是：遵循学生发展规律，上了一节体现认知规律的课；从直观到形象，从形象到抽象，上了一节有所超越的创新课；以学生自主学习和自身经验为基础，上了一节由浅入深、由不科学到科学的概念引导课。苏老师的这节课，是一节收到良好效果的课，是一节创造性和开拓性兼具的课，是一节十分精彩的课。该课给我们的启迪是：对一般学生而言，教学在宏观上要遵循年龄段，但教育可促进发展，即有时可超越年龄段；但想超越却不是一件简单的事，要超越自己的常规教学方法，就要向苏明强老师那样思考更合适的、具有创新性的教学方法。

▶ **河北省张家口市怀来县怀来双语学校白金华老师：**

这是我 2016 年 11 月在湖北宜昌第一次听苏明强教授的课。本立而道生，基于"数，源于数"，苏教授带着孩子们和现场听课的我们一起开启了"分数的初步认识"之旅。这也是我第一次见识到从量的角度"数"出"分数"，也正是这样的高观点下的低起点，让我们像认识自然数一样自然流畅地认识了分数，更打通了数的认识之间的联系，毫无以往的生涩、突兀之感。特别是通过"有没有""是什么""在哪里""还有吗"这样的问题串，让学生充分体会学始于疑。在这样的问题引领下，学生的认知领域不断被拓展，"学知识、长见识、悟道理、促思考"的教学理念在整节课中体现得淋漓尽致！我完全沉浸于苏教授的数学魅力中，课结束，仍意犹未尽。我想听课的孩子们也会终生难忘！

第二节　教学内容与分析

"分数的初步认识",属于数与代数领域中"数的认识"的教学内容。人教版安排在三年级上册第八单元,苏教版安排在三年级上册第七单元,北师大版安排在三年级下册第六单元,冀教版安排在三年级下册第八单元,青岛版安排在三年级上册第九单元,西师版安排在三年级上册第八单元。

关于这节课,我曾经通过邮件向华东师范大学张奠宙先生请教过,他在 2013 年 7 月 13 日给我的一封邮件中回复:"我更关注小学数学内容的探讨,如分数的教学需要检视现今教材处理是否合理。我觉得陈旧不堪,亟须改进。"

本节将从知识体系、教材比较、数学本质、数学"四基"、数学"四能"、核心素养等几个角度分析这节课的教学内容,以期为大家深入研究本课的有关教学问题提供参考。

一、知识体系分析

在小学数学中,数与代数的内容大约占 60%,图形与几何的内容大约占 30%,统计与概率的内容大约占 10%。因此,数与代数是小学数学的主要教学内容,"数"的教学内容主要包括数的认识、数的表示、数的大小、数的运算和数的估计等。

在中小学数学教学中,数与代数领域的学习内容,一般按照"量"

"数""式""方程""函数"的顺序逐步递进。"量"可以分为"数量"和"向量",数量只有大小没有方向,向量既有大小又有方向。小学数学主要学习数量,中学数学开始学习向量。"量"也可以分为"已知量"和"未知量",常常出现在方程的内容中;"量"还可以分为"常量"和"变量",常量是在某一个变化过程中始终保持不变的量,变量是在某一个变化过程中可以取不同数值的量,常常出现在函数的内容中。

数是量的一种抽象。在小学数学中,认识的数主要有自然数、分数、小数和负数。式是数的一次发展,从用数字表示过渡到用式表示,这是一次实质性的飞跃。小学阶段初步学习用字母表示数,感受用字母代替数的过程;中学阶段开始深入学习式与式的运算。

式是方程的重要基础,方程是式的进一步发展。从某种程度上,我们可以把方程看作是代数式之间的一种等量关系,用一个字母表示未知的数,然后通过等量关系,再把未知数求出来,这并不是数学的终点。因此,在中学数学中,把用字母表示未知量,进一步发展为用字母表示变量,从求未知数的解,进一步发展为研究变量之间的关系,这就是函数。

从数域的角度分析,人们为了生活中表示量的需要,产生了自然数,通过数一数就可以解决一些生活中常见的数量问题。在求物体总数中产生了加法运算,在比较两个量之间谁多、谁少的问题中产生了减法运算,在特殊的加法运算(加数都相同)中产生了乘法运算,在平均分物的过程中产生了除法运算,从而形成了数的四则运算体系。

围绕着四则运算的封闭性问题,在数学上开启了数域的扩充之旅。在自然数中,加法和乘法是封闭的,因为任意两个自然数进行加法和乘法运算,结果都能在自然数中找到,即其运算结果还是自然数。然而,在自然数中,减法运算并不封闭,当较小的数减较大的数时,就不能进行运算,因为在自然数中找不到它的运算结果,比如2-3。为了解决减法运算的封闭性问题,人们发现了负数,如2-3=-1,这时自然数就扩充到了整数。

在整数的范围内,加法、减法和乘法都具有封闭性,都能进行相关的运算,运算结果都能在整数中找到。然而,除法的问题并没有得到彻底解决,比如6÷3在整数中能找到它的运算结果,而3÷6在整数中找不到它的运算结果,这时就产生了分数和小数。虽然在现实生活中小数具有更广泛的应用，但是，在数学上，分数更具有一般性。因此，在整数的基础上，补充了分数，这时数域就扩充到了有理数。至此，在有理数的范围内，加减乘除四种运算都具有了封闭性，从而彻底解决了数的四则运算问题。

在中学数学中，在四则运算的基础上，继续讨论两种新的运算：乘方运算和开方运算。在有理数的范围内，乘方的运算也具有封闭性，然而，开方的运算不具有封闭性，为了解决正数开方的封闭性问题，便产生了无理数。因此，在有理数的基础上，补充了无理数，这时数域继续扩充到实数，实数都可以在数轴上找到。

然而，负数开方的结果又是什么？这时人们就创造出了一种另类的数——虚数，并规定了虚数单位 $i^2=-1$。在实数的基础上，补充了虚数，这时数域就扩充到了复数。复数不仅有大小，而且有方向，复数在数轴上无法进行表示，也没有它们的位置，这时人们借助"复平面"解决了这个问题，用一条带有箭号的线段来表示复数，线段的长度表示复数的大小，箭号的方向表示复数的方向。至此，中小学数学中的六种运算问题基本得到了解决。数学中数域的扩充如下图所示。

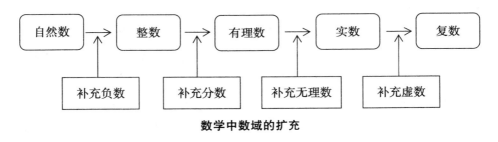

数学中数域的扩充

二、教材比较分析

人教版安排在三年级上册第八单元，这节课的课题是"几分之一"。教材首先提供了一个两个小女孩"分月饼"（只有一块月饼）的情境——这个月饼我们一人一半，然后指出"把一个月饼平均分成2份，每份是这个月饼的一半，也就是它的二分之一，写作$\frac{1}{2}$"。接着教材给出把这个月饼平均分成 4 份和把一个圆平均分成 3 份，强调每份是它的几分之一，最后给出分数的定义——像 $\frac{1}{2}$、$\frac{1}{3}$、$\frac{1}{4}$、$\frac{1}{5}$ 这样的数，都是分数，并以 "$\frac{1}{3}$" 为例，介绍了分数各部分的名称和读法。

苏教版安排在三年级上册第七单元，只有单元课题名称，关于这节课没有具体的课题名称。教材首先提供了两个小孩"分东西"的情境，这个情境中有 4 个苹果、2 瓶矿泉水、1 个蛋糕，然后提示"把每种食品平均分成 2 份，每人分得多少"，在这一问题的统领下，三只水果精灵分别做出回答："把 4 个苹果平均分成 2 份，每人分得 2 个。""把 2 瓶矿泉水平均分成 2 份，每人分得 1 瓶。""把 1 个蛋糕平均分成 2 份，每人分得半个。"接着专门提示"半个也就是二分之一个"。最后提供了蛋糕平均分的图示，并配上说明文字——把一个蛋糕平均分成 2 份，每份是它的二分之一，写作 $\frac{1}{2}$。教材中没有给出分数的具体定义，而是直接说"$\frac{1}{2}$ 是分数"，并以它为例，介绍了分数各部分的名称。

在这里，教材在编写过程中，前后发生了微妙的变化，把原来情境中"把 1 个蛋糕平均分成 2 份，每人分得半个"的表述，悄悄换成了"把 1 个蛋糕平均分成 2 份，每份是它的二分之一"，从"量"的意义转到"关系"的意义。

北师大版安排在三年级下册第六单元，并给出了本节课的课题名称——"分一分（一）"。教材首先提供了淘气和笑笑分苹果的情境（两个苹果）：第一幅图是两个人平均分 2 个苹果，提示"平均每人得到 1 个苹果"，第二幅图是两个人平均分 1 个苹果，提示"平均每人得到这个苹果的一半"。然后提出"能用什么方式表示一半"的问题。教材给出用画圆和画长方形的方式表示一半，智慧老人道出了关键的内容："一半可以用 $\frac{1}{2}$ 表示，读作二分之一，$\frac{1}{2}$ 是分数。"接着教材给出五种不同的几何图形，要求分别涂出图形的 $\frac{1}{2}$，并要求用一张纸，通过折一折、涂一涂得到其他的分数。最后给出分数的定义——$\frac{1}{2}$、$\frac{1}{4}$、$\frac{3}{8}$、$\frac{2}{3}$、$\frac{4}{5}$ 都是分数，并以 "$\frac{3}{4}$" 为例，介绍了分数各部分名称和分数的读法。

冀教版安排在三年级下册第八单元，并给出了本节课的课题名称——"认识分数"，教材用比较大的篇幅编写了这节课的学习内容。首先给出了一个富有故事性的情境：树上的一只猴子看着两个小孩在分2个桃子，正好每人1个，可是嘴馋的猴子表示也要吃，于是两个小孩送给了猴子1个桃子，只剩下一个怎么办？聪明的小女孩说："咱们一人一半吧。"机灵的小老鼠在旁边说："一半也可以说是二分之一。"这时，开始建立起"一半"和"二分之一"的关系。例题1给出分物的情境，进一步巩固"二分之一"：盘子里有4个橘子、2盒牛奶和1块月饼，提示"把盘中的三种食品平均分给2个人，每个人分到多少"。小男孩说："每人分到2个橘子、1盒牛奶和二分之一块月饼。"这是"二分之一"的一次应用。例题2强调动手操作，利用一张长方形的纸，用三种不同的方法把二分之一涂出来，特别提示"涂色的部分是这张纸的二分之一，记作$\frac{1}{2}$"。再用两张长方形的纸，分别涂出$\frac{1}{3}$和$\frac{1}{4}$，同样特别强调"涂色的部分是这张纸的$\frac{1}{3}$"以及"涂色的部分是这张纸的$\frac{1}{4}$"。例题3通过将一个圆平均分成2份、3份和4份，强调其中的1份是这个圆的$\frac{1}{2}$、$\frac{1}{3}$和$\frac{1}{4}$，并拓展到其中的2份和3份。在此基础上，给出了分数的定义——像$\frac{1}{2}$、$\frac{1}{3}$、$\frac{2}{3}$、$\frac{1}{4}$、$\frac{3}{4}$这样的数，都叫作分数，并以$\frac{3}{4}$为例，介绍了分数的各部分名称和分数的读法。

通过以上分析，我们不难发现人教版、苏教版、北师大版和冀教版四套教材，在"分数的初步认识"一课的编写中不尽相同。相同点主要有：第一，强调创设一个分物的情境，最后都聚焦到把一个整体平均分成两份的问题上。人教版是分月饼，苏教版是分蛋糕，北师大版是分苹果，冀教版是分桃子，都是生活中常见的生活情境。第二，强调通过实际问题的生活情境，从"二分之一"引入分数的学习。第三，强调通过动手操作感受分数，人教版要求把长方形纸的五分之一涂上颜色，苏教版要求把一张正方形纸的二分之一涂上颜色，北师大版要求涂出五个几何图形的二分之一，冀教版要求用三种方法涂出一张长方形纸的二分之一。第四，强调学习分数的各部分名称和读写法，人教版以"$\frac{1}{3}$"为例，苏教版以"$\frac{1}{2}$"为例，北师大版和冀教版都以"$\frac{3}{4}$"为例。第五，强调学习分数表示一种"关系"的意义，都强调把一个物体平均分成几份，每份是它的几分之一。虽然苏教版和冀教版都曾经出现分数表示量的表述："半个也就是二分之一个""二分之一块月饼"，但是最终还是都回到关系的表述上。

不同点主要表现在以下几个方面：第一，分数的概念引入方式不同。人教版、北师大版、冀教版都是从"一半"抽象出二分之一，而苏教版却是从"半个"抽象出二分之一。第二，分数的学习范围不同。人教版和苏教版强调本节课只学习分数单位，也就是几分之一，北师大版和冀教版不仅学习了几分之一，还学习了几分之几。第三，分数的定义方式不同。人教版、北师大版、冀教版都采用描述式定义法，而苏教版没有给分数下定义，用"$\frac{1}{2}$是分数"代替。第四，分数概念的本质把握不同。人教版和冀教版都凸显"分数"是一种"数"，而苏教版和北师大版没有这样的体现。

三、数学本质分析

分数是一种数。在这个方面，人教版和冀教版的教材体现得比较到位，在分数的定义中，都强调"像……这样的数，都是分数"。从某种程度上说，数的本质属性是它的可数性，自然数可以数，分数是一种数，也可以数。因此，教学时，在产生分数单位以后，我们可以引导学生数一数有几个这样的分数单位。在这个方面，冀教版的教材体现得相对比较好一些，在分数概念产生以后，专门安排一个"议一议"的活动，引导学生讨论"$\frac{2}{3}$里面有几个$\frac{1}{3}$，$\frac{3}{4}$里面有几个$\frac{1}{4}$"，但是这个活动，实质上还不完全是数一数分数单位的过程。

分数（单位）是量的一种抽象，是比0大比1小的量的一种抽象。在"分数的初步认识"中，分数是比1小的量的一种表示方式。从这个角度分析，教学时，我们要注意强调分数各部分所表示的含义：分数线表示平均分，分母表示平均分成几份，这两个一般都没有问题，关键是对分子意义的理解和把握。比如，$\frac{1}{2}$这个分数的分子表示什么含义？我们不要说它表示"取出其中的一份",而应该说它表示"1份",换一种方式说就更清楚,即要表示这样的"1份",分子就写"1",要表示这样的"2份",分子就写"2",要表示这样的"3份",分子就写"3"……这样,学生对分数的分子就有一个比较明确的理解,才能为今后假分数的学习奠定重要的基础。当然,分数也可以是"关系"的一种抽象,还可以是"比"的一种抽象,但是这些内容应该在后续分数的学习中再不断进行丰富,不应该成为分数初步认识的教学内容。

分数是除法运算的结果。根据前面的阐述,我们知道,数学上数域的扩充过程,本质上是四则运算封闭性得以不断解决的过程。在整数范围内,由于除法运算不能封闭,因此,产生了分数,这个时候,数域就扩充到了有理数,在有理数范围内,除法运算就具有了封闭性。从这个角度上分析,分数就是除法运算的结果。如果我们想凸显分数是除法运算结果的数学本质,那么,教学时可以做这样的处理:在学生已有除法运算经验的基础上,引导学生根据问题情境分别列出相应的除法算式。比如,4个苹果平均分给2个人,每人分到多少? 4÷2=2(个)。2个苹果平均分给2个人,每人分到多少? 2÷2=1(个)。1个苹果平均分给2个人,每人分到多少? 1÷2=?由此引出分数的教学,把分数作为除法运算的结果。

四、数学"四基"分析

1. 从基础知识和基本技能的角度分析

"分数的初步认识"一课的知识点主要有三个:一是分数的意义,二是分数各部分名称,三是分数各部分所表示的含义。从基本技能的角度分析,本节课的技能点主要有三个:一是分数的读法,二是分数的写法,三是用分数解决简单问题。

2. 从基本思想的角度分析

在分数概念的形成过程中,蕴含着抽象思想,主要有分类思想、集合思想、数形结合思想、对应思想、符号表示思想和极限思想等。

在本节课的教学中,我们可以从"数"的角度切入进行设计,在回顾自然数的基础上,引出分数的学习,并让学生体验自然数和分数是数的

"大家族"中的两个不同"小家族",这样学生就可以感悟到分类思想和集合思想。接着,我们可以借助数线,让学生在数线上找到自然数和分数的家,在这里,学生可以感悟到数形结合思想和对应思想。通过让学生观察分数在数线上的相对位置,不仅可以让学生初步感受到分数的大小,而且可以让学生体验分数与数线上点的对应关系,体会对应思想。最后我们可以引导学生口述 $\frac{1}{16}$、$\frac{1}{32}$、$\frac{1}{64}$……在数线上的位置,学生通过观察、思考和想象,就会惊奇地发现,这些分数的分母越大,它的位置就越靠近0,但永远不等于0,这里学生就可以感悟到极限思想。

让学生在掌握知识技能的基础上感悟数学思想,课堂就会焕发出数学应有的魅力——神奇和美妙。这是数学课让学生觉得好玩的根本所在。

3. 从基本经验的角度分析

在本节课教学中,不仅可以帮助学生积累观察的经验和操作的经验,而且可以帮助学生积累思维经验。"魅力课堂"教学主张强调数学课要有"思维"的味道,因此,教学时,应该在知识技能的学习过程中,帮助学生积累思维经验,让学生在问题的思考中,体会思维的乐趣。这是数学课堂的魅力所在,也是数学好玩的根本保证。

推理是思维的重要方式,在"分数的初步认识"一课的学习中,主要是合情推理。合情推理是指从已有的基本事实出发,凭借经验和直觉,通过归纳和类比做出推断的一种思维过程,具体包括归纳推理和类比推理。

在课的开始,我们可以提出核心问题:0和1之间有没有住着其他数?在对这个问题的思考中,学生只能凭借经验和直觉做出猜测,这就是合情推理的结果。在课的中间,教学分数各部分名称时,在给出分母这一名称之后,可以尝试让学生给分子取名字,学生会凭借经验取名为"分女""分儿""分孩"等,这是类比推理的结果。在课的末尾,学生发现 $\frac{1}{2}$ 在0和1中间,$\frac{1}{4}$ 在0和 $\frac{1}{2}$ 中间,$\frac{1}{8}$ 在0和 $\frac{1}{4}$ 的中间,因此,就会推断出 $\frac{1}{16}$ 就在0和 $\frac{1}{8}$ 的中间,$\frac{1}{32}$ 就在0和 $\frac{1}{16}$ 的中间……这是归纳推理的结果。学生发现0和1之间还有分数,就推测1的右边还有分数,甚至0的左边还有分数,这是类比推理的结果。

这样，数学概念课就有了"思维"的味道。学生在分数概念的学习过程中，不仅掌握了基础知识和基本技能，还积累了合情推理的思维经验，这种经验有助于学生发现并提出新问题，有助于学生驱动新的思考，有助于学生增强创新意识。

五、数学"四能"分析

在以往概念课的教学中，通常采用讲授法，这种教学方法，主要是教师讲、学生听，"听"的味道比较浓，"想"的味道比较淡，难以让学生在思考的过程中，体会思维的乐趣，同时，这种方式也很难落实数学"四能"的教学目标。那么，本节课如何融入数学"四能"的教学呢？这是一个重要的研究点。

我们可以通过引入数线，并用"有没有""是什么""在哪里""还有吗"四个问题形成问题串，通过问题的思考来推进本节课学习的进程。我们可以事先安顿好0、1、2……这些自然数的家，然后发现并提出核心问题——0和1之间有没有住着其他数？通过这个核心问题，开启分数的学习探索之旅，驱动学生的数学思考。接着通过三个翻卡片的数学活动，分析问题，认识$\frac{1}{2}$、$\frac{1}{4}$和$\frac{1}{8}$，从而解决"有没有"这个问题，明确0和1之间确实住着其他数——分数，再进一步引导学生在数线上找到$\frac{1}{2}$、$\frac{1}{4}$和$\frac{1}{8}$这三个分数的家。最后引导学生独立思考，发现并提出新的问题，比如：$\frac{1}{2}$和$\frac{1}{4}$之间还有分数吗？1的右边还有分数吗？0的左边还有分数吗？0和1之间有几个分数？……

这样，就让学生在"分数的初步认识"中，经历一个发现问题、提出问题、分析问题和解决问题的过程，数学"四能"的教学目标就得到了较好落实。学生在发现问题和提出问题的过程中，感受到数学的奥秘，体会到数学的奇妙，数学好玩之感便油然而生。

六、核心素养分析

"分数的初步认识"一课,从核心素养的角度分析,主要包括量感和数感两个方面。量感在这里主要是指对"量"的多与少的感悟。因此,在本节课的教学中,我们应该通过观察和操作等方式,引导学生感悟"$\frac{1}{2}$"个月饼比"1"个月饼"少"、"$\frac{1}{4}$"个月饼比"$\frac{1}{2}$"个月饼"少"、"$\frac{1}{8}$"个月饼比"$\frac{1}{4}$"个月饼"少"。

数感在这里主要是指对"数"的大与小的感悟。因此,在本节课的教学中,我们可以通过"在数线上找家"的活动,让学生首先在数线上找到$\frac{1}{2}$、$\frac{1}{4}$和$\frac{1}{8}$三个分数的家,再引导学生观察它们在数线上的相对位置和位置关系,从而让学生感悟"$\frac{1}{2}$"比"1"小,"$\frac{1}{4}$"比"$\frac{1}{2}$"小、"$\frac{1}{8}$"比"$\frac{1}{4}$"小。同时,通过整体观察发现分母越大的分数单位,越靠近0,但永远不会等于0。

综合以上六个方面的分析,根据《2022版课标》的基本理念,我们可以拟定本节课的教学目标如下:

(1)在观察、思考、表达等数学活动中,认识分数,理解分数作为一种数所表示的意义,能正确读写分数,会用分数解决简单的实际问题。

(2)经历比"1"小的量的抽象过程,经历发现问题、提出问题、分析问题和解决问题的过程,发展量感和数感,完善数的认知结构,体会分类思想、集合思想、对应思想、符号表示思想、数形结合思想、变中不变思想,积累观察的经验、思考的经验和表达的经验。

(3)体验分数与生活的密切联系、分数与自然数之间的联系,感受数的奇妙,了解数的价值,激发学习的兴趣。

第三节　教学问题与思考

前两章已经讨论了，要让数学好玩起来，不仅应该精准把握数学内在的魅力，让课堂绽放数学应有的魅力，而且应该构建新的教学生态，在教学中做到三个"有利于"。本章主要聚焦课堂"三度"的教学问题。要让课堂有思考的味道，要让数学真正好玩起来，数学课堂应该具有三个"度"——高度、深度和广度。下面，结合"分数的初步认识"一课，详细进行讨论。

一、备课时要把握数学本质——让课堂有"高度"

数学本质彰显数学的美，是数学课堂富有魅力的根本所在，也是让数学好玩起来的根本所在，它从根本上决定了数学课堂的"高度"。因此，我们在备课时"站位要高"，要站在数学本质的高度思考问题，准确把握教学内容的数学本质，这样才能让课堂有"高度"，确保数学课堂有魅力，让数学好玩起来，让学生喜欢数学。

本质是指事物本身所固有的根本属性，数学本质是数学本身所固有的根本属性。从广义的角度看，数学本质可以回答"什么是数学"和"数学是什么"；从狭义的角度看，数学本质是指具体教学内容的本真含义，需要我们深度挖掘教学内容的深层含义，通过层层追问，进行准确把握。这里所讨论的数学本质是狭义的含义。我们在追问教学内容的数学本质时，可以深度思考以下三个问题：是什么、从哪来、到哪去。其中，"是什么"是追问数学本质的一个核心问题，它是对教学内容的深度挖掘和本位思考，备课时要准确把握并做出自己的明确回答。"从哪来""到哪去"是两个辅助思考的问题，是从知识生长和知识延伸的角度梳理教学内容。因此，"是什么""从哪来""到哪去"是教学时对数学本质"三维一体"的分析模式。

比如，"分数的初步认识"一课，我们应该深入思考分数的数学本质。分数的本质内涵比较丰富，这里我们可以分几个层次进行回答：首先分数是一种"数"，其次分数是一种"关系"，然后分数是一种"率"，最后分数是一种"比"。纵观目前多套小学数学教材，对于分数是一种"数"和分数是一种"关系"并没有明显进行区分，常常混合交融在一起，这不仅不利于学生由浅入深逐步认识分数，而且常常给学生初次学习分数带来许多不必要的困难。

我们在第一学段分数初步认识的教学中，应该明确分数是一种"数"，让学生首先从"数"的角度感悟分数的数学本质，"数"是"量"的一种抽象。因此，在这里可以理解为，分数是比0大比1小的量的一种抽象，分数用来表示比0大比1小的量，这就是分数第一层面的数学本质，也是对于分数"是什么"的一个明确回答。

基于这一本质回答，我们可以进一步思考"从哪来"和"到哪去"这两个辅助问题。分数从哪来？许多教材都提供了真实情境。比如，"把一个月饼平均分给两个人"或"把一个蛋糕平均分给两个人"，这都是学习分数的良好素材。但是，我们不能仅仅停留在关注具体生活情境本身，而应该从"量"（比0大比1小）及其表示的角度，体会分数产生的必要性和必然性，感悟分数为何而来。然而，分数又要到哪去？从"量"的角度分析，分数是"量"的一种抽象，后续将学习分数的大小比较和分数的四则运算等。

在分数引入的教学中，我们应该强调分数是一种"数"的数学本质，凸显分数单位是比0大比1小的量的一种抽象，这样从"数"的角度设计分数的引入，让课堂具有凸显数学本质的"高度"。

我们可以通过复习自然数，让学生明确自然数在数线上的相应位置，然后在具体生活情境"数月饼"或"分蛋糕"的过程中，唤醒学生用自然数计数单位1进行数数的经验，最后以一个富有神秘感和挑战性的问题——"0 和 1 之间还住着其他数吗"驱动学生的数学思考，巧妙开启分数的学习之旅。

这种通过准确把握教学内容的数学本质，站在数学本质的高度，以问题驱动的方式设计分数概念引入的教学方式，从根本上改变了传统意义上概念教学的基本方式，让概念教学"听"的味道淡一些，"想"的味道浓一些。这就为课堂焕发数学应有的魅力，为数学好玩奠定了重要的思维基础。

二、设计时要融入数学思想——让课堂有"深度"

数学思想彰显数学的神，是数学的灵魂。数学思想是数学知识和方法在更高层次上的抽象与概括，是数学富有魅力的关键所在，也是让数学好玩起来的关键所在，它决定了数学课堂的"深度"。

因此，我们在设计过程中，应该在确保"双基"目标的基础上，深入挖掘教学内容背后所蕴含的数学思想，并在教学设计中恰当地进行渗透，通过融入数学思想的设计，实现数学"四基"中"基本思想"的教学目标。这样才能让课堂有"深度"，让课堂焕发数学应有的魅力，让数学好玩起来，让学生喜欢数学。

在数学中，基本思想主要包括抽象思想、推理思想和建模思想。在这里，抽象思想的下位思想主要有分类思想、集合思想、对应思想、符号表示思想、数形结合思想、变中不变思想、极限思想等，推理思想的下位思想主要有转化思想、归纳思想、类比思想、演绎思想等，建模思想的下位思想主要有简化思想、量化思想、优化思想、方程思想、函数思想、随机思想、统计思想等。

然而，如何分析数学知识背后所蕴含的数学思想呢？一般而言，数学思想蕴含在数学知识的形成、发展和应用的过程中，在数学知识的形成过程中常常蕴含抽象思想，在数学知识发展过程中常常蕴含推理思想，在数学知识的应用过程中常常蕴含建模思想。

比如，"分数的初步认识"一课，具体包括哪些数学思想呢？这就需要我们更加全面地思考，更加深入地分析。"分数的初步认识"一课所蕴含的数学思想主要有分类思想、集合思想、符号表示思想、对应思想、数形结合思想和极限思想。如前文所述，从"数"的高度把握这节课，在分数引入的教学中，复习已有知识——自然数，并把它用韦恩图圈起来。分数学习结束之后，再把所认识的这些分数也用韦恩图圈起来。这里就融入了分类思想和集合思想。借助数线安顿自然数的家，通过探索与学习，再次发现并认识一类新的数——分数，在0和1之间找到这些分数的家，让学生体验到一个"数"与一个家一一对应，这里就渗透了数形结合思想和对应思想，通过直观的"形"让抽象的"数"的学习变得更加形象、具体。

在"分数的表示"教学设计中，应该体现分数的数学本质——比0大比1小的量的抽象。比如，一个完整的圆（月饼）用1表示，现在把它平均分成2份，其中的一份已经无法再用1（个）表示，这就需要产生一种新的表示方法——分数，用它来表示这"半"个。这样的设计，不仅让学生感受到分数产生的必要性和意义所在，而且让学生体会到符号表示思想和对应思想；不仅让学生体验到比1小的量可以用新的数学符号进行表示，而且让学生感受到一个比1小的量（半个）与一个相应分数（$\frac{1}{2}$）是一一对应的。

在"分数的理解"教学设计中，我们最好不说"取出"1份，而应该说"表示"这样的1份。原因主要有两个：一是用"取出"这样的词来帮助学生建立分数的概念，将来会给"假分数"概念的学习带来负面影响，如$\frac{4}{3}$，学生就会觉得平均分成3份，不可能"取出"4份。二是出于对分数本质的理解和把握，分数作为一种"数"，是"量"的一种抽象，它首先应该用来表示"量"的多少。因此，对于分子的教学设计，应该强调表示这样的"几份"，分子就"写几"。

另外，在"分数的分母"教学设计中，也要强调相应的含义，把一个物体平均分成"几份"，分母就"写几"。比如，把一个物体平均分成2份，分母就写2；平均分成3份，分母就写3；平均分成4份，分母就写4……这样，不仅让学生在分数知识的学习中体会到对应思想，而且帮助学生深入理解分数分母和分子的具体含义，为后面"数"分数单位积累经验，同时也为后续假分数的学习奠定重要的思维经验基础。

在"分数大小感悟"的教学设计中，应该立足体现分数是一种"数"的本质，因此分数可以"数"。通过设计相应的教学活动，让学生在"数"分数的过程中，感悟分数的大小和相对位置。因此，设计时，我们可以借助直观图，引导学生数一数"$\frac{1}{2}$、$\frac{1}{4}$和$\frac{1}{8}$"这三个分数单位，这样不仅能够加深学生对分数与自然数共性的理解，而且能够让学生体会数形结合思想，感悟分数的个性差异，深化对分数的感性认识，为后续分数大小比较、同分母分数加减法以及整数乘分数的学习奠定重要的经验基础。

三、教学时要驱动数学思考——让课堂有"广度"

数学思考是运用数学的思维方式思考问题，在数学课堂教学过程中，我们要以问题的方式不断驱动学生进行必要的数学思考，让学生在问题思考过程中，感受到思维的"乐趣"，体验数学的奇和妙，体会到数学的"好玩"。因此，教学时驱动数学思考，决定着数学课堂的"广度"。

如何才能更有效地驱动学生的数学思考呢？关键在于要有问题意识。我们在教学过程中，要通过深入分析教材，准确把握好教学内容的基准点、生长点和延伸点，提炼出一个核心问题，作为数学思考的基准点，再设计出一些富有启发性和引导性的问题，根据思维的习惯构成问题串，从而以核心问题为统领、以问题串为线索循环驱动，推进学习进程，促进学生更为积极地思考，学会用数学的思维思考问题，并逐步想得更清晰、更全面、更深刻、更合理。

比如，"分数的初步认识"一课，基于对分数的本质认识——表示比0大比1小的量，如前文所述，我们可以设计这样的核心问题：0和1之间有没有住着其他数？以此驱动学生的数学思考，开启"数的奥秘"探索学习之旅，并设计问题串：（如果有）是什么？（它们都）在哪里？还有吗？让学生发现并提出新的问题。这样，通过"有没有""是什么""在哪里""还有吗"四个问题循环驱动，逐步把学生的数学思考引向深入，让学生在解决问题过程中体会思维的乐趣，感受数学的奇和妙。这种"循环驱动"数学思考的运作方式，不仅能够较好落实数学"四能"的教学目标，有效培养学生发现问题和提出问题的能力，拓展数学课堂思维的"广度"，而且能够有效促进学生更为积极地思考，让学生的数学思考永远在路上，感受思维过程中满满的乐趣，体验数学内部无穷的魅力。

我们在教学过程中，可以通过在数线上找到$\frac{1}{2}$、$\frac{1}{4}$和$\frac{1}{8}$的家，让分数的学习拥有一个直观的"抓手"，通过让学生寻找每一个分数在数线上对应的位置，让学生初步感知分数的大小和顺序，体会对应思想、数形结合思想。通过观察$\frac{1}{2}$、$\frac{1}{4}$和$\frac{1}{8}$在数线上的位置，凭借经验和直觉，通过归纳和类比的方式，进一步推断$\frac{1}{16}$、$\frac{1}{32}$和$\frac{1}{64}$等分数的位置，体会极限思想。

通过直观想象，由浅入深，驱动思考，不仅拓展了课堂的"广度"，而且让学生逐步想得更清晰、更深刻。然后再通过"还有吗"这一驱动性问题，引导学生观察数线，凭借经验和直觉，通过合情推理的方式，让学生发现并提出新的问题。这样不仅让数学"四能"培养在课堂中落地生根，而且再一次促进学生开启数学思考，让数学思考进入一个"闭环系统"，有效拓展数学思考的"广度"。

第四节　教学实录与评析

"分数的初步认识"是 2015 年设计的一节小学数学研究课，是我第一次尝试在数学概念课中，融入数学"四能"的教学，通过问题的思考，驱动概念的学习，也是我第一次尝试用"有没有""是什么""在哪里""还有吗"四个问题作为课堂教学的基本结构，由此推进数学学习的进程，改变了原来"导入新课""讲授新课""巩固练习""课堂总结"的教学模式。下面是根据 2019 年 11 月《小学数学教师》杂志在浙江奉化举行"辩课进校园"活动时的教学情况整理成的教学实录。

一、猜一猜：感受分数的存在

师：你们认识数吗？
生：认识。
师：请在本子上写两个数。
（学生独立写数）
师：在你们心里最小的数是几？
生：0。
师：我把 0 的家安顿在这。
（黑板上呈现：──────────────────）
　　　　　　　　　0

师：比0大一些的是几？

生：1。

师：我把1安顿在这个位置上。

（黑板上呈现：┠────┼─────────────┨）
　　　　　　　0　　1

师：后面这个位置上应该是几？

生：2。

（黑板上呈现：┠────┼────┼────────┨）
　　　　　　　0　　1　　2

师：后面呢？

生：3。

（黑板上呈现：┠────┼────┼────┼────┨）
　　　　　　　0　　1　　2　　3

师：我们小学学习的0、1、2、3均可以标在线上。再往下就是——

生：4、5、6、7……

师：这个大家族是无穷无尽的，都可以安顿在这条线上。越往后面越怎样？

生：越大。

师：你们的观察和反应都很敏锐。也可以说，越右边数越大，越左边数越小。0的家在这，1的家在这，你们有没有想过，0和1之间有没有住着其他数呢？这就是我们今天要一起讨论的问题。

（黑板上呈现：┠────┼────┼────┼────┨）
　　　　　　　0　　1　　2　　3
　　　　　　　└─?─┘

师：接着往下想，如果有的话，会是什么数呢？它们具体都住在哪里呢？最后想一想，通过今天的学习，还能提出新的问题吗？

评析

分数是一种数，分数也可以数，分数单位是比0大比1小的量的抽象，这是分数的数学本质。因此，在这里不直接从分东西引入分数的教

好玩三　分数的初步认识　107

学，而是站在分数数学本质的角度重新设计了教学的"基准点"，把分数置于"数"的大家族之中，通过"0和1之间有没有住着其他数呢"这一驱动性问题，开启探索分数之旅。这样的设计不仅激起了学生的求知欲，而且引起了学生的兴趣，为数学好玩和分数学习奠定了重要的情感基础。

二、看一看：体验分数的产生

师：想一想，0和1之间还有住着其他数吗？

生：0.5。

师：0.5是小数，除了小数还有其他数吗？

生：0.1。

师：这还是小数。

生：0.8、0.9……

师：0和1之间确实住着小数，除此之外，还住着其他数吗？下面，我们带着这个问题一起来翻一翻黑板上这四张卡片，翻完这些卡片，你们就会知道0和1之间究竟还蕴含着什么奥秘。

师：第一张卡片背后你们觉得是什么？

（学生有各种猜测，意见不一致。教师翻开卡片呈现： ）

生1：一个圆。

生2：两个圆。

师：中间是磁铁，你们就当作没看见（大家都笑了），所以这张卡片上的是——

生：一个圆。

师：对了，我们可以用1表示（板书：1），那第二张卡片背后呢？

生：背后有个2。

师：（翻开卡片问）是不是2呢？

（教师翻开卡片呈现：）

生：不是。

师：老师把这个圆怎么样了？

生：把一个圆分成了两半。

师：是随便分的吗？

生：平均分成了两半。

师：哦，平均分成了两份，你能用语文中的一个成语来形容吗？

生：一分为二。

师：还有成语吗？

生：一刀两断。

师：这两个成语都有——

生：有1，也有2。

师：刚才一个圆我们可以用"1"来表示。现在半个圆该怎么表示？大家写在本子上。

（学生独立写数，教师请学生在黑板上写数 0.5 和 $\frac{1}{2}$。）

评析

通过观察、比较和思考等数学活动，让学生体验分数的产生，"一"个圆用 1 表示，"半"个圆用什么表示？由此引发学生进行更深入的数学思考，为数学好玩提供重要保证，让学生在问题情境中，感受用分数表示比 0 大比 1 小的"量"的意义。

三、想一想：形成分数的概念

1. 认识分数 $\frac{1}{2}$

师：（询问写 $\frac{1}{2}$ 的女学生）你是怎么知道这个数的？

生：我看到过。

师：她看到过了。（继续询问女学生）你在哪里看到的？

生：书本里。

师：她在书本里看到过这个数，很好。请问中间这条线是什么？

生：分母线。

师：（疑惑）分母线？你确定书上是这么说的？（有位男生有不同意见）那位男生你说什么？

生（男）：分数线。（教师板书）

师：这条线叫作——（学生齐读"分数线"）

师：这条线表示平均分。那下面的数叫什么？

生：分母。

师：对，就是妈妈的意思。那上面那一个数呢？

生：分子。

师：说得真好。（有一位同学插话）这位同学你说什么？

生（插话的同学）：有母就有子。

师：没错，有母亲那就有孩子，上面那个叫什么？一起说。

生：分子。

师：那让我们再一起回顾说一遍。中间这条线是——

生：分数线。

师：它表示平均分。下面这个是——

生：分母。

师：它表示把一个圆平均分成 2 份，分母就写 2。如果平均分成 3 份，那分母就写几？

生：就写 3。

师：如果平均分成 4 份呢？

生：就写 4。

师：如果平均分成 5 份呢？

生：就写 5。

师：分子也有秘密。（手指着其中的一份）表示这样的 1 份，分子就写 1。如果要表示这样的 2 份，分子应该写多少呢？

生：写2。

师：表示这样的3份，分子就写3。表示这样的15份，分子就写——

生：15。

师：明白了吗？

生：嗯。

师：同学们，今天我们学习了一招，一个圆我们用1表示，半个圆我们可以用$\frac{1}{2}$来表示。下面，我们一起来读一遍。

生：（齐读）二分之一。

2. 书写分数$\frac{1}{2}$

师：谁会写二分之一？怎么写才对？

生：先写下面的2。

生：（另一位学生大声补充）不对，应该先写分数线。

师：对，应该先写分数线，再写——

生：2。

师：对的，接着写妈妈，分母2，最后写——

生：分子1。

师：真好，请同学们自己在书本上规范地写一遍。

3. 学习分数$\frac{1}{4}$和$\frac{1}{8}$

师：刚才那张卡片背后藏着的是二分之一，那第三张卡片背后会是什么呢？

生：平均分成了三份。

师：他有积极思考，不管对错，有自己的想法，很好。

生：三分之一。

师：真好，自己会读了。我们一起来看看究竟是什么。

（翻开卡片呈现：）

生：（齐声）四分之一。

师：平均分成了几份？

生：4份。

师：其中的1份用什么表示呢？

生：四分之一。

师：说得真好，谁来写一写？

（学生书写$\frac{1}{4}$）

师：先写分数线，接着写分母，最后写分子，他写对了吗？

生：（齐声）对了。

师：掌声鼓励。

师：这个读作什么？

生：（齐读）四分之一。

师：读得很好，自己在本子上写一遍。

师：最后一张卡片后面又会是什么？

生：六分之一。

生：八分之一。

师：究竟是什么？我们翻开看一看。

（翻开卡片呈现：）

生：（齐声）八分之一。

师：平均分成了几份？

生：8份。

师：分母写作几？

生：8。

师：表示这样的一份，怎么写？请写在本子上。（请学生上台写$\frac{1}{8}$）

师：写对了吗？掌声响起来。

师：一起读一遍这三个数。

生：二分之一，四分之一，八分之一。

4. 感悟分数单位与"1"的关系

师：我们来观察一下，看谁最会思考。（指着第二张卡片）一个圆里有几个二分之一？

生：两个。

师：你们发现了什么？两个二分之一合起来相当于什么？

生：相当于1。

师：回答得非常好，两个二分之一相当于一个1。

师：（指着第三张卡片）这个圆里有几个四分之一？我们一起数一数。一个四分之一，两个四分之一，三个四分之一，四个四分之一。

师：你发现了什么？

生：四个四分之一合起来还是1。

师：掌声鼓励。

师：那你觉得苏老师接下来会提什么问题？

生：几个八分之一是1？

师：非常棒！学会提问了。

生：八个八分之一是一个1。

师：同学们！我们通过刚才的学习，认识了一类奇特的数，跟原来的不太一样。原来的数横着写的，今天这个数像高楼大厦一样竖着写，上面有一层楼，下面也有一层楼，我们把这种数叫作分数。分数里有分数线、分母和分子。

评析

通过三个数学活动（翻三张卡片）的观察与思考，让学生认识了三个分数单位$\frac{1}{2}$、$\frac{1}{4}$和$\frac{1}{8}$，明确了分数各部分名称和所表示的意义，并从数的"形状"的角度，帮助学生建立起分数的概念。在这个过程中，学生不仅学习了知识，还增长了见识，同时感悟了道理。借助图形直观，让学生感受了新的计数单位（分数单位）与原来自然数计数单位"1"之间的关系，体会了数形结合思想，积累了思维活动经验，为后续分数知识的学习奠定了重要的思想经验基础。

四、找一找：深化对分数的理解

1. 在数线上找 $\frac{1}{2}$ 的家

师：现在我们要找一找这些分数的家。同学们来看一看！（指着黑板上的卡片）这是 $\frac{1}{2}$，这是 1，是 $\frac{1}{2}$ 大，还是 1 大？

生：（直观判断）1 大。

师：那么 1 的家在这里，请问 $\frac{1}{2}$ 的家在哪里？

（板贴呈现下图）

师：你能具体说一说 $\frac{1}{2}$ 的位置吗？

生：在 0 和 1 的中间。

2. 在数线上找 $\frac{1}{4}$ 的家

师：非常好，在 0 和 1 的中间。$\frac{1}{2}$ 的家找到了，谁能找一找 $\frac{1}{4}$ 的家？

（一个学生把 $\frac{1}{2}$ 的卡片放在了数线相应的位置上。）

师：她找对了吗？

生：对的。

3. 在数线上找 $\frac{1}{8}$ 的家

师：现在要找谁的家了？

生：$\frac{1}{8}$。

师：你来试试。

师：请问 $\frac{1}{8}$ 住在哪里？

生：$\frac{1}{8}$ 住在 0 和 $\frac{1}{4}$ 的中间。

师：掌声鼓励。

4. 感悟分数的位置

师：$\frac{1}{2}$的家在 0 和 1 的中间，$\frac{1}{4}$的家在 0 和$\frac{1}{2}$的中间，$\frac{1}{8}$的家在 0 和$\frac{1}{4}$的中间。谁知道$\frac{1}{16}$的家在哪里？

生：在 0 和$\frac{1}{8}$的中间。

师：（掌声）$\frac{1}{32}$的家在哪里？

生：在 0 和$\frac{1}{16}$的中间。

师：对的，很棒（掌声）。$\frac{1}{64}$的家在哪里？

生：在 0 和$\frac{1}{32}$的中间。

师：掌声鼓励。$\frac{1}{128}$的家在哪里？

生：在 0 和$\frac{1}{64}$的中间。

师：对了吗？

生：（齐声）对了。

师：你们太厉害了！你们发现这些分数的家越来越靠近谁？

生：0。

师：（竖起大拇指）它们会住到 0 的家里去吗？

生：不会。

师：对，永远不会。但是离 0 的家会越来越——

生：近。

师：你们真的太厉害了！你们说好玩吗？

生：（齐声、高兴地说）好玩。

师：这些分数越来越接近 0，但它却不等于 0。

5. 体会分数的应用

师：今天我们认识的分数有什么用？我们来检验一下你们会不会用。如果我把一个月饼平均分成了两份，请问其中的一份怎么表示？

生：可以用$\frac{1}{2}$来表示。

好玩三 分数的初步认识

师：假如我这里有一袋米，重1千克，我把它平均分成了3份，我用掉了1份，这1份可以用什么来表示？

生：$\frac{1}{3}$。

师：$\frac{1}{3}$千克。同学们接着想，如果我这里有一根绳子，正好1米长，我把它平均分成了4份，其中的1份是——

生：$\frac{1}{4}$。

师：$\frac{1}{4}$米。

师：如果平均分成4份，其中的2份可以怎么表示？

生：$\frac{2}{4}$。

师：给她掌声，热烈一点。如果平均分成4份，其中的3份可以怎么表示？

生：$\frac{3}{4}$。

师：我把1米长的绳子平均分成了8份。谁来提一个问题？把问题补充完整。

生：其中的3份怎么表示？

生：（齐声）$\frac{3}{8}$。

评析

在数线上找到三个分数（$\frac{1}{2}$、$\frac{1}{4}$和$\frac{1}{8}$）相应的家，通过这一有趣的操作活动，进一步推进分数的学习历程，让学生从"样子"和"形状"的角度认识分数，过渡到从"大小"和"位置"的角度认识分数，把新认识的数（分数）纳入已有的数（自然数）的认知结构之中。同时，顺势而上，让学生体会分数的分子不变，分母不断变大，这个分数的位置就离0越来越近，却永远不会住到0的家里去（不等于0），从而让学生体会极限思想，感受数学的奇妙，数学好玩之感也就油然而生！

五、试一试：提出关于分数的问题

师：通过今天的学习，0和1之间还住着其他的数吗？

生：（齐声）有。

师：是什么？

生：（齐声）是分数。

师：它们都住在哪里？

生：（齐声）它们都在0和1之间。

师：很好。下面我要看看通过今天的学习，谁能提出新的问题。

生：还有比分数小的数吗？

师：你要说一个具体的分数。

生：比一分之二小的数。

师：比谁？

生：比二分之一小的数。

师：刚才你说了，一分之二，请你把一分之二写出来。

（学生写在黑板上）

师：（指着一分之二）这个同学有创造，这个分数，你们受得了吗？

生：（大笑）受不了。

师：谁还有问题？

生：一根绳子长100米，把它平均分成7段，其中的一段可以用什么来表示？

师：好问题。还有谁来提问？

生：一根绳子长1米，把它分成7份，其中的3份怎么表示？

师：绳子的问题到此为止。还有其他问题吗？

生：有一分之一吗？

师：好问题。给她掌声。分数家族里面有没有一分之一呢？

生：分数比大小，要看分子还是分母？

师：好问题。（有学生插话）刚才有谁在说什么？

生（插话的同学）：两个都要看。

师：两个都要看，他已经说到分数比大小的问题了。还有问题吗？

生：分数有得数吗？

师：分数有得数吗？好问题。谁还有问题？

生：分数能减分数吗？

师：好问题，已经想到分数运算了。

生：还有比八分之一大的数吗？

生：分数能当得数吗？

生：有一分之零吗？

生：有没有零分之一？

生：有没有零分之零？

生：分数和分数能除吗？

生：有没有比零分之零更小的数？

生：分数能列竖式吗？

生：1和2之间还有分数吗？

生：2的后面还有分数吗？

生：0的左边还有分数吗？

……

> **评析**

一个问题（0和1之间还有住着其他数吗）解决了，课末学生却提出了一堆新问题，一节课的学习已经结束，一阵子的思考却刚刚开始。这样，让数学学习之旅永远在路上，让学生在不断的思考中，体会到数学学习的乐趣。这就是数学课堂的魅力所在，这就是数学好玩的根本所在。

六、聊一聊：说说学习的感受

师：刚才大家提的这些问题都是好问题，下课之后你们还可以继续提问题。下面，谁来说说对数学的感受。

生：很有趣！

生：很奇妙！

生：很有想象力！

生：很神奇！

生：很有奥秘！

生：数学不可思议！

师：今天我们通过对分数的学习，重新认识了数学，原来数学里还藏着很多奥秘！我们解决了一个问题，却发现并提出了更多新的问题。对于这些问题，我们在今后的学习中不断去思考，就会有新的发现，这就是数学的魅力。

评析

一堂课解决一个核心问题，然后又发现并提出一系列的数学问题，让课堂焕发出数学应有的魅力，让课堂焕发出学生应有的活力，让数学真正好玩起来。学生不仅增长了见识，而且感悟了道理，积累了思维经验，体会了数学思想，感悟了数学本质，从而感受到数学的神奇和美妙。这就是我们所倡导的魅力课堂。

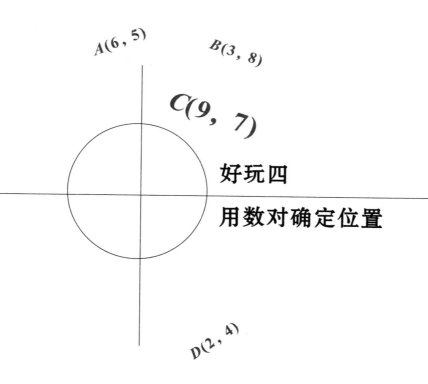

第一节　教学故事与感悟

"用数对确定位置"是我 2016 年设计的一节小学数学研究课，这节课对我来说，具有一定的标志性和代表性。它标志着我对数学中"方向与位置"的教学问题，有了自己的独特理解和思考。在教学设计上，它也具有一定代表性，我开始尝试不制作课件，只用黑板、粉笔、磁吸和卡片，用这种最为朴素的方式教数学，探索魅力数学的真谛，从此开启了无课件的数学教学之旅。

这一次成功的尝试，让我明白了一个道理：数学的魅力不在于数学的外部，而在于数学的内在联系；课堂的魅力不在于用了多少个卡通形象，而在于教师巧妙的设计能够引发学生火热的思考，让学生感到数学好玩。

在这节课的设计与实践中，我发现可以把一节课设计成几个游戏活动，由这几个游戏活动，稳步推进教学的进程。这样的设计思路，后来又被我巧妙地运用于"字母表示数"一课的设计中，收到了可喜的效果。

因此，这节课的成功尝试，让我对小学数学的教学设计问题又有了新的感悟，2016 年以后，我设计的小学数学研究课，基本上都设计成没有课件的"裸课"。这样做的目的主要是传递一种信念：以朴素的方式依然能演绎抽象的数学，依然能上出精彩的课；同时传递一个信息：教师要用心去研究教学内容的数学本质和数学思想，不要花太多精力去研究卡通人物和教学课件的外在形象。

下面是这节课在研究和实践过程中，所发生的一些教学故事。

一、妈妈你在哪里

2016年5月的一个傍晚,我像往常一样,提前来到儿子的学校门口,准备接他回家。我和其他家长一样,在固定的位置上静静等候,不时踮起脚后跟向校门口张望,全神贯注地盯着放学后从校门走出来的人群,希望能够尽快发现他。由于儿子没有电话,我只能采用最原始的办法——原地不动,静静等待。

就在这时,我发现一位小女孩走到了家长群中,四处寻找。在没有找到人后,她便拿出电话手表打电话——妈妈你在哪里?她的声音真好听,是那么的清脆,那么的甜美。大约过了10分钟,她的妈妈匆匆赶来把她接走了。

看着她们远去的背影,我突然顿悟——这不正是数学中的确定位置吗?我们在日常生活中,经常会遇到这样的情况:当我们找不到对方时,就可以通过打电话询问——你在哪里,以此来确定对方的具体位置。因此,"在哪里"是确定物体位置的一个关键问题。

这个生活场景给了我设计的灵感,我以此为生活原型,设计了这节课的课前导入环节。我把它设计成"我和我儿子"的故事,通过讲述这个故事,驱动学生对物体位置表达方式的深入探索。

我编拟了这样一个故事:有一天,儿子做完作业,就去找他的同学玩了。等到吃饭的时候,我给他打电话,叫他回家吃饭。我问道:"儿子,你在哪里?"这时,我会停下来,问学生:"'在哪里'在数学上是一个什么问题?"学生很容易会想到,这其实就是数学上的"位置"问题,由此引出讨论表达位置的话题。随后我让学生猜测我儿子会如何回答。他们一定很努力去猜,但是肯定猜不到我儿子会这样回答:"爸爸,我在这里。"这个调皮的回答,肯定会引起学生的一片嬉笑声。然后,我继续引导学生思考:我儿子用这样的方式表达他的位置,你能找到吗?为什么?怎么办?让学生初步感知需要改变位置的表达方式,才能达到准确确定位置的目的。我紧接着追问:"你到底在哪里?"儿子回答:"我在203。"多么简单明了又熟悉的回答。这时我让学生凭借自己的生活经验,解释"203"所传递出来的位置相关信息。学生说:"这是一个房间号码,2表示2楼,3表示第3室"。我说:"我也是这么想的。"按照这样的信息,我就把儿子找到了。以此故事,让学生初步体验位置表达方式的重要性:量化的表达方式,能够达到精准的目的。

这样的故事,就在生活中,只是我们平时没有多想。其实这里的"203"已经有了"数对"的基本雏形,2表达了一个维度的位置信息,3表达了另一个维度的位置信息,0把这两个位置信息隔开。这个生活故事,为本课的学习奠定了经验基础。

其实,203在2016年我刚开始设计时是1302,这是我儿子真实的一位朋友家的房号。然而,2016年10月15日,我的好友李文华教授邀请我到内蒙古武川县交流时,在这个环节中出现了意外,学生不明白这是什么信息。有个学生说:"我家住的是平房,我们没有1302。"考虑到这种情况,从那以后,我就把1302改为了203。

通过这个故事,我明白了一个道理:有时,课的设计灵感往往源于生活,可以从学生所熟悉的情境中,找到生活原型,关键在于我们是否学会了留意生活中的点点滴滴,是否学会了从数学和教学的角度去思考生活的问题。

二、班级座位图真的好吗

为了研究这节课的教学问题,我开始翻阅一些教材,惊讶地发现,教材几乎都是从"班级座位图"引入"数对"的学习。回想起老师们公开课的场景,不仅从班级座位引入,而且还用班级座位结束。换句话说,"班级座位"的问题深受教材编写者的推崇和一线教师的喜爱,然而班级座位图真的好吗?

我觉得从班级的座位问题引入教学,表面上看,这是学生最熟悉的学习情境,好像很合适。其实,教学时如果没有处理好,就会无形中提高没有必要的学习难度。有的老师教学时,没有使用班级座位的图片,而是直接利用班级座位的现场进行教学,这样处理,学生学习时就需要站在观察者的角度,想象自己和其他同学所处的位置,无形中增加了"想象"的难度。如果要排除没有必要的干扰，教学时，我们应该事先把班级的座位拍成照片，制作成PPT，投放在屏幕上，让学生坐在位置上观察屏幕上的座位图，这样才可以降低学生想象的难度，自然地从观察者的角度思考图片中每一个人的位置。

另外，本节课最后需要在网格图（平面直角坐标系的雏形）中确定相应的位置，然而，班级座位图恰恰缺少"原点""横轴"和"纵轴"这三个最基本的元素。因此，在本课的教学中，班级座位图并不是一种最好的选择，我们可以选择利用其他的方式引入教学，让学生经历物体位置表达方式逐步"量化"的过程，体会"量化"表达的必要性，感受"量化"表达的精准性和不可替代性。

三、没有行列真的就不行吗

从本质上看，数对是表述物体位置的一个数学概念，在中学数学中，"数对"这一概念将被"坐标"所代替。在数对 (a, b) 中，中学数学把 a 称为横坐标，把 b 称为纵坐标，并没有称它们为列数和行数，或称它们为组数和排数。

我们翻阅一些教材，不难发现多数教材在这一节课中，都引入了"行和列"或"组和排"等相关概念，试图通过这些概念，引出数对的概念。然而，在教学实践中，我们不难发现，这样的处理方式并不能帮助学生很好地建立起数对的概念。最后学生常常分不清楚，在数对中，究竟是先写行，还是先写列？是先写组，还是先写排？这就给我们带来了新的教学思考：在这节课的学习中，没有"行和列"或"组和排"等相关概念，真的就不行吗？有没有其他的办法，能够更好地解决这个问题呢？

这是我在这节课的研究过程中，重点思考的教学问题。而生活中表达位置的场景，直接给了我设计的灵感。比如，当孩子放学后找不到妈妈时，会打电话问妈妈在哪里，这时妈妈有三种表达方式，第一种是"我在学校大门的旁边"，第二种是"我在学校大门的左边"，第三种是"我在学校大门左边大约50米的地方"。

第一种表达位置的方式，巧妙借助了"参照"进行表达，这里"学校大门"就是妈妈所在位置的参照物,"旁边"表达的是一个区域。这种表达方式,虽然还不能精准确定妈妈的位置,但是已经表达出妈妈所处位置的大致范围。

第二种表达位置的方式,把"旁边"改为了"左边",巧妙运用"参照物"和"方向词"表达了妈妈所处的位置,进一步缩小了妈妈所在位置的范围,从"一个区域"缩小为"一条射线"。

第三种表达位置的方式,传递出妈妈所处位置的三个关键信息,一是"参照"——学校大门,二是"方向"——左边,三是"距离"——大约50米。增加了"距离"这一维度的信息,我们就能准确确定妈妈所处的位置,这是物体位置一维量化的基本过程。

这就是这节课中我设计游戏活动的具体生活原型。通过这样的活动,不仅可以让学生体会物体位置表达方式逐步量化的过程,感受量化表达的意义,而且巧妙地避开了"行和列""组和排"的概念。

四、不可能的事情就这么发生了

我们团队的冯玉新老师是福建省特级教师,我常常被他的专注和执着所感动。2017年4月12日,他邀请我到厦门市湖里区乌石浦小学,参加厦门市湖里区冯玉新名师工作室的交流活动。在这次交流活动中,我执教了这节课——"用数对确定位置"。团队的李培芳老师(福建省特级教师)当时也在上课现场,我们经常一起讨论教学问题。这节课他听得很认真,也很有思考,本章第四节的教学实录就是他听课后所写。

乌石浦小学的杨志杰校长是一位非常了不起的校长。她当时只留下12位老师照看全校的24个班级,让剩余的老师(包括其他学科)都到多媒体教室听我上数学课,这是我第一次遇见这样的安排。我很佩服她为了促进教师专业成长所付出的极大努力。

在这次分享中,为了便于教学,在本课的教学设计中,我在"孩子找妈妈"这一生活原型的基础上进行了一些处理,改为"学生找磁吸",并设计了三个游戏活动。每一个游戏活动都选择两名学生(一个男生,一个女生)上台展示,其他同学观察思考。首先让男生闭上眼睛认真"听",

接着老师把磁吸放在黑板上，然后让女生把磁吸所在的位置表达出来。这时老师再把磁吸拿开，男生睁开眼睛，他要根据所听到的位置信息，寻找并还原磁吸的位置。

在第一个游戏活动中，我随意把磁吸放在黑板上，问："磁吸在哪里？"女生说："磁吸在黑板上。"男生睁开眼睛后一片茫然，找不到磁吸的具体位置，他只能通过猜测，勉强把磁吸放上去，磁吸的位置自然没有找对。通过这个活动让学生感受"磁吸在黑板上"这种表达位置的方式，是无法精准确定位置的。

在第二个游戏活动中，我先在黑板上摆好红色的磁吸，然后在它的旁边随意摆上一个黄色的磁吸，问："黄色磁吸在哪里？"女生说："黄色磁吸在红色磁吸的旁边。"男生睁开眼睛后依然一片茫然，还是没有找到黄色磁吸的具体位置。虽然这种表达位置的方式，依然无法精准确定位，但是，相对刚才的瞎猜好了许多，毕竟有了范围的信息。

在第三个游戏活动中，我在红色磁吸的右边摆放了黄色磁吸，问："黄色磁吸在哪里？"女生说："黄色磁吸在红色磁吸的右边。"这样的表述方式，大大缩小了位置的范围。按照常理，男生睁开眼睛依然会无法找到准确的位置，毕竟缺少了距离的信息，但是，这个环节出现了意外，这个男生睁开眼睛后，居然几乎准确地找到了黄色磁吸的位置。全体学生立刻响起了热烈的掌声。

这是这节课交流时第一次出现这样的意外情况，有些尴尬，该怎么办？当时现场听课的老师一定也为我捏了一把汗，如果承认男生所放的位置是对的，那么这个活动设计就失败了，学生可能会因此误认为只要有参照物和方向的信息，就能准确地确定位置，那么还有必要加入"距离"的信息吗？如果说这个男生所放的位置是错的，可是全班同学已经响起了热烈的掌声，显然他们已经认为男生所摆放的位置是对的，这怎么办？

外出交流上课就是这样，经常会出现一些意外。当时我深深吸了一口气，然后，开玩笑地说："究竟是他有特异功能，还是这种表达位置的方式，真的能让我们准确地确定位置呢？我们再来试一次！"这一次，我特意把黄色磁吸摆放在红色磁吸右边较远的位置上，这就是我为了成功而做出的努力，听课的老师看到后都笑了。学生们都期待着奇迹再次发生，这个男生也非常努力，然而，这次他并没有成功，没有准确找到黄色磁吸的位置。这时，我总结道："实践证明，他并没有特异功能，是个正常的孩子。其实，这样的表述方式，依然无法让我们精准确定黄色磁吸的位置。"这样的处理方式，扭转了当时的被动局面，让我能继续沿着预定的路径，顺利推进了本课的教学。

在实际课堂教学中，我们无法事先预设所有可能发生的情况，难免会出现一些意外的事情，但又容不得我们长时间思考，亟需我们马上做出反应和决策，这就要求我们必须具备一定的随机应变能力，也就是需要有一定的教学机智。

五、封面人物就这样约定了

2017年5月12日，我的师弟陈洪杰老师邀请我去上海，参加在母校华东师范大学举行的第六届悦远教育小学数学教学研讨会，我在会上再次执教了这节课。下课后，他跟我说："师兄，你的课有你的特色，你写一组文章，我给你做一期封面人物。"我当时觉得有些意外，便开玩笑地说："写文章可以，但是封面人物，我长得不好看，顶多就比较耐看，能局部放大吗？"他说："没有问题，你尽管负责拍照，美图的事情就交给编辑部的技术人员，包你满意。"就这样，因为这节课，我的"光辉形象"正式出现在《小学数学教师》2017年第12期的封面上，同时刊发了"魅力课堂"教学主张的一组文章。

陈洪杰老师在这一期封面人物"魅力课堂——让课堂有光"中写下下面的内容：

在上海的一次教学研讨活动上，苏明强老师执教了"用数对确定位置"一课。下课后，学生纷纷拥到黑板前请他签名、留电话。"被学生喜欢"的场景，我们见到的不少。但如果考虑到苏明强老师泉州师范学院副教授、教育科学研究所所长的身份，那么他在小学数学课堂上被孩子喜欢的场景，就有点特别之处了！高校教师关注小学的恐怕不多；不仅关注而且亲自"下水"上课的，想必更少；上课又上得被学生喜欢、被同行点赞的，那是少而又少了！

于是，我们追问：苏明强老师的魅力何来？

在苏老师那里，数学冰冷的知识被转化为学生火热的思考，数学的繁难偏怪被转化为规律的神奇和美妙，数学的挑战性被转化为学生思考的乐趣……数学由此挑动了孩子的心弦。这背后，是苏老师"高观点下"对小学数学知识的俯瞰以及对教育教学转化乐此不疲的追寻。

苏老师的魅力还在他的性格、脾气上。如果您听过他的课，一定能感受到他的幽默、机智以及对孩子的喜欢和尊重，甚至他带口音的福建普通话都变得那么可爱，成为孩子记住他、喜欢他的理由。

魅力是什么？是与众不同、独一无二的吸引力。

风格是什么？是气质、内涵与思维的整体雕塑。

"山高人为峰"，我们要借魅力课堂的探索"照见"自己独一无二的光！

2018年2月15日晚上10点左右，张奠宙先生看到了这一期的杂志后，给我发来了微信："明强，看到你的形象和课例在杂志上刊载，很欣慰。祝你事业发达兴旺。"这一时期，张先生的身体已经很差，经常住在医院里，然而他却这样时刻关心、鼓励着我，让我非常感动。我马上给他回了简短的微信，静静地坐着，不知是何故，不知不觉间，我默默流着眼泪。

六、老师你要好好练一下普通话

2017年6月，我像往年一样，报名参加吴正宪老师在北京举行的"6·18"活动，会议在6月15—16日举行，这是每年定期举行的吴正宪工作总站的学术交流活动。临近会期时，吴老师给我打来电话，让我提前一天到北京，她要带我到两个工作分站进行交流：14日上午去通州听课评课，14日下午去海淀上课交流。能有这样的学习和锻炼机会，我备感荣幸，欣然答应。

记得6月14日那天下午，吴老师带我到了海淀区的一所实验小学，让我上一节课并做一个报告，我当时上的就是这节课——"用数对确定位置"。我像以前一样，带着7张小卡片和9个磁吸，用一块黑板、一支粉笔，就开始和四年级可爱的孩子们玩了起来。

现在我还清晰地记得，当时的会场几乎坐满了人，包括过道和教室的两旁，会场的门口也站满了人。为什么会有这么多人，我不知道，当时给我的一种感觉就是——北京的老师特别爱学习、爱研究。后来听说，当时的活动现场也有准备来参加"6·18"活动的老师。

我按照原定的设计方案，通过一系列的游戏活动，顺利完成了本课的教学任务。课末，我高兴地说："同学们，马上就要下课了，大家可以给我提提意见或建议。"

话音刚落，一个小男孩就高高地举起了小手，还不停地晃动着，显然，他非常想发言。我走到他身旁，请他第一个说。他自信地站了起来，大声地说："老师，我建议你回去以后好好练一下普通话。"他的发言有些出乎大家的意料，当时引起了全场老师的窃窃私语。哦，多么中肯的意见啊！我的普通话确实不好，小男孩说的是实话。我笑着回答道："好的，我回家后就好好练一练。"

就在这时，一个小女孩看样子有点生气。她自己主动站了起来，大声地说"我不同意"，然后狠狠地坐了下去。从小女孩脸上的表情，可以清楚地看出来，她生气了。小女孩简短有力的话语，引起了全场老师的猜测，这时我发现那个小男孩仿佛有些许的尴尬。

小女孩的"我不同意"，让我感到好奇，也有些意外。我快速走到小女孩的身旁，问道："你为什么不同意啊？"小女孩站起来说："老师，我觉得你的普通话虽然不是很标准，但是听起来很舒服。"她的这个解释，更是让我觉得意外。全场老师又开始交头接耳，悄悄议论着什么。当我还沉浸在小女孩的话语中时，她紧接着又补充了一句："你能留下来一起做我们的数学老师吗？"我回过神来，发现小女孩学校的校长就坐在会场的第一排。我开玩笑地说："这个需要你们校长同意才行。"小女孩直接补充说："我们校长一定会同意的。"全场老师都笑了，校长也笑了，我也幸福地笑了！

是啊！当学生喜欢上老师的课时，就会自然而然地喜欢上老师，这时老师身上的缺点，他们都能够理解和包容，即使是"不标准的福建普通话"，他们也会觉得"听起来很舒服"。我想这也许就是数学课堂的一种魅力,或许是老师人格的一种魅力!时间已经过去了这么久,可是,现在回想起来,仍历历在目,久久难于平静,这就是我的幸福。

学生学习体验

▶ **北京师范大学庆阳附属学校4年级2班冯晨航同学:**

上了您的这节课后我有所感悟,下课稍微一想,就想出来许多千奇百怪的问题,我觉得我有点像《查理九世》里的"问题多多"。您讲课非常有趣,让我们在笑声中体验了数学的乐趣。刚开始我认为数学只是规则、规律还有公式,上了您的这节课,我发现数学可以用已知的推理未知的。课后,我立下了志向,将来一定要考上泉州师范学院,我一定要"揭穿"您这个喜欢制造悬念的老师身后的秘密。

▶ **北京师范大学庆阳附属学校4年级2班李翼枫同学:**

苏老师的数学课,不仅十分有趣,还让我学到了新的知识。苏老师上课幽默风趣,经常逗得我们哈哈大笑,这让我觉得数学很神奇,并且在生活中无处不在。比如,我不但在苏老师的数学课上学会了描述一个东西在什么位置,而且还能让人轻松地找到它们。

如果让我用几句话描述数学,那么我会说:数学知识就像海洋,无边无际,我们只有一步一步向更深处走去,却不能轻松到达海底。数学像宝藏一样洒落在世界的每个角落,需要我们不断去寻找、去探索、去解密。

▶ **北京师范大学庆阳附属学校4年级2班郭轩君同学:**

今天听了苏老师的课,觉得他讲得特别好,很生动,很形象,很幽默。下课后,我有好多问题我想问老师,比如,(0,0)的下面怎么说?斜着放怎么说?……苏老师的课让我增长了见识,使我受益匪浅。我还有"十万个为什么"想问苏老师,真希望还能再听到苏老师讲课,好期待。

▶ **北京师范大学庆阳附属学校 4 年级 2 班高嘉英同学：**

都说眼见为实，耳听为虚，今天我就体验了一节苏明强老师的课。我与同学到了教室，老师还没来，可我的心不知怎的突然怦怦直跳，我的大脑也不停地自言自语："这节课难不难呢？""这节课有不有趣呢？""这位老师凶不凶呢？"

"砰"一声，原本安静的教室变得更加安静，原来苏明强老师来了。他身穿小西服，脖子上打了一个深蓝色的领结，头发很整齐，还戴了一副眼镜。这节课使我明白，数学是要通过勤学苦练才能学好的，也使我明白，数学是学中玩、玩中学。这真是一节有趣的数学课！

▶ **北京师范大学庆阳附属学校 4 年级 2 班张雨馨同学：**

课前，我努力挺直身板，心里十分好奇。好奇什么呢？好奇这节课会上什么课，好奇老师是谁，更好奇老师准备了什么小奖品。在我的期待中，苏老师走进了教室。

苏老师笑眯眯的，好像不会生气似的。他允许我们问几个问题，我迫不及待地问了老师我最想知道的秘密——准备了什么奖品？老师拿了一沓书签朝我递来，我刚伸手去接，老师说，不能直接给我，要回答问题后才能给。

下课后，我依然忘不了这节课。我想：苏老师与其他的老师与众不同之处应该是，他的课是在游戏中为我们讲述知识的，一节课三个游戏活动，使课堂不枯燥，反而会觉得很好玩。这样的讲课形式我们会更喜欢，讲课内容我们会更容易理解，更方便记住。

第二节 教学内容与分析

"用数对确定位置",属于图形与几何领域中"图形与位置"的教学内容。人教版安排在五年级上册第二单元,苏教版安排在四年级下册第八单元,北师大版安排在四年级上册第五单元,冀教版安排在六年级下册第二单元,青岛版安排在五年级下册第四单元,西师版安排在四年级下册第三单元。

本节将从知识体系、教材比较、数学本质、数学"四基"、数学"四能"、核心素养等几个角度分析这节课的教学内容,以期为大家深入研究本课的有关教学问题提供参考。

一、知识体系分析

在九年义务教育阶段,图形与几何领域主要学习图形的认识、图形的测量、图形的运动和图形与位置等内容。图形与位置是图形与几何领域的重要内容之一。

图形与位置的重要基础是方位词,主要包括两个方面的内容:一是"上下、前后、左右",学会用这些方位词描述物体的相对位置;二是"东、南、西、北",在给定一个方向的基础上,能够辨认其余三个方向,会用"东、南、西、北"和"东北、西北、东南、西南"描述物体所在的方向。这是物体位置的第一种表述方式,利用方位词描述物体的相对位置。这种描述方式并不能精准确定物体的位置,只能描述物体的相对位置,这是学习描述物体位置的重要基础。

能够准确描述物体位置的是数对，数对是物体位置的一种量化表达方式。它让描述物体的位置，从相对走向了精确，从确定"相对位置"发展到确定"准确位置"。这一时期，要求学生能够根据物体相对于参照点的方向和距离等信息，确定物体所处的位置；会描述简单的路线图；能在方格纸上，用数对表示物体的位置，并知道数对与方格纸上点的对应关系。

几何与代数的桥梁是坐标，利用坐标可以表示图形中点的准确位置，点的坐标把几何与代数有机结合起来。这时，几何学中的直线就可以用代数中的二元一次方程 $ax+by+c=0$ 进行表示，几何学中的平面就可以用代数中的三元一次方程 $Ax+By+Cz=d$ 进行表示。几何学中两条直线的特殊位置关系，在代数中可以从方程的斜率看出：如果 $k_1 \times k_2 = -1$，那么两条直线垂直；如果 $k_1 = k_2$，那么两条直线平行。几何学中的曲线可以用代数中的二元二次方程进行表示，比如圆的代数方程是 $(x-a)^2+(y-b)^2=r^2$，双曲线的代数方程是 $\frac{x^2}{a^2}-\frac{y^2}{b^2}=1$，椭圆的代数方程是 $\frac{x^2}{a^2}+\frac{y^2}{b^2}=1$，抛物线的代数方程是 $y^2=2px$，等等。此时，几何学中直线与曲线以及曲线与曲线的位置关系，就可以利用代数中方程组解的个数进行判断。

通过以上分析，我们可以看出利用有序数对表示物体的位置，在几何学的发展中具有重要的地位，它是沟通代数与几何的重要桥梁。

二、教材比较分析

人教版安排在五年级上册第二单元"位置"第一课时。教材首先提供了一个班级座位图的情境，老师说："张亮同学，你有什么问题？"教材对班级座位图进行了初步的抽象（没有抽象到方格图），用小的长方形表示同学，用大的长方形表示桌子，并补充第几行和第几列，张亮的位置用红颜色表示。接着机器人说："张亮的灯亮了，他在第2列、第3行的位置，他的位置可以用数对（2，3）表示。"就这样引出了数对的概念。最后，给出了正反两个方面的练习：一是指定用数对表示王艳和赵雪两个同学的位置，并要求看一看，它们有什么不同；二是给出数对（6，3），让学生在班级座位图中寻找王乐的位置。在这里，我们看到了教材给出了列和行的概念，但是没有进行界定，由列和行定义了数对。

苏教版安排在四年级下册第八单元"确定位置"第一课时。教材首先提供了一个班级座位图的情境。小精灵在旁边问"小军坐在哪里"。蘑菇精灵说："小军坐在第4组第3个。"辣椒精灵说："小军坐在第3排第4个。"这是两种截然不同的表达方式。然后，避开"组和排"，给出列和行的定义以及确定列数和行数的方法："通常把竖排叫作列，把横排叫作行。一般情况下，确定第几列要从左向右数，确定第几行要从前向后数。"最后把班级座位图抽象成点子图（没有形成方格图），配上具体的列数和行数，小军的位置用红颜色进行表示，并提示"小军坐在第4列第3行，可以用数对（4，3）表示"。在这里，我们看到了更多的陌生概念——组、排、竖排、列、横排、行，用竖排定义列，用横排定义行，再由列和行定义了数对。

北师大版安排在四年级上册第五单元"方向与位置"第二课时。教材首先提供了一个班级座位图的情境，提问："淘气坐在哪个位置？笑笑呢？"然后提示"淘气坐在第2组倒数第3个""笑笑坐在第1组第1个"。接着，把班级座位图标上组数和排数，并抽象成方格图，把淘气和笑笑的位置用红颜色的点表示出来。然后，智慧老人说："淘气在第2组第4排，可以用数对（2，4）表示，笑笑的位置怎么表示？"最后给出奇思和妙想的位置（4，3）和（1，4），要求在图中找到他们的位置，并说一说他们分别在第几组第几排。在这里，我们看到了从第几组倒数第几个和正数第几个，统一为第几组和第几排，再由组和排定义了数对。

冀教版安排在六年级下册第二单元"位置"第一课时。教材首先提供了一个班级座位图的情境，并标出了第1列和第1排。接着要求说一说"红红和亮亮分别坐在第几列，第几排"。女孩说："红红坐在第2列第3排。"男孩说："亮亮坐在第7列第4排。"小白兔说："红红的位置是第2列、第3排，可以用数对（2，3）表示。"小男孩说："我的座位可以用（7，4）来表示。"然后把（2，3）和（7，4）标注在班级座位图上。最后提示"你能用数对表示其他同学的位置吗？试一试"。在这里我们没有看到把班级座位图抽象成方格图，从头到尾都停留在班级座位图中讨论相关位置的问题，先规定第1列和第1排，再由列和排定义了数对。

通过以上分析，我们不难发现四套教材的编写差异比较大。相同点主要在于，都提供了一个班级座位图的情境，都强调在具体情境中学习数对，都利用其他相关的概念定义了数对的概念。

不同点主要体现在以下两个方面：一是班级座位图的处理方式不同。人教版只进行简单的抽象，没有最终形成方格图；苏教版把班级座位图抽象成点子图，也没有最终形成方格图；北师大版把班级座位图最终抽象成方格图；冀教版对班级座位图没有进行抽象处理。二是数对的定义方式不同。人教版通过列和行定义了数对；苏教版先用竖排定义列，用横排定义行，再由列和行定义数对；北师大版由组和排定义了数对；冀教版由列和排定义了数对。

三、数学本质分析

从上面知识体系分析中，我们可以看出，数学上描述物体的位置主要有两种方式：一是利用方位词描述物体的位置，二是利用有序数对描述物体的位置。通过方位词描述的是物体的相对位置，通过有序数对描述的是物体的准确位置。

在这两种不同的描述方式中，都有共同的特点，那就是都需要借助参照物进行描述。利用"参照物＋方位词"的方式，只能描述物体的相对位置，此时描述的是平面中一条"线"的位置。利用"参照物＋方位词＋距离"的方式，就能够描述物体的准确位置，此时描述的是平面中一个"点"的位置。

从用"方位词"描述物体的位置，过渡到用"数对"描述物体的位置，本质上是一个"量化"的过程。在这个过程中，逐步诞生了平面直角坐标系的雏形。这里的"参照"相当于"坐标原点"，这里的"方向"可以分为"从左到右"和"从下到上"两个方向，相当于 x 轴和 y 轴的两个正方向，这里的"距离"就是具体的数量。

在此基础上，通过一维"量化"的方式，就能准确描述"直线"上点的位置，通过二维"量化"的方式，就能准确描述"平面"上点的位置，通过三维"量化"的方式，就能准确描述"空间"中点的位置，以此类推，直至 n 维空间。

因此，数对的数学本质就是物体位置的一种量化表达方式，这里的量化过程是关键。数对是在"参照+方向"这种描述物体相对的基础上，加入"距离"这一关键的"数量"信息，从而达到"量化"的结果。从这个角度分析，所谓"列数"或"组数"，本质上就是以原点为参照，"从左往右"数的结果；所谓"行数"或"排数"，本质上就是以原点为参照，"从下往上"数的结果。

这样，我们在教学时，就无须引入"列和行"或"组和排"等这些看似熟悉，其实容易混淆的概念。我们可以直接抓住数对的数学本质，联结平面直角坐标，在原来"参照+方向"的基础上，采用"参照+方向+距离"的方式引入数对的学习。

四、数学"四基"分析

1. 从基础知识的角度分析

本节课的知识点是数对的概念，应该达到第二水平要求——理解。

2. 从基本技能的角度分析

本节课的技能点有两个方面：一是正确读写数对，应该达到第三水平要求——能；二是用数对表示具体情境中的位置，应该达到第二水平要求——会。

3. 从基本思想的角度分析

本节课主要蕴含的数学思想有：对应思想——一个位置与一个数对一一对应，符号表示思想——用数对的符号表示物体的位置，数形结合思想——数对与方格图的结合，量化思想——在方格图中通过"参照+方向+距离"的方式描述物体的位置。

4. 从基本经验的角度分析

本节课可以积累观察的经验、操作的经验和思维的经验，需要具备一定的生活经验和数学经验，会用"参照+方向+距离"的方式描述物体位置。

五、数学"四能"分析

本节课属于概念课，教学时要融入数学"四能"的教学，需要重新思考和设计。由于数对用以描述物体的位置，因此本节课我们可以提炼一个核心问题——在哪里？这是对物体位置的一种追问，以"在哪里"这个核心问题，驱动学生的数学思考，通过"找得到""为什么""怎么办"这样的问题串，引导学生根据已有的生活经验，凭借经验和直觉去描述物体的位置，做出相应的回答。

然后，启发学生根据这种描述物体位置的方式，思考是否能够精准确定物体所在的位置，发现利用"参照＋方向"的描述方式无法准确确定物体的位置。通过分析发现，无法准确确定物体位置的原因在于缺少"距离"的信息，体会通过"参照""方向""距离"这种量化表达物体位置的必要性和重要性，从而让学生经历一个发现问题、提出问题、分析问题和解决问题的过程，有效培养学生的数学"四能"。

六、核心素养分析

从核心素养的角度分析，本节课对应的核心素养主要是空间观念。这里包括以下几个方面：一是根据物体的位置能抽象出数对，二是根据两个数对的特征能够推断出它们之间的位置关系，三是根据数对能够确定出物体所在的位置。

综合以上六个方面的分析，根据《2022版课标》的基本理念，我们可以拟定本节课的教学目标如下：

（1）通过观察、思考、表达等数学活动，理解数对的概念，能正确读写数对，会用数对表示具体情境中的位置。

（2）经历发现问题、提出问题、分析问题和解决问题的过程，经历物体位置的量化过程，发展空间观念，体会对应思想、符号表示思想、数形结合思想和量化思想，积累观察的经验、思考的经验和表达的经验。

（3）体会数学与生活之间的联系，感受数学知识之间的联系，激发数学学习的兴趣，体验数学的奇妙，感受课堂的魅力。

第三节 教学问题与思考

自从 2014 年 3 月教育部在《关于全面深化课程改革 落实立德树人根本任务的意见》文件中提出"核心素养"以来，引发教育界的广泛关注。林崇德教授认为，核心素养是学生在接受相应学段的教育过程中，逐步形成的适应个人终身发展和社会发展需要的必备品格和关键能力，是未来基础教育的顶层设计理念。

与此同时，数学教育界也引发了广泛的讨论，主要集中在以下两个问题：一是数学核心素养是什么，都有哪些？二是基于数学核心素养的小学数学该如何教学？前者是理论性问题，《普通高中数学课程标准（2017年版）》指出：数学学科核心素养主要包括数学抽象、逻辑推理、数学建模、直观想象、数学运算和数据分析。后者是实践性问题，在教学实践层面上，贵州师范大学吕传汉教授提出了"三教"策略，即"教思考、教体验、教表达"。南京大学郑毓信教授从数学核心素养的角度，提出判断一堂数学课成功与否的基本标准：无论教学中采取了什么样的教学方法或模式，应该更加关注自己的教学是否真正促进了学生更为积极地去思考，并能逐步学会想得更清晰、更全面、更深、更合理。他还指出："与此相对照，这显然又正是当前应当努力纠正的一个现象，即学生一直在做，一直在算，一直在动手，但就是不想！这样的现象无论如何不应再继续了！"东北师范大学史宁中教授认为：基于核心素养的教学，要求教师要抓住知识的本质，创设合适的教学情境，启发学生思考，让学生在掌握所学知识技能的同时，感悟知识的本质，积累思维和实践的经验，形成和发展核心素养。

我们认为，数学核心素养是数学本质、数学"四基"、数学"四能"以及数学思考在更高层次上的综合、抽象与概括。在教学实践层面上，核心素养视野下的小学数学教学，需要教师从数学本质的角度挖掘教材，从数学"四基"的角度分析教材，从数学思考的角度设计教学。这不仅是落实数学核心素养教学的重要保证，也是让课堂富有魅力，让数学好玩起来的重要策略。下面，我们以"用数对确定位置"一课为例，共同讨论核心素养视野下小学数学的教学问题。

一、从数学本质的角度挖掘教材

从数学本质的角度挖掘教材，是发展学生数学核心素养的重要基础，也是让课堂富有魅力、让数学好玩起来的重要前提。我们应该根据教材的教学内容，学会认真思考三个问题：是什么、从哪来、到哪去。这三个问题就是对数学本质"三维一体"的分析模式。比如，"用数对确定位置"一课，教学内容是方向与位置，主要是学习"数对"的概念。然而，数对的本质是什么？这是我们备课时，必须深入思考的根本性问题。

我认为，数对是物体位置的一种量化表达，这里包含两层含义：一是数对是位置的一种表达形式；二是数对是位置的一种量化表达。物体的位置通过"量化"就能达到精确表达的目的，有了数对，我们就能够精确找到或判断某一处的具体位置，这是借助数对表达位置和使用其他方式表达位置的最本质的区别。

那么，"数对"从哪来？其实，学生在学习数对之前，已经学习了"前、后、左、右、上、下"和"东、南、西、北"等方位词，在生活中已经学会借助方位词表达物体的大致位置。但是，这种表达方式无法达到精确表达物体位置的目的。为了准确表达物体的位置，通过量化处理，就产生了数对这一表达形式。

最后，我们还必须思考一个问题："数对"又到哪去了？在小学数学中，由于还没有正式引入坐标系，因此，就把这种量化表达形式称为数对。在中学数学中，引入平面直角坐标系，这时把数对（a,b）这种表达形式称为平面直角坐标系中点的"坐标"，其中 a 称为点的横坐标，b 称为点的纵坐标。到了大学数学，在空间直角坐标系中，这时就用（a,b,c）表示三维空间中点的坐标，其中 a 称为空间中点的横坐标，b 称为空间中点的纵坐标，c 称为空间中点的竖坐标。

通过以上分析，为了在教学中能够更好地发展学生的核心素养，我们备课时，应该认真把握数对的数学本质。在教学中，通过设计一些数学活动，让学生经历物体位置表达从不精确到精确的过程，感受物体位置精确表达的必要性，体会物体位置量化表达的优越性，不仅能够理解数对的含义，而且经历数学建模（量化）的过程，从而发展学生的数学核心素养。

二、从数学"四基"的角度分析教材

从数学"四基"的角度分析教材，是发展学生数学核心素养的关键所在，也是让课堂富有魅力、让数学好玩起来的重要保证。基础知识和基本技能是发展学生数学核心素养的基础，基本思想和基本经验是发展学生数学核心素养的关键，尤其是抽象思想、推理思想和建模思想是数学核心素养的重要内容。因此，我们在平时的教学中，应该养成自觉从数学"四基"的角度分析教材的习惯，为课堂教学过程中更好地发展学生数学核心素养奠定坚实基础。

比如，"用数对确定位置"一课，从数学"四基"的角度进行分析时，我们就能够从"结果"和"过程"两个维度更好地把握教学目标。从结果的角度分析，本节课的基础知识是"数对的概念"，基本技能是"正确读写数对""用数对表示具体情境中的位置"。从过程的角度分析，数对是从具体情境中抽象出来的一个数学概念，并用符号（a,b）进行表示。从这个层面上看，本节课蕴含的基本思想是抽象思想，具体包括数形结合思想和符号表示思想。从前面的分析也可以知道，数对的数学本质是物体位置的一种量化表达，它是物体位置表达方式从粗糙到精确的一个飞跃过程。从这个层面上看，这里还蕴含着建模思想中的量化思想。

在本课学习中，我们可以通过观察、操作、思考等数学活动，让学生经历问题解决的过程，体会用数对表达位置的必要性，理解数对的含义。从这个层面看，这节课可以帮助学生积累操作活动经验和思维活动经验，为后续数学学习奠定重要的经验基础。

我国长期重视"双基"教学，从基础知识和基本技能的角度分析教材，已经普遍成为教学的一种自觉行为。因此，数学"四基"分析的重点在于从基本思想和基本经验两个角度进行分析。我们应该从知识的数学本质和发生过程两个维度去挖掘背后所蕴含的数学思想，从操作活动和思维活动两个维度去思考所能积累的数学活动经验。对这些问题的深入思考，将为教学设计提供重要帮助，为发展学生数学核心素养奠定重要基础。

三、从数学思考的角度设计教学

从数学思考的角度设计教学，是发展学生数学核心素养的根本保证，也是让课堂富有魅力、让数学好玩起来的重要保障。数学思考是课堂教学的主旋律，独立思考、学会思考是创新的核心，学会用数学的眼光观察世界，学会用数学的思维思考问题，学会用数学的语言表达想法，这是核心素养视野下数学课堂的价值取向。

数学思考常常伴随着问题解决，发现并提出新的问题是数学思考的质量和程度的一种重要体现，因此，我们应该学会从数学思考的角度设计教学。设计时应该遵循以下基本原则：站位要高，基点要低；由浅入深，深入浅出；明暗交融，和谐统一。

我们设计教学时，要站在"数学本质"和"数学思想"的高度上，以学生已有"知识经验"和"认知起点"为数学学习的基点，通过"由浅入深"的方式，启发学生的数学思考，达到"深入浅出"的目的。在课堂教学主线设计上，要把"问题解决"作为课堂教学的明线，把"数学思想"作为课堂教学的暗线，在课堂整体设计中，力争做到"明暗交融""和谐统一"的境界。

比如，"用数对确定位置"一课，我们从数学思考的角度，启发引导学生经历物体位置表达方式逐步优化的过程，体会数学中的数形结合思想和量化思想，可以做如下教学设计。

第一，感受三维空间中物体位置的表达。我们可以通过数学游戏，创设一个简单的对话情境——A问：你在哪里？B答：我在这里。这个简单的对话情境，本质上是一个三维空间物体位置的表达问题，由此导出本课的核心问题"在哪里"（位置），并引伸出一系列的数学思考：找得到、为什么、怎么办。在这个过程中，让学生初步体验由于物体位置的表达不准确，没有任何的"参照"，导致无法找到对方，即无法准确确定位置，感受需要进一步完善物体位置表达方式的必要性。

第二，体会二维平面上物体位置的表达。我们可以选取两个学生做一个游戏：让学生A面对同学，学生B认真看老师摆放在黑板上的一粒红色磁吸的位置，老师把磁吸拿走后，让学生B把看到的磁吸位置跟学生A描述（学生B会说"在黑板上"），我们再让学生A转过来在黑板上寻找磁吸的位置（学生A找不到）。在这个过程中，让学生体验到"在黑板上"这样的位置表达形式只能初步确定物体位置的大致范围，无法准确确定物体的位置，同时，让学生体会必须进一步优化物体位置的表达方式。

第三，体会一维直线上物体位置的表达。我们可以再选取两位同学（C和D）做一次游戏（规则同上）：在黑板上摆好一粒红色磁吸后，在它的旁边再摆放一粒黄色磁吸，让学生D说出黑板上黄色磁吸的位置（学生D会说"在红色磁吸的右边"）。这里的表达方式得到了优化，不仅借助了参照物"红色磁吸"，而且借助了方向词"左右"进行表达，虽然进一步缩小了物体位置的范围，但是学生C依然找不到黄色磁吸的准确位置，从而让学生体会还需要进一步优化物体位置的表达方式。

第四，体会一维直线上物体位置的量化。再做一次游戏：选取两位学生（E和F），在红色磁吸旁边先放一根一尺长的磁条，再放一粒黄色磁吸，引导学生思考这个位置该如何表达。此时，学生F会说"在红色磁吸右边一尺长的位置"，学生E根据听到的这一位置信息，便能准确地找到黄色磁吸的位置。这里让学生体验借助"参照""方向"和"距离"就能准确确定物体的位置，"距离"在这里起到关键性作用，学生就能初步体会到"量化"表达的准确性和优越性。

数学的魅力源于数学知识之间的紧密联系，在确定物体位置中，在原有"参照+方位"的表达方式中，加上"距离"的位置信息，通过量化就能达到精准确定位置的目的，这就是数学的神奇之处。课堂的魅力源于在思考问题的过程中，体会到思考的乐趣，在不断优化位置表达方式的过程中，成功找到磁吸的位置，这种神奇的效果和成功的喜悦，给课堂注入了无穷的魅力。数学好玩源于学生数学学习的一种体验，在几个数学游戏的过程中，体验了数学的奇妙，体验了思维的乐趣，这就是数学好玩的根本所在。

第四节　教学实录与评析

下面是根据2017年4月12日在厦门市乌石浦小学执教的教学实况，由团队核心成员李培芳老师整理、撰写而成的教学实录与评析。

还原数学本身的魅力，还原学习本身的魅力，是构建富有魅力的数学课堂最核心的两个途径；此外，教师的个人魅力在构建魅力课堂中的作用亦不可小觑。很久没有如此完整地记录一堂课了，记录的过程虽然辛苦却十分享受。在做实录时，曾经纠结是否要将课堂所有的语言一一录下，思虑再三，最后还是照录了下来。因为记下"必要的过程和言语"或许只能还原课堂的数学学习，而记下姑且名其为"非必要的过程和言语"则可以还原课堂的数学生活。

对于苏老师，我想大家感兴趣的一定不只是他的思考，一个鲜活的苏老师是大家应当也必然更感兴趣的。窥探苏老师的教学魅力，分析从而借鉴苏老师富有魅力的数学课堂，首先要看见一个"完整的"苏老师。另外，课堂是否有魅力取决于学生的感受，只有学生感受到的魅力才是课堂的魅力。而学生感受到的显然不只是学习中必要的过程和言语，那些看似不必要的过程和言语，往往是魅力不可或缺的一部分。因此，我就把这一节课的详细情况完整地记录了下来。

一、在课前谈话中建立和谐的师生关系

师：这是什么？

生：尺子。

师：非常棒！给自己掌声。（学生笑着鼓掌）孩子们，学数学，"看"是非常重要的，说明你们把眼睛带来了。（学生开心地笑了）

师：这把尺子的长度单位可以是什么？

生：厘米。

生：毫米。

师：真棒！掌声！你们想到了长度单位，说明你们把头脑带来了。（学生微笑）我们学数学不仅要会看，要会听，还要会——

生：想。

师：说得好，最重要的就是要学会不断地想问题。

师：如果苏老师把这把尺子的长度叫作"一尺长"，听得懂吗？

生：（笑着回答）听得懂。

评析

一个陌生人出现在讲台前，同时上百号陌生人坐在课堂的后面，学生面临的压力我们是无法体会的，因为这样的场景我们司空见惯。如何将学生从充满压力的境况里"拯救"出来，让他们放松，让他们接受"这样的课堂和平时的课堂没有区别"？这是需要教师做出努力的。马克斯·范梅南在其专著《教学机智——教育智慧的意蕴》里说："为了学习新知识，学生需要跨过一些障碍才能来到老师身边。一位机智的教育者要认识到，要跨过障碍的不是孩子，而是老师。"苏老师在这个过程中做出了努力——用他的幽默，更用他的真诚。学生发现，这位陌生的老师很有趣，很可爱，最重要的是，很安全，因为很简单的回答也能得到掌声，答得和老师揭晓的答案不一样也有掌声。就这样，双方从陌生开始建立起融洽的师生关系。要知道，师生关系不是简单的身份上的关系，

它包含着爱与悦纳。建立起和谐的师生关系是魅力课堂的重要前提。

二、从生活故事中引出确定位置的问题

师：今天，老师上课前想跟大家讲一个"我和我儿子"的故事。老师的儿子现在才上三年级，你们有没有觉得很意外啊？（学生微笑）有一天，我儿子做完作业以后出去找同学玩了，我给他打电话，问道："儿子，你在哪里？"生活中，你们爸爸妈妈是不是也经常会这样问？（学生点头）我问的是什么问题？

生：儿子，你在哪里？

师："在哪里"，这是数学里面的什么问题？（出示卡片：在哪里）

生：位置问题。（板书：位置）

师：你的回答真准确。你们知道我儿子怎么回答吗？

生：我猜你儿子会回答他在什么地方。

师：显然你不是我的儿子。他说的是："爸爸，我在这里。"（学生大笑）请问，如果派你去找他，你能找得到他吗？（出示卡片：找得到）

生：找不到。

师：为什么找不到？（出示卡片：为什么）

生：因为你儿子没有告诉你他所在的位置，世界那么大，你去哪里找他？

（此时，师生都开心地笑了。）

师：那该怎么办？（出示卡片：怎么办）

生：应该说清楚他的位置。

师：对，要改变位置的表达形式。我接着问他："你到底在哪里？"

师：最终我儿子说，他在203。你能听懂他的话吗？203是什么意思呢？

生：在2楼3室。

师：我也是这样想的，就去2楼3室，果然就找到他了。这说明"位置的表达"是有学问的。（板书：表达）今天我们就来研究"位置表达"中的学问。

评析

"有意思"的素材往往是有魅力的。儿子稚气的回答"我在这里"让所有人（包括孩子们）看到那个曾经天真可爱的自己。苏老师信手拈来的这一素材令人叹为观止。难能可贵的是，这个素材不仅"有意思"，而且"有意义"。位置表达的目的是交流，因而，它必然包含着准确性、统一性与精准性（即一一对应）的诉求。故事中"我在这里"无法清晰地表达位置，而 203 这种借助数字符号的表达一下子就能精准定位，虽然在教学引入环节不宜展开讨论，但是 203 这一生活情境的使用，对于学生"数对"的学习必然会产生作用。此外，值得一提的是，苏老师讲的故事是一个封闭的故事，这有利于学生调整思绪到数学学习中来。在以情境为依托的数学教学中，让学生及时从数学之外的情境中走出来进入数学世界，是不容忽视的。

数对的本质是位置的量化表达。苏老师精心设计了本节课的核心问题"在哪里"，在这一核心问题的统领下，"找得到""为什么""怎么办"三个问题形成了一个问题串，组成了一个思维的回路，在这个回路中，既包含了对问题的思考，也包含了对问题的检验，这是学生对位置表达进行思考的脚手架，也是教师推进教学的逻辑顺序。由此，教、学、想、表达、判断，都集中在这四个问题上，学生的思考因有序而变得轻松，这是很值得借鉴的经验。数学课堂离不开学生的数学思考，努力让学生的思考轻松而有效，这是数学课堂焕发魅力的关键。

三、在数学游戏中感悟确定位置的方法

1. 用"参照""方向""距离"表述位置

师：下面我们一起做三个数学游戏。

请男生和女生各一名到黑板前，男生背对黑板，注意倾听，老师将在黑板上摆放一个红色磁吸，女生要注意观察我摆放在哪里并记住它的位置，并把这个位置告诉男生。老师拿开磁吸后，男生把磁吸摆放上去，看

看能否找对位置。其他同学注意观察和思考。

师：请你（女生）告诉他（男生），刚才磁吸放在哪里？

生（女）：黑板上。

师：听清楚了吗？

生（男）：听清楚了。

师：在哪里？

生（男）：在黑板上。

师：请你（指男生）找到它的位置，把红色磁吸放上去。

（男生犹豫了很久才将磁吸放在黑板上，放的位置与教师刚才所放的位置不符。同学们都笑了。）

师：找对了吗？（全班回答"没有"）这就说明"在黑板上"这种表达方式准确不准确？

生：不准确。

师：（事先将红色磁吸放在黑板上）接下来，我们要来做第二个游戏，寻找黄色磁吸的位置。谁愿意上来一起做游戏？（全班举手，游戏过程同上。）

师：黄色磁吸在哪里？

生（女）：在红色磁吸的右边。

（男生转过身，根据听到的位置信息，把黄色磁吸摆放在红色磁吸的右边。今天出现了意外，估计教师也没有想到，他刚好放对了。全班同学自发地鼓掌。）

师：你知道同学们为什么鼓掌吗？

生（男）：不知道。

师：你猜。

生：我放对了？（学生会心地笑了）

师：你真厉害。究竟是他有特异功能，还是这种表达位置的方式，真的能让我们准确地确定位置呢？我们再来试一次！

（教师故意将黄色磁吸放在红色磁吸右边较远的地方。）

生（女）：在红色磁吸的右边。

（男生没有放对位置，学生善意地笑了。）

师：方向（右边）对了吗？

生：（齐声）对了。

师：什么还不准确？

生：（与红色磁吸的）距离。

师：我们一起来思考，为什么第一次能找对？说明"在红色磁吸右边"这种表达方式，比"在黑板上"这样的表达方式更精准了，我们来分析一下这种表达方式的奥秘。

师：这种表达方式的参照物是什么？

生：红色磁吸。

师：对了，她不仅借助参照物（红色磁吸）表达位置，还说在红色磁吸这个参照物的——

生：右边。

师：这个"右边"是什么？

生：方向。

师：对了，表述物体位置时，有了参照（板书：参照），有了方向（板书：方向），就准确多了。"在红色磁吸的右边"，表达的是一条直线上的很多位置（教师手势），本来也不能确定出一个具体的位置，不过，这位男同学非常厉害，第一次一下子就找对了。同学们思考一下，这是必然的，还是偶然的？

生：偶然的。

师：因为我们通过第二次游戏发现，他摆放的位置就不对了，说明这种表达还是有问题。只有参照和方向，确实比以前准确一些，但是还是没办法准确确定一个具体的位置。下面，我们继续做第三个游戏，谁愿意上来？

（全班举手。教师出示尺子，提醒这是"一尺长"，随后将黄色磁吸放在红色磁吸右边一尺长的位置上。）

生（女）：黄色磁吸在红色磁吸右边一尺长的位置。

师：你听清楚了吗？

生（男）：清楚了。

师：请你转过身来找到它的位置。

（男生转过身，快速在黑板上准确找到了位置。）

师：这位同学为什么能这么快准确找到黄色磁吸的位置呢？

生：因为这种表达物体位置的方式，不仅有了参照（红色磁吸），也有方向（右边），还有距离（一尺长）（教师板书：距离）。

评析

笛卡尔用数对表示平面上点的位置，这一构想在数学上影响深远，其想法之巧妙令人拍案叫绝。苏老师通过三个游戏活动，让学生在活动中体验物体位置表达形式的逐步优化过程，同时，也让学生感受到借助参照、方向、距离表达物体位置的准确性和优越性。凭借参照、方向和距离这三个信息，就能快速而准确地找到物体的位置，学生体验到物体位置表达方式的神奇和美妙。

>>

2. 用一个数表示一维直线上点的位置

（黑板上已经摆了一个红色磁吸和一个黄色磁吸，教师将第二个黄色磁吸放在第一个黄色磁吸右边一尺长的位置上。）

师：（手指着）它在哪里？你怎么说？

生：在第一个黄色磁吸右边一尺长的位置。

师：如果我们以红色磁吸为参照，那么还可以怎么说？

生：在红色磁吸右边二尺长的位置。

师：第一个黄色磁吸的位置，它距离红色磁吸一尺长，我们用"1"表示，就可以更简洁地说"它在1的位置上"。第二个黄色磁吸的位置，它距离红色磁吸二尺长，我们用"2"表示，就说"它在2的位置上"。这样，你受得了吗？

生：（笑着说）受不了。

师：没事，我们慢慢来，如果到下课还受不了，你再来找老师。这样，红色磁吸的位置在哪里？

生：在0的位置上。

师：很好，大家已经开始慢慢接受了！谁能找到3的位置？

（一学生把第三个黄色磁吸准确放在3的位置上。掌声响起。）

师：4的位置呢？

生：在红色磁吸右边的四尺长的位置。

师：5的位置呢？6呢？7呢？8呢？……

评析

在这里，苏老师通过巧妙的设计，让学生经历物体位置表达形式的进一步优化和量化的过程，学生在已有描述性表达物体位置的基础上，开始过渡到形式化和数学化的表达方式，这是一次表达方式的飞跃过程。这个过程让学生感受一维量化表达的简洁性和准确性，体会用一个数表达一维直线上物体的位置，积累基本活动经验，为下面二维平面中物体位置的量化表达（数对）奠定经验基础。

3. 用数对表示二维平面上点的位置

师：（让学生观察、发现并提出一个新的位置问题）刚才这些位置都是在一条直线上，下面，哪位同学来摆一个不同的位置？

［学生把一个黄色磁吸摆在（2，1）的位置上。］

师：这个磁吸在哪里？你打算怎么说？请大家独立思考，把它写在本子上，写好后同桌交流。

（教师展示三位同学的表示方法：在2的上面；在红色磁吸2的上方一尺长的位置；在2的上面一尺长的位置。）

师：第一种表达方式准确吗？

生：不准确。

师：为什么？

生：2的上面有很多位置，没有说明"距离"是多少。

师：第二和第三种表达方式可以吗？

生：可以。

师：这两种表达方式都有一个共同的地方，都用到了两个数字，一个是2，一个是1。

师：2是什么意思？

生：以红色磁吸0为起点，从左往右二尺长。（教师板书：左→右。下方写上数字2。）

师：1是什么意思？

生：以第2个黄色磁吸为起点，从下往上一尺长。（教师板书：下→上。下方写上数字1。）

师：在数学上，我们为了更加简洁，可以不写出其他文字，直接用这两个数字来表示它的位置。不过，这两个数字如果靠得太近，容易被看成什么呢？

生：21。

师：那该怎么办？

生：2和1之间画一条横线。

师：这样不小心会看成2-1。有别的办法吗？

生：2和1之间画一条竖线。

师：这样不小心会看成211。有别的办法吗？

生：2和1之间写一个"顿号"。

师：这样不小心会看成2.1。还有别的办法吗？

生：2和1之间写一个"分号"。

师：分号需要两笔，有没有更简单、便捷的办法？

生：2和1之间写一个"逗号"。

（教师用红色粉笔在2和1之间填上逗号。）

师：同学们真厉害，数学家也是这样想的。为了表示一个完整的位置，还在外面加了一个括号，用（2，1）来表示平面中一个具体的位置。

师：怎么读？

生：二一。

师：真棒。这里的括号和逗号都不用读。

师：这样的表示方法是由几个数构成？

生：两个。

师：两个也可以说是"一对"，谁来给这种表示方法取个名字？

生：一对。

师：一对，没有体现出是由数构成的。

生：对数。

师：真了不起，有自己的想法。不过，数学家将它取名为"数对"。（板书）

师：你能理解它的意思吗？

生：能。

师：大家齐读一遍，在本子上工整写一写，记得中间要用逗号隔开。

师：这就是我们今天学习的一种新方法，用"数对"可以准确表达出平面上物体的具体位置。

评析

在这里，苏老师让学生在一维物体位置量化表达的基础上，自己发现并提出了一个二维平面上的位置问题，独立思考后尝试解决问题，经过讨论、比较和分析，将两个表示距离的数学信息抽象出来，用一对有序的数字进行表示，从而产生了"数对"。这样，不仅让学生经历了数对概念逐步抽象的形成过程，解决了精准表达物体位置的问题，而且让学生体会了量化思想和符号表示思想，感受数对表达的准确性和简洁性，体验了数学的神奇和美妙。这样的学习过程，符合学生对"确定位置"这件事自然而然的思考过程，学生不仅学得轻松，而且学得有效，学得快乐。不违不逆，顺应学生的思维应当是数学课堂学习应然的追求。

四、在即时巩固中掌握确定位置的方法

（1）让学生到黑板上用磁吸摆出以下位置（过程略）。

（2，2）（1，1）（1，2）（0，1）（0，2）

（2）将原来直线上的三个点分别改写成用数对表示（过程略）。

（2，0）（1，0）（0，0）

（3）引导学生发现每行与每列的相同点与不同点（过程略）。

师：我们把这9个位置（点）连起来，你发现了什么？

生：是一个田字格。

师：对了，只要我们把这个田字格装在心中，就能用数对精准确定位置。

评析

数学学习成功对于数学学习意义重大。前面的教学重在引领学生感悟确定位置背后的数学思想，领悟确定位置方法背后的道理，如果说这样的教学意在引领学生"仰望星空"，那么，后面这部分的教学便是"脚踏实地"了。通过一系列的活动与任务，让学生切实掌握用数对确定位置的方法，帮助学生形成数学技能，获得学习成功的体验。学习成功是学生自信与兴趣的来源，富有魅力的数学课堂是学生能充分体验到学习成功的课堂。

五、在拓展延伸中畅谈学习感受

1. 引导学生发现新问题

师：通过今天的学习，谁还能提出新的位置问题，把这个位置用磁吸摆出来？

［几位同学到黑板上摆出了一些新的位置：(2.5，0.5)、(0，−1)、(0，−2)、(−1，0)、(−2，0)……］

师：非常棒，他们在今天学习的基础上提出了新的问题，这些位置又该如何表示？下课后同学们可以继续思考并交流讨论。

2．引导学生谈学习感受

师：通过今天的学习，你觉得数学怎么样？

生：我觉得数学很有趣。

生：数学很有用。

生：数学很好玩。

生：数学很神奇。

生：数学有很多奥秘。

生：苏老师很幽默。

生：我想让您当我的数学老师。

……

评析

在课的最后，苏老师引导学生发现并提出新的位置问题，这样的结课往往是极有张力的。学生带着问题下课，意味着带着思考下课，持续的数学思考是引领学生感受数学神奇与美妙的重要途径。苏老师曾形象地说道："富有魅力的数学课堂绝不是喜洋洋、灰太狼和光头强，富有魅力的数学课堂应当让学生感受到数学的神奇和美妙，这样学生才会真正爱上数学。"课末，我们再次见证了学生因一节课而对数学产生感受的变化，数学在学生眼前仿佛有了更美好的图景，在学生心里也许有了新的愿景。这种感受让数学焕发出了新的魅力，这种感受让课堂变得更为活跃，这种感受让学生喜欢上了数学，这种感受激发了学生的学习兴趣，这种感受促进了学生的数学思考，这种感受推动着学生的数学学习。

总评

　　还原学习的魅力到课堂里，还原数学的魅力到课堂里，加之基于教育与学生饱满的爱而自然散发出来的个人魅力，这些，或许就是苏老师的数学课堂之所以充满魅力的原因所在。

（李培芳）

好玩五
三角形边的关系

第一节　教学故事与感悟

"三角形边的关系"与"三角形内角和"是同一时期设计的两节"孪生"的研究课,这两节课都采用了相同的切入点进行设计——探索正命题的"逆命题"。

"三角形边的关系"刚刚诞生第一个版本的设计方案时,我根据设计方案认真做了教学课件,按照传统的设计风格进行设计,有着明显的课堂导入、讲授新课、巩固练习和课堂总结等环节。2017年5月9日的教学分享现场意外发生停电事故,给了我新的设计灵感,我临场将这节课改为无课件教学,因此就产生了无课件授课的"裸课"版本。从那以后,这节课都采用最为朴素的无课件教学。

2018年10月26日在山东威海举行了全国小学数学深度学习研究联盟研讨会,陈梅老师邀请我参加了这次交流活动,我再次执教了"裸课"版本的"三角形边的关系"。通过这节课,我和江苏无锡通德桥实验小学的赵国防校长结成了朋友,并于2019年4月12日在他们学校成立了梁溪区工作站。下面便是这节课在研究与实践中所发生的一些教学故事。

一、张奠宙先生的批注指导

张奠宙先生不仅是我的领导的老师,也是我大学老师的老师,我在华东师范大学数学系就读时,经常会从他的办公室门口走过。他的办公室在数学系的二楼,办公室门口还醒目地写着他的名字。上学期间我就非常崇拜他。2010年我决定到小学上课，研究小学数学教学问题时，便经常带着一些数学问题和教学思考向他请教。

2013年，我决定研究"三角形边的关系"的教学问题，我把一些粗浅的思考写成了一篇小文章，题目是《"三角形三边关系"教学困惑和教学价值的再思考》。2013年3月12日，我把这篇文章发给张先生，向他请教，想听听他的看法和意见。3月13日，他用邮件给回复了我，对我文中的一些观点逐一进行详细指导，在文末这样批注道："这一段是本文的精华，说得很好。"

张先生的批注指导，增强了我的信心，为我本节课的设计奠定了重要基础。我把这篇文章摘录于此，里面有我当时针对"三角形边的关系"一课提出的一些教学价值问题，对于这些问题，我想了些什么，说了些什么。

探究一般由"猜想"和"验证"两部分组成，探究问题的结论一般是未知的或不确定的，这样才能激发学生的探究欲望，也才具备探究的意义。由于问题的结论未知或不确定，可以组织学生凭借经验或直觉提出猜想，然后再验证"猜想"是否正确，最后得出结论。

三角形三边具有什么关系？这个问题的结论对于小学生来说是未知的、不确定的，可以构成探究问题，探究过程的难点在于提出"三角形任意两边之和大于第三边"这样的猜想。然而，学生怎么能想到从"两边加起来再与第三边比较"这一角度提出猜想？这是一个极需反思的问题，可是大多数教师忽视了这一问题，只是重视通过操作小棒（牙签或吸管或纸条）进行验证的过程。

问题的争议在于，大多数学生已经能够凭借生活经验、直观观察或依据"两点之间线段最短"对"猜想"（多数情况下是老师给出的）做出合理论证，那么接下来操作小棒（牙签或吸管或纸条）围成三角形的验证过程还有必要吗？当能想到从"两边加起来再与第三边比较"这一角度研究三角形三边的关系时，对于一个显然成立的结论还有必要进行探究吗？这样明白的"猜想"还有必要验证？通过操作小棒（牙签或吸管或纸条）验证3厘米、5厘米和8厘米围不成三角形而引发学生的争议和困惑，这样的操作值得吗？积累这种围不成的操作活动经验，其价值何在？用意是啥？

《2011版课标》在"总目标"中提出了"四基"的目标要求，并强调教师应该引导学生在基础知识、基本技能的学习过程中，感悟数学的基本思想，积累基本活动经验。因此，我认为：教师不应只看到本节课在知识与技能方面的教学价值，更不应花大量时间在动手操作上，为此而引发出一些无谓的争议；教师应该看到本节课在"基本思想"和"基本活动经验"方面的教学价值，需要花一些时间，让学生在知识与技能的学习过程中，感悟数学思想，积累数学活动经验。本节课蕴含数学的基本思想主要是推理思想，具体包括归纳思想、演绎思想和类比思想。

　　第一，在教学过程中，教师可以通过引导学生观察锐角三角形、直角三角形和钝角三角形中三条边之间的关系，归纳得出"三角形两边之和大于第三边"的直观结论。在这个过程中，让学生经历从个别事例的观察到归纳得出一般结论的过程，感悟数学中的归纳思想。

　　第二，教师可以在知识巩固练习的环节中，通过设计一组具体题目，给出三条线段的具体长度，让学生判断由这三条线段能否围成三角形，并说明理由。这个过程不仅让学生巩固了知识，获得了技能，还让学生经历了从一般结论到个别事例的具体应用过程，感悟数学中的演绎思想。

　　第三，教师在知识拓展提高的环节中，应该启发引导学生从三角形的世界中走出来，拓展观察和研究的视野，大胆思考并猜想四边形、五边形、六边形等多边形中，边之间是否同样具有相同或相似的规律。根据学生的实际情况，有条件的还可以尝试让学生表述多边形中边的关系。这个过程中蕴含着数学中的类比思想。

　　如果这节课教师能够上到这一层面和高度，那么学生的思维就能得到较好的解放和拓展，"数学好玩""数学神奇""数学中蕴含许多奥妙"等感受便会油然而生，这时本节课的"情感态度与价值观"方面的教学目标就自然达成。当然，在以上数学思想的感悟过程中，学生也积累了丰富的数学思维活动经验，这将为后续的数学学习奠定重要的经验基础。

　　这是我在2013年所写的文字。2012年1月，教育部颁布了《2011版课标》，明确提出数学"四基"的目标要求。从上面的文字可以看出，那时的我已经完全可以从数学"四基"的视角，提出本节课教学价值的一些思考，甚至对被误解的"探究"热潮，提出了自己的一些冷静思考。

二、李烈校长的积极鼓励

2013年9月，在妻子的积极支持下，我到北京师范大学跟随肖非教授访学一年。这一年我静下心来，认真思考自己所走过的路，潜心学习一些新的知识，给我留下了许多极为美丽的回忆。

2013年12月19日在北京第二实验小学举行的"北京市首届名师工程暨华应龙名师工作室走进实验二小"交流活动，华老师邀请我参加，我执教"三角形边的关系"一课，华老师执教"台湾长什么样"一课。这是我第一次与华老师同台上课。突然接到他的邀请，让我受宠若惊、激动万分，当然，也免不了忐忑不安，毕竟当时的我，还非常缺乏到小学上课的教学经验。

记得那天早上，我早早起床，从北京师范大学出发，乘坐地铁来到北京第二实验小学，一眼就看到华老师站在校门口迎接小朋友。活动准时开始，当我准备上课时，突然发现李烈校长就坐在下面。自1998年我开始研究小学数学的教学问题以来，经常在录像带中看李烈校长上的课，她执教的"圆的认识"一课，至今给我留下深刻的印象。

我和华老师上完课后，举行了研讨活动，进入到评课、议课的环节，李烈校长的评课视角非常独特，意见和建议非常中肯。我正期待着李烈校长给我评课时，她却说："苏老师是一位大学老师，今天能来我们学校上小学数学课，我非常感动。下面我不评他的课，我就说说让我感动的四个理由……"李校长对我的鼓励，让我感动万分，我除了深表谢意以外，还提出和她合影留念的诉求，她答应了，我们在会场留下了一张宝贵的照片。感谢华老师给我这次交流的机会，感谢李校长的鼓励，这为我这节课的后续教学研究奠定了重要基础。

三、一次停电产生了一节"裸课"

自2013年"三角形边的关系"第一种设计方案出炉后，我就开始在全国各地进行一些交流和分享。我对数学"四基"、数学探究和教学价值的一些思考的阐述，也引起了听课老师的普遍关注。

2017年5月9日，福建省福鼎市实验小学叶传意老师邀请我到他们学校进行一次交流，我给他提供了"分数的初步认识""分数的意义""负数的认识""小数的意义""三角形边的关系""三角形内角和""用数对确定位置"这七节课，让他自选一节，他当时就选了"三角形边的关系"一课。他为什么会选这节课而不是其他课，至今还是个谜，我当时也没问。

他们学校非常重视这次的交流活动，发动了很多老师来听课。记得那天下午，会场几乎坐满了人，这阵仗让我吓了一跳，毕竟，当时的我还有些"稚嫩"，有时甚至有一点害羞。老师们好像非常期待，个个都盯着我看，估计是有人事先替我做了"广告"。

活动正式开始之前，会场一直播放着优美的音乐，给人一种非常舒服和轻松的感觉，我就在这样的氛围里，像往日一样，在电脑上安装好课件，并进行了几次试播，生怕上课时出现一些意外。因课件播放出现异常，导致上课中断的尴尬事件，我见了很多，也懂得害怕，因此特别小心，认真做好上课前的一切准备，心里想着"千万要小心，不能让大家失望"。学生似乎也做好了准备。这时，叶老师走到前台，亲自主持。他说明了本次活动的情况和要求后，开始对我的基本情况进行了介绍，他讲些什么，我没听，也没在意，我坐在旁边的凳子上，正想着一会儿如何开场、这节课的推进顺序。就在这时，平时担心却从来没有发生过的事情，竟然发生了——会场停电了。老师们开始交头接耳，安静的会场瞬间被打破，我也开始紧张起来了——这该怎么办？

我用数学的眼光四处观望、寻找素材，思考着课件中最重要的内容是什么，能否用板书代替。紧抓本课的关键和本质，其他的花样都不要了。突然，我看到主席台上放着一块三角板，我开始全神贯注地盯着黑板思考……记得当时叶老师非常执着地拿着没有声音的话筒，大声地把我的基本情况介绍完，然后有些着急地对我说："苏老师，停电了，怎么办？"我问："您知道一会儿电会来吗？"他说："不知道。"我紧接着说："我们还是按时开始吧。"他担心地说："电脑课件不能播放怎么办？"我轻轻地说："我不用课件了，试试看。"我转身拿起了主席台上的那块三角板，在黑板上画了一个表格。然后，跟听课的老师们交代一下临时更改设计方案，采用无课件的版本上课试试看，请大家多提宝贵意见和建议。就这样，"三角形边的关系""裸课"设计方案出炉了。

在老师们看来，虽然出现了意外，临时改变了方案，但是这节课还是那么精彩。他们目睹了我现场改课的一幕，课后，纷纷给予我赞扬和鼓励。

课上完后，电还没有来。显然，实践证明，我的临时决定是对的，有时人的智慧就是这样被"逼"出来的！我要感谢这次停电，让我经历了一次宝贵的历练和考验，产生了这节课的"裸课"版本。从那以后，我更加坚定了这样的信念：课件不一定靠得住，"裸课"比较靠谱，人需要在不断的历练中才能茁壮成长！

四、一次难忘的分享经历

2017年9月23—24日，按照原定计划，这个周末我要分别到山东菏泽和内蒙古鄂尔多斯两个地方分享我的教学与思考。22日下午，我满怀期待地从泉州出发，乘坐西部航空PN6338航班，计划前往济南，再转乘火车，前往菏泽。

然而，由于航班延误，导致无法赶上原定的从济南到菏泽的列车，被迫改签为最后一班快车K1137次，这就意味着我要在凌晨3点左右才能到达目的地。我想只要能到达，第二天能准时参加活动，累一点也不算什么。因此，我在候车室静静等候着检票，大约晚上10点时，检票口排起了长队，我在排队的人群中，用一种渴望的眼神，全神贯注地盯着检票口的显示屏，期待着四个字的出现——正在检票。

突然，显示屏上出现了八个字——火车延误，时间待定。我不敢相信自己的眼睛，可是广播里清晰地播放着相同的信息，我不得不相信这是真的。长长的队伍纷纷散去，我还专注地盯着显示屏，看着"火车延误，时间待定"八个字，我被吓出一身冷汗。根据我的经验，平常动车或高铁延误时，都会明确给出具体的延误时间，这么多年没有坐过的绿皮火车，它的延误信息居然跟飞机一样——时间待定！这真的让我"大开眼界"！

"时间待定"就像方程里的未知数，未知数可以根据等量关系求出它的解，对于绿皮火车的时间待定，我身为一名数学老师，却一点儿办法都没有。我迫不及待地跑去问火车站的工作人员，他们也表示不知道。我深知这个问题的严重性，唯一的办法就是"等待"。我突然发现，候车室的人越来越多了，原来许多火车都延误了。我在一个偏僻的角落找到了一个位置，静静地坐着，默默想着明天分享的内容。

到了晚上12点，我着急地离开了座位，去看一下检票口的屏幕，依然显示着"火车延误，时间待定"，我慢慢地回到了刚才的座位，却发现已经被一位大爷坐上了。我就在候车室里四处寻找新的座位，一个都没有，许多人都铺上了报纸，直接坐在了地上。我好不容易找到了一个空的地方，铺上了几张纸巾，就地而坐。这时，我突然发现手机快没电了，又没带充电宝，于是，急忙打电话给准备接我的小李，告诉他我这里的情况，随后，又开始了下一轮的耐心等待。

到了凌晨1点的时候，火车依然没有来，我实在困得睁不开眼睛了，就开始闭目养神。这时我再也不想教学问题了，而是专注认真地听着候车室里的每一条广播。这时，我才发现，当我们闭目养神时，认真听着每一条几乎一样的广播，那种感觉也不错，仿佛有人在你耳边"念书"一样，非常舒服。

听着听着，不知不觉间，我居然进入了梦乡，梦到了我1992年上大学，坐绿皮火车去上海的情境，梦见了即将带我去菏泽的K1137次列车的样子，梦见了卧铺上铺着洁白的床单，我躺平后听着火车均匀平稳的咔嗒声，真是美极了！

想着想着，突然，我觉得好像少了一点什么，原来是候车室的广播不再播报了，整个候车室异常的寂静。我猛地睁开了眼，看了一下手表——凌晨1点35分。候车室的人都不见了，刚才拥挤的人群都去哪了？我快速跑到检票口，发现显示屏"黑了"，不再显示"火车延误，时间待定"了，我有一种不详的预感——完了！

我急忙到处寻找工作人员，终于在一个拐角处看到了一位小伙子。我着急地问："火车呢？"他说："都走了！"我接着问："我的K1137呢？"他回答："刚走5分钟。"我的天啊！怎么会这样，这该怎么办？我急忙向他求助，语无伦次地说："我是老师，明天要上课，明天早上 8 点前一定要赶到菏泽，还有火车吗？"他说："今天的火车都走了。"我接着问："哪里可以打出租车？多少钱都行，只要能够把我送到菏泽。"他说："济南到菏泽大约 250 公里，出租车要很多钱，而且，现在已经很晚了，你一个人很不安全。"我听到他为我的安全担忧，非常感动。我急忙问道："你帮我想一想，还有其他办法吗？"

我清楚地记得，他马上用手里的黑色对讲机喊了话："站台上还有临时停靠的火车吗？"我清楚地听到一个女工作人员的回话："有一趟临时停靠在 2 号站台，正准备要出站。"小伙子急忙喊话："让它先别走，让它先别走，这里有一位老师要去菏泽，经过菏泽吗？"对方回话："经过，大约早上 7 点到菏泽！"我听了高兴极了，连忙致谢！记得小伙子带着我冲到了一个工作人员的通道，帮我按了通往 2 号站台的电梯，让我得以快速跑到 2 号站台，5023 次绿皮火车就停在站台上，我补了一张无座票上了火车。这一夜，我不是在 K1137 次列车的卧铺上度过，洁白的床单不见了，而是在没有字母开头的 5023 次列车的餐车凳子上度过。当我在凳子上尝试着躺平时，发现脚没地方放，我才感到，人矮一点有时更方便。

伴随着火车均匀平稳的咔嗒声，5023 次列车带着我向菏泽走去。慢慢地，天亮了，我朝窗外望去，多美的景色啊！这时，一位列车员边走边喊："各位旅客，天亮了，太阳升起来了，多好的早晨啊，空气是新鲜的，美好的一天又要开始了……"

是啊！太阳升起来了，美好的一天又要开始了。感谢济南火车站的那个小伙子，感谢 5023 次绿皮火车把我带到了菏泽，让我准时分享了我的教学和思考——"三角形边的关系"。

五、制作小书签的由来

2017 年 11 月 25 日，在内蒙古鄂尔多斯市准格尔旗薛家湾第八小学举行学生发展核心素养导向的小学数学名师新课堂教学观摩研讨会，我应邀参加了交流，再次执教"三角形边的关系"一课。这一次交流分享，虽然没有山东菏泽那样惊心动魄的经历，却给我留下了刻骨铭心的记忆。

记得当时我还是像以前一样，带着21根小磁条、4张卡片，黑板上画一个表格，没有课件，就这样和孩子玩了起来。随着教学的不断推进，孩子们兴高采烈，不知不觉间，下课铃声响了，可是孩子们却不愿意下课，要求我"拖课"，我大约又用了5分钟的时间，让孩子们说说自己的学习感受。由于紧接着还要做一个报告——《数学课应该具有什么味？》，无奈之下只能强行中断了这节课。

孩子们依依不舍，纷纷离开了会场。可是，有一个小女孩，就是不走，还抱着我的"小蛮腰"，伤心地哭着，大声地哭着，这在我的分享经历中是头一回遇见。下面坐着几百位老师，都看着她，她还是不顾一切地哭着，无论怎么劝，她就是不想离开。我不知道该如何是好。我当时弯下了腰，擦去女孩脸上的泪水，安慰她说："你不要哭了，我回家后给你寄一个特别的礼物，留作纪念，你好好学习，以后有空我再来看你。"就这样，她勉强跟着她的数学老师回了教室。

在我的教学分享经历中，下课后，学生哭得这么伤心，这是第一次，由此也引发了新的思考。我不禁自问：我倡导"以情优学"，主张"魅力课堂"，强调让课堂焕发数学应有的魅力，力争把孩子的心拿下。这下可好，孩子的心被我"带走"了，孩子喜欢数学了，孩子喜欢我了，孩子舍不得离开我，而我却拍拍屁股走了。孩子想我了，怎么办？！长时间想念一个人，是一种负担，是一种折磨，原来有多爱，最后可能就有多恨。

分享结束后，在返程的路上，我一直在思考这个问题。回家后，我找到一家广告公司，请老板安排专业人员，帮我设计了一张小书签。书签的正面有我勉励孩子们的一些话，也有我个人帅气的照片，背面是我的个人简介。目的是让孩子们想我的时候，可以看看这张小书签，让这张小书签变成孩子们努力学习的一种动力。2018年1月7日，我把制作好的小书签分别签上名，通过快递寄给了马亭亭老师，由马老师分发给每一位小朋友。

后来听马老师说，2020年7月这批孩子们小学毕业了，她们组织学生回忆六年记忆里最深刻的事情，孩子们还提起了当时的那节课和那张小书签。这就是一位老师的一节课对孩子的影响，这就是小学老师的伟大之处——有时可以改变孩子的一生。当时我一下子印刷了2万张小书签。从那以后，我每次外出上课交流时，都会带上小书签。在上课的过程中，根据学生的回答情况，作为礼物分发给孩子们，希望他们能够怀揣梦想，砥砺前行，好好学习，报效祖国。

教师听课感受

▶ **山东省成武县九女集镇侯阙寺小学袁培栋老师：**

今天听您的课收获很大，观摩您的课更是一种享受。我所在的学校没有电子白板，一直想观摩一节不借助现代化教学手段、原汁原味的教学实例，因为这样的课会更适合我们学习和运用。您的课对于我们这些现代化教学设备缺乏的教师帮助太大了，以后要好好地观看和琢磨您的实录，跟您学习。您是我看到的第一个不用课件讲课的名师，您的课对我们的帮助太大了，给您点个大大的赞。

▶ **山东省菏泽市东明县第一实验小学靳红星老师：**

您乐观积极的生活态度和对事业精益求精的追求，永远值得我们每个人学习，您的教学永远是我追寻的梦想。聆听欣赏了您课堂上的风采，感觉您的课给我们留下的就是一种对数学课堂的享受，每次聆听都是对自己心灵的一次提升，感谢您的分享和默默引领。如果生命能够轮回，真想让自己做您的学生。在自己教学生涯中能够遇到震撼心灵的导师，并能让自己提升，是一件可遇而不可求的事。遗憾的是，我们相距太远，无法跟随学习！

第二节 教学内容与分析

"三角形边的关系",属于图形与几何领域中"图形的认识"的教学内容。人教版安排在四年级下册第五单元,苏教版安排在四年级下册第七单元,北师大版安排在四年级下册第二单元,冀教版安排在四年级下册第四单元,青岛版安排在四年级下册第四单元,西师版安排在四年级下册第四单元。

本节将从知识体系、教材比较、数学本质、数学"四基"、数学"四能"、核心素养等几个角度分析这节课的教学内容,以期为大家深入研究本课的有关教学问题提供参考。

一、知识体系分析

图形与几何领域的教学内容主要包括图形的认识、图形的测量、图形的运动以及图形与位置。图形的认识主要包括图形的名称、要素、特征、性质和画图等。图形的性质属于图形认识的教学内容,主要包括图形边的性质和角的性质,在中小学数学中主要研究封闭图形中边和角的性质。在数学中,最简单的封闭图形是三角形,因此,三角形边的关系成为小学数学图形与几何领域的重要内容,将为初中数学的学习奠定重要基础。

在中小学数学中,对图形的认识基本上是沿着图形的构成要素(边和角)逐步深入,从要素的名称到要素的关系,从要素内部的关系到要素之间(边与角)的关系(见本书"好玩二 三角形内角和"一章第二节中"图形的认识知识体系"一图)。

对于图形的边的研究，主要研究边与边的位置关系和边与边的大小关系。边与边的位置关系主要研究两种特殊的位置——平行与垂直，这将是中学学习平面几何和立体几何的重要基础。边与边的大小关系主要研究三角形边的关系，小学数学研究三角形两边之和大于第三边，初中数学研究三角形两边之差小于第三边，至于多边形边的关系不再进行深入研究。直接根据三角形边的关系，借助辅助线，通过演绎推理，可以进行推断和证明。如下图所示，我们可以利用三角形两边之和大于第三边这一结论，证明四边形三边之和大于第四边，即 AD+AB+BC>DC。连接四边形 ABCD 的对角线 AC，因为在三角形 ABC 中，AB+BC>AC，在三角形 ACD 中 AD+AC>DC，因此 AD+AB+BC>DC。

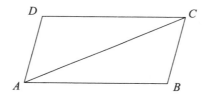

通过以上分析，学生已经初步认识了三角形。但是，对三角形的认识，只停留在初级阶段，已有的知识和经验来源于感性认识，缺乏逆向思考的思维经验，缺乏从整体感知到局部探索的经历，亟待从感性认识提高到理性认识。因此，本课的教学应该基于学生已有的知识和经验，启发引导学生自主建构新的知识，进一步完善已有的知识结构。同时，还应该在学生原有的基础上，帮助学生积累后续进一步认识和探索其他几何图形奥秘所必备的思维经验，引导学生进一步体会探索图形奥秘所必需的数学思想。

二、教材比较分析

人教版安排在四年级下册第五单元"三角形"，首先学习三角形的特征、三角形的底和高、三角形边的关系，然后学习三角形的分类、三角形的内角和与四边形的内角和。教材中的例 3 首先询问"小明上学走哪条路最近"，然后呈现一个图，图中有小明家、邮局、学校和商店，其中，小明家到邮局、邮局到学校、小明家到学校、小明家到商店和商店到学校的道路是直线，之后得出"两点间所有连线中线段最短"这一基本结论。机器人提问："想一想三角形的三边之间有什么关系呢？"教材给出"三角形任意两边的和大于第三边"的结论。为了验论这个结论，例4先询问"什么样的三条线段能围成三角形"，然后给出数学实验的四组数据，分别是6厘米、7厘米、8厘米，4厘米、5厘米、9厘米，3厘米、6厘米、10厘米，8厘米、11厘米、11厘米。接着要求用剪刀剪出四组纸条，并用每组纸条围三角形，有的围成了三角形，有的围不成三角形。最后提问："你发现了什么？"从以上分析可以看出，人教版教材强调通过线段公理，利用演绎推理得出三角形边的关系这一基本结论。

苏教版安排在四年级下册第七单元"三角形、平行四边形和梯形"，首先学习三角形的概念、三角形的底和高，然后学习三角形边的关系和三角形内角和与三角形的分类，最后以探索规律的方式学习多边形内角和。教材首先给出四根彩色小棒（红色、蓝色、绿色、黄色）分别是8厘米、4厘米、5厘米和2厘米，任意选三根小棒围成三角形，要求"先围一围，再与同学交流"。这四根小棒任意选三根，有四种情况：8厘米、4厘米、5厘米，8厘米、4厘米、2厘米，8厘米、5厘米、2厘米，4厘米、5厘米、2厘米。教材呈现了两种能围成三角形（8厘米、4厘米、5厘米与4厘米、5厘米、2厘米）和一种不能围成三角形（8厘米、5厘米、2厘米）的情况。针对不能围成三角形的这组数据，启发深入思考"为什么不能围成三角形"，发现5厘米和2厘米的小棒太短，不能首尾相接，即5厘米+2厘米<8厘米，所以不能围成三角形。接着，教材要求"从围成三角形的三根小棒中任意选出两根，将它们的长度和与第三根比较"，通过对两组不等式的观察，发现"任意两根小棒的长度和一定大于第三根小棒"这一结论。最后，教材呈现一个验证性的问题："三角形任意两边长度的和一定大于第三边吗？"要求通过"画一个三角形，再量一量、算一算"进行验证，从而得出"三角形任意两边长度的和大于第三边"的结论。从以上分析可以看出，苏教版教材强调通过观察操作获得猜想再举例验证的过程。

北师大版安排在四年级下册第二单元"认识三角形和四边形"，首先学习三角形的分类，接着学习三角形内角和，然后学习三角形边的关系。

教材首先呈现操作素材，给出四组小棒（每组三根），四组数据分别是3厘米、5厘米、6厘米，3厘米、4厘米、6厘米，3厘米、3厘米、6厘米，3厘米、2厘米、6厘米，并明确给出操作要求和目标——用小棒摆三角形。"哪组能摆成？哪组不能摆成？"在这个操作活动中，专门呈现3厘米、3厘米、6厘米这组数据产生争议的两幅图。接着，教材呈现思考的问题："怎样三根小棒能摆成一个三角形？"在操作的基础上，利用前面的四组数据，归纳得出只要"较短的两根小棒的长度之和大于长的那根小棒"，就能围成三角形。最后，教材要求通过"算一算、比一比"的方法，利用能摆成三角形的第一、二组数据的三个不等式，归纳得出"三角形任意两边之和大于第三边"。从以上分析可以看出，北师大版教材强调在动手操作的基础上，通过探索与发现，利用归纳推理得出三角形边的关系。

冀教版安排在四年级下册第四单元"多边形的认识"，首先学习三角形的特征，接着学习三角形边的关系，再学习三角形的分类、三角形的底和高，最后学习三角形内角和。教材例2首先明确提出操作要求，从四根小棒中任意选出三根，摆一个三角形，四根小棒的长度分别是4厘米、8厘米、5厘米和10厘米。这里没有呈现两根小棒之和等于第三根小棒的数据，而是呈现两位学生操作的结果：女同学摆成了三角形（4厘米、5厘米和8厘米），男同学没有摆成三角形（4厘米、5厘米和10厘米）。接着得出结论——三角形的任意两边之和大于第三边。最后，要求"自己画一个三角形，测量出每条边的长度，验证上面的结论"。从以上分析可以看出，冀教版教材强调在动手操作的基础上，通过一组数据得出三角形边的关系。

通过以上比较分析，四套教材都强调通过动手操作得到三角形边的关系，但是在过程处理上，差异比较大。主要表现在以下几个方面：第一，操作素材不同。人教版提供的操作素材是"纸条"，苏教版提供的操作素材是"彩带"，北师大版和冀教版提供的操作素材是"小棒"。第二，数据呈现不同。人教版和北师大版都提供了四组数据，其中两组不能围成三角形，两组可以围成三角形，其中一组正好是两个数的和等于第三个数；苏教版和冀教版都是给出四个数据，要求任意选三个，其中没有两个数之和等于第三个数的情况。第三，得出结论的方式不同。人教版由两组围成三角形和两组围不成三角形的数据,得出三角形边的关系的基本结论,苏教版和北师大版都在两组能围成三角形的数据中,通过三组不等式归纳得出三角形边的关系的基本结论,冀教版直接通过一组能围成三角形和一组不能围成三角形的数据中得出三角形边的关系的基本结论。第四,结论的处理方式不同。苏教版和冀教版都要求画出一个三角形,通过量一量、算一算的方式验证结论,而人教版和北师大版没有这样的要求。其中北师大版还对一般结论进行了优化处理,强调比较短的两个小棒之和大于长的那根小棒就能围成三角形,其他版本的教材只是呈现一般结论,没有进行特殊处理。

通过以上分析可提供以下思考:第一,"两边之和等于第三边"的数据要不要?有什么价值?一定要让学生去操作吗?教学时该如何处理?第二,教材都强调动手操作,那么操作就等于探究吗?不操作就不是探究吗?探究的数学本质是什么?如何把握探究中的动手操作?第三,在本课结论的表述中,教材都强调了"任意"二字,课程标准的条文中并没有强调"任意"二字,你认为要不要强调"任意"二字?为什么?

三、数学本质分析

几何的研究对象是图形,主要包括平面图形和立体图形,在图形与几何领域的学习中,从图形的认识到图形的测量是一次质的飞跃,是从感性认识上升到理性认识。图形的认识主要包括图形的构成和图形的关系两个方面。

三角形边的关系,是三角形认识的一次升华,是从图形外部感知到内在规律的一次探索过程,是从图形要素的认识到要素之间关系的一次递进过程,是从直观观察到思想感悟的一次体验过程。它是将来进一步认识其他几何图形、探索图形奥秘的重要基础。

推理是数学思考的一种重要方式,本节课的推理主要有归纳推理和类比推理。在三角形边的关系这一探索历程中,需要借助归纳推理得出结论,这里蕴含着归纳思想。在三角形边的关系基础上,进一步拓展思考研究多边形边的关系,在这一探索过程中,需要借助类比推理,这里蕴含着类比思想。它们是探索几何图形要素之间的大小关系和位置关系的重要思想基础。

因此，本课的教学不能仅仅停留在动手操作和直观观察的层面上，这只是本节课的教学价值之一，更重要的是数学思考和数学思想的教学价值。我们应该在操作与观察的基础上，将本课的教学聚焦到数学思维和数学思想的层面上，这样才能为学生后续学习与探索几何图形奠定重要的思维和思想基础。

四、数学"四基"分析

从数学"四基"的角度进行分析，有助于我们从结果和过程两个维度把握教学内容，有助于我们更为科学、合理地把握教学目标。数学"四基"是指基础知识、基本技能、基本思想、基本经验，基础知识和基本技能是结果目标，基本思想和基本经验是过程目标。

从数学"四基"的角度分析，有助于我们全面合理地把握好本课的教学内容，从根本上明确"教什么"。"三角形边的关系"一课，基础知识是"三角形两边之和大于第三边"，是本课的重要知识点；基本技能是"根据三角形边的关系，判断给定的三条线段能否围成三角形"，是本课的技能点。

本节课的基本思想主要是推理思想，具体包括归纳思想、演绎思想和类比思想；基本经验是思维活动经验。

通过观察、操作等数学活动，归纳得出"三角形两边之和大于第三边"的数学结论，本质上是一个从个别事例到一般规律的过程，蕴含着归纳思想。在这个过程中，我们可以帮助学生积累归纳的思维经验。

在知识的简单应用过程中，通过一组具体题目，给出三条线段的具体长度，让学生根据三角形边的关系判断能否围成三角形，并说明理由，这个过程本质上是一个从一般结论到个别事例的应用过程，蕴含着演绎思想。在这个过程中，我们可以帮助学生积累演绎的思维经验。

在知识的拓展延伸中，教师可以启发引导学生从三角形的世界中走出来，进一步拓展视野，启发学生思考四边形、五边形、六边形等多边形中边是否具有相同或类似的奥秘,这个过程蕴含着类比思想。在这个过程中,我们可以帮助学生积累类比的思维经验。

五、数学"四能"分析

从发现问题和提出问题的角度分析,在"三角形边的关系"一课的教学中,我们应该考虑如何引导学生发现问题并提出问题,以及从哪个角度发现问题。从这个角度分析,我们可以引导学生从生活问题开始思考,比如,人都有两条腿,反过来,两条腿的都是人吗?

我们在"三角形的认识"中,已经知道三角形都有三条边,这三条边都是线段,那么,反过来,给定三条线段一定能围成三角形吗?这里面是否蕴藏着奥秘呢?如果有,会是什么呢?在这样的问题思考中,发现问题并提出问题,获得数学猜想,然后再举例验证。

课末,在三角形三边关系基本结论的基础上,我们可以继续引导学生思考,发现并提出新的问题。在数学几何图形中,三角形的边既然蕴藏着秘密,那么四边形、五边形、六边形是否也同样蕴涵着秘密呢?任意四条线段能否围成四边形?任意五条线段能否围成五边形?任意六条线段能否围成六边形?让学生凭借本节课所获得的经验和直觉,通过类比推理,可以做出简单判断和猜测,获得新的猜想:比较短的三条线段之和大于最长的线段就能围成四边形,比较短的四条线段之和大于最长的线段就能围成五边形,比较短的五条线段之和大于最长的线段就能围成六边形。

以上的数学活动,不仅能够培养学生发现问题和提出问题的能力,而且可以让学生在问题的思考中,体会数学的奇妙之处,从而感受数学是好玩的。

从分析问题和解决问题的角度分析,我们可以告诉学生,要探索三角形三条边是否蕴含着秘密,三条边不能同时变化,否则会找不到规律,我们应该让其中的两条边一直保持不变(比如15厘米和30厘米),不断变化第三条边的长度(比如6厘米、8厘米、12厘米、15厘米、18厘米、22厘米、24厘米),然后观察探索规律。

我们可以利用小棒对以上七组数据逐一进行验证,通过列表的方式,把验证的结果记录下来。然后把七组数据分成三类：前三组数据是两边之和小于第三边，第四组数据是两边之和等于第三边，后三组数据是两边之和大于第三边。最后归纳得出结论——两边之和小于第三边不能围成三角形，两边之和等于第三边也不能围成三角形，两边之和大于第三边能够围成三角形，最后得出三角形边的关系的基本结论。

我们还可以在此基础上，把数学思考继续往前推进——这一条变化的边，是不是大于15厘米就都能围成三角形呢？这样又可以再次发现并提出新的问题。我们通过分析不难发现，当这条边变到45厘米时，就不能围成三角形了，因为最长的边已经不再是30厘米，而是45厘米的这条边，这时15+30=45。所以，当变化的这条边大于或等于45厘米时，就不能围成三角形。因此，要围成一个三角形，这条变化的边，有一个取值范围：大于15厘米，小于45厘米。这就把数学思考推向了高潮！

让学生经历以上分析问题和解决问题的过程，不仅能够培养学生分析问题和解决问题的能力，而且还能让学生在学知识的过程中，长见识和悟道理。这就是数学的奇妙之处，也是让数学好玩的关键所在。

六、核心素养分析

在"三角形边的关系"一课中，涉及的数学核心素养主要有量感、空间观念和推理意识。这里的量感主要体现在三角形边的大小关系的感悟上。空间观念主要体现在两个方面：一是能够想象15厘米、15厘米和30厘米的三个小棒围不成三角形的情形——两条短的边正好"趴"在长的边上，没有办法"拱"起来，所以围不成；二是当这条变化的边等于45厘米时，能够想象出围不成三角形的情形——两条短的边15厘米和30厘米，正好"趴"在长的边45厘米上，也没有办法"拱"起来，所以也围不成。推理意识在本课中主要是归纳推理和类比推理，能根据已有的事实（七组数据），通过归纳推理，得出围成三角形的基本条件，从而得到三角形边的关系。另外，能够根据三角形边的关系，通过类比推理获得新的猜想，凭借经验和直觉，推断四边形、五边形、六边形边的关系。

综合以上六个方面的分析，根据《2022版课标》的基本理念，我们可以拟定本节课的教学目标如下：

（1）通过观察、思考和表达等活动，掌握三角形两边之和大于第三边的规律，能正确判断任意的三条线段能否围成三角形。

（2）经历发现问题、提出问题、分析问题和解决问题的过程，通过动手操作、观察思考、猜测验证得到结论，发展量感、空间观念和推理意识，体会归纳思想、类比思想和演绎思想，积累观察的经验、思考的经验和表达的经验。

（3）感受数学与生活的密切联系，感受数学知识之间的内在联系，养成独立思考、反思质疑、发现问题、提出问题的良好习惯，体会数学的奇妙，激发学习的兴趣。

第三节　教学问题与思考

数学是思维的体操，问题是数学的心脏，问题是思维的载体，数学思考是数学教学中的核心问题，促进学生思考是数学教学的重要任务。教会学生在数学学习中独立思考、学会思考，是魅力课堂的重要使命。下面，我们就一起讨论一下：如何让学生的思考更精彩，让数学课真正好玩起来。

贵州师范大学吕传汉教授在2014年提出"三教"的理念，倡导数学课堂要教思考、教体验和教表达，强调思考在数学核心素养中的价值和意义。史宁中教授认为数学核心素养可以概括为"三会"：会用数学的眼光观察世界，会用数学的思维思考世界，会用数学的语言表达世界。郑毓信教授在《数学教育视角下的"核心素养"》(《数学教育学报》2016年第3期)一文中，从数学核心素养的角度提出判断一堂数学课的成功与否的基本标准：无论教学中采取了什么样的教学方法或模式，应更加关注自己的教学是否真正促进了学生更为积极地去进行思考，并能逐步学会想得更清晰、更全面、更深刻、更合理。与此相对照，这显然又正是当前应当努力纠正的一个现象，即学生一直在做，一直在算，一直在动手，但就是不想。

以上三位专家都把数学教学的核心问题指向了"思考"，那么，我们在数学教学中，如何才能有效促进学生更为积极地思考，让学生的思考更精彩，让数学课好玩起来？下面，以"三角形边的关系"一课为例，分享三点思考，供大家参考。

一、提炼核心问题，驱动学生思考

"三角形边的关系"一课，是三角形认识的一次升华，是从图形外部感知到内在规律的一次探索过程，是从图形基本要素的认识到要素之间关系的一次递进过程，是从直观感知到思想感悟的一次体验过程。它是后续进一步认识图形、探索图形奥秘的重要基础。

三角形两边之和大于第三边，这一结论非常浅显而自然。然而，这里的难点主要在于：讨论三角形边的关系时，一般是比较两条边的长短关系，为什么会想到把两条边加起来与第三条边做比较？这个貌似直观的道理是如何发现的？

如果我们画一个三角形直接讲解三边关系的结论，学生很快就能理解并掌握这个基础知识。但是，这样教学，"听"的味道太浓，"想"的味道太淡；这样教学，数学就失去了魅力，学生不可能觉得数学好玩，因为这是一个直观浅显的道理。那么，如何才能真正驱动学生的思考，让学生在思考的过程中，体会到思维的乐趣呢？

我们可以从学生已有的知识和经验入手，为学生设计一个思考的基点，提炼一个核心问题，由此开始驱动学生的思考。比如，让全班学生各自在本子上画出一个三角形，把这些三角形分成三类（锐角三角形、直角三角形和钝角三角形），每一类选出一些代表进行展示，通过观察比较，发现三角形的形状、大小变了，不变的是都有三条边、三个角和三个顶点，此时从边的角度，概括得出一个正命题：三角形都有三条边（线段）。

在此基础上，从逆命题的角度，就可以提出本节课的核心问题——任意给定三条线段能不能围成一个三角形？这就好比，人都有两条腿，反过来，有两条腿的都是人吗？这样的问题驱动设计，不仅为探索三角形边的关系提供了一个比较恰当的基点，不再显得那么唐突，激发了学生的探索欲望，驱动了学生的数学思考，而且通过后续的分析问题和解决问题的过程，让学生长见识、悟道理，体验数学的奇妙。

二、巧设数学活动，启发学生思考

任意给定三条线段能不能围成一个三角形？面对这样的问题，学生一般没有头绪，这时的思考是初步的、混乱的、片面的，学生往往会不经思考就随便猜测，因为他们面对这样的问题不知道该如何思考。如果不经思考就随便猜测，那就失去了很好的教学价值。

因此，我们必须从数学本质的角度分析这个问题，寻找相应的教学策略。在这里，如果我们把"能不能围成三角形"作为一个变量 w，"三条线段的长度"作为另外三个变量 x、y、z，那么，"任意给定三条线段能不能围成一个三角形"这个问题的本质就是一个三元函数的问题 $w=f(x,y,z)$，我们可以把"任意三条线段的长度"(x, y, z) 看作函数的三个自变量，把"能不能围成三角形"（w）看作函数的因变量。在这个函数关系中，为了观察一个变量 x 与函数 w 之间的关系，通常需要让另外两个变量 y、z 保持不变，通过 x 的变化，观察 w 的变化情况。

基于以上思考，我们可以针对本节课的核心问题——对三角形都有三条边反向提问——任意给定三条线段能不能围成一个三角形，通过巧妙设计一组数学实验，让学生经历发现问题、提出问题、分析问题和解决问题的过程，进一步启发学生思考，把数学思考不断引向深入，让学生在数据观察中，通过分类和归纳得出结论。

比如，为了在黑板上操作起来比较方便，我们可以把固定不变的两根磁条的长度设定为 $y=15$ 厘米，$z=30$ 厘米，让变化的磁条长度按照 $x=6$ 厘米、8 厘米、12 厘米、15 厘米、18 厘米、22 厘米、24 厘米的顺序进行呈现，让学生逐一猜测。师生合作在黑板上当场操作验证，并把验证的结果填写在下表中，能围成的打"√"，不能围成的打"×"（见下表）。

第1条（厘米）	第2条（厘米）	第3条（厘米）	能否围成三角形
6	15	30	×
8	15	30	×

续表

第1条（厘米）	第2条（厘米）	第3条（厘米）	能否围成三角形
12	15	30	×
15	15	30	×
18	15	30	√
22	15	30	√
24	15	30	√

在这个数学实验的操作验证过程中，学生自然会想到考量第一条线段与第二条线段之和的问题，并与第三条线段做比较。因为在前三组数据的观察、操作和验证中，学生可以直观地发现第三条线段比较长，从而导致围三角形时第一条线段和第二条线段一直"接不上"。用学生的话说就是，第一条线段和第二条线段一直"接不上""拱不起来""凸不起来"，所以不能围成三角形。这是非常宝贵的经验，有利于后面探索并理解三角形三边关系的基本结论。

在这个巧妙设计的数学实验中，有三个主要启发思考、促进思考的思维点。第一，在前三组数据（两边之和小于第三边）呈现、猜测和验证后，我们可以启发学生思考：在什么条件下不能围成三角形？可以要求学生用"如果……那么……"进行有条理的表述，让学生的思考听得见。第二，在后三组数据（两边之和大于第三边）呈现、猜测和验证后，我们可以启发学生思考：在什么条件下能围成三角形？同样要求学生用"如果……那么……"进行有条理的表述。第三，在呈现第四组数据（15、15、30）时，第一个数据15厘米不要直接呈现，而是先让学生猜一猜：这组数据中的第一条线段的长度会是多少？为什么？然后再出现15厘米这个数据。这样教学，可以让学生的思考更全面。接着，引导学生根据前面的经验，想象15、15、30这组数据围三角形的情形——15厘米和15厘米"趴在"30厘米的上面，也无法"拱起来"。想象交流后，再用磁条操作演示围不成三角形的情形。这时，我们应该适时启发学生思考：三条线段中有两条相等，能说它一定能围成一个等腰三角形吗？为什么？让学生再次长见识、悟道理。此问题从本质上看，与本节课的核心问题是一致的，也是一个逆命题：等腰三角形有两条边相等，反过来，有两条线段长度相等却不一定能围成等腰三角形。

这样的教学活动设计，不仅可以让学生的思考更全面、更深刻，而且能让学生长见识、悟道理，体会数学的严谨与美妙。

三、搭建思维阶梯，拓展学生思考

魅力课堂倡导数学课要有思考的味道，课堂有了思考的味道，数学才会好玩起来。因此，我们在教学过程中，要想办法不断促进学生更为积极地思考，并且逐步学会思考，能够想得更清晰、更全面、更深刻。

"三角形边的关系"一课，通过以上七组数据发现规律，得出三角形三边关系的基本结论，这样课前提出的核心问题已经圆满得到解决。数学思考到此就结束了吗？其实不然，为了进一步促进学生更为积极地思考，而且把能否围成三角形这个问题想得更深入、更清晰、更深刻，我们应该在此基础上，继续帮助学生搭建思维的阶梯，进一步拓展学生的数学思考，培养学生的数学思维。这样的课堂才会更有魅力、更有思考的味道，数学也才会更加好玩。

首先，进一步拓展问题的深度，促进学生深度思考。我们可以梳理一下数学实验的过程和结论，进一步明确要能围成三角形，第一条线段的长度最小是16厘米（整厘米数），此时我们可以进一步拓展问题的深度，接着追问：第一条线段只要大于16厘米就一定能围成三角形吗？这个问题把学生的思考推向一个新的台阶，原来仿佛已经想得很清楚的问题，被这么一问，又陷入了新的思考之中，这时我们可以组织学生讨论和交流。

如果学生面对这样的问题，表现出无从下手的样子，我们可以举一个例子，为学生的数学思考提供一个支点。比如，第一条线段是100厘米，那么100厘米、15厘米、30厘米能围成三角形吗？此时，学生就会恍然大悟，要围成一个三角形，第一条线段的长度不能无限变大。在此基础上，进一步推进问题的深度，促进学生更进一步深入思考。我们可以继续追问：能围成一个三角形，第一条线段最长只能是多少？对于这个问题，通过组织讨论和交流，不难发现 45 厘米是一个临界数据，45 厘米、15 厘米、30 厘米围不成三角形，46 厘米、15 厘米、30 厘米也围不成三角形。

因此，第一条线段最长是 44 厘米，也就是，要围成一个三角形，第一条线段的长度变量 x 有一定的取值范围，最小值是 16 厘米，最大值是 44 厘米。此时，对于能不能围成一个三角形的问题，就想得更加深刻、更加全面了。这就是深度思考带来的乐趣，数学好玩便油然而生。

其次，进一步拓展问题的广度，促进学生深度思考。我们通过本节课的学习，深入研究了三角形边的关系，学生不仅掌握了知识——三角形两边之和大于第三边，习得了技能——能够正确判断三条线段能否围成三角形，也体会了数学思想——分类思想、归纳思想和函数思想，积累了基本经验——思维经验，同时也增长了见识，感悟了道理。三角形都有三条边，反过来，任意给定三条线段不一定能围成三角形。原来，看起来非常普通的一个三角形，它的边却蕴含着非常深刻的奥秘。

在此基础上，我们可以引导学生横向拓展，继续为学生搭建思维的阶梯，拓展学生数学思考的广度，启发学生继续思考，鼓励学生尝试提出新的问题。如果学生能够提出"三角形角又会有什么奥秘"，那么就标志着学生的思维横向得到了拓展——从三角形的"边"想到了"角"，而"角"正好是后续要学习的内容，有效激发了学生进一步探究的欲望。

我们还可以引导学生的思维纵向拓展，在三角形边的关系的基础上，通过类比推理，发现并提出新的问题。比如，四边形、五边形、六边形等多边形的"边"是否蕴含着同样的奥秘？此时，我们可以换一种方式提出问题：四边形都有四条边，反过来，任意给定四根小棒一定能围成一个四边形吗？五边形都有五条边，反过来，任意给定五根小棒一定能围成一个五边形吗？六边形都有六条边，反过来，任意给定六根小棒一定能围成一个六边形吗？学生凭借经验和直觉就会提出新的猜想：比较短的三根之和大于第四根就能围成四边形，比较短的四根之和大于第五根就能围成五边形，比较短的五根之和大于第六根就能围成六边形。这是数学思考纵向延伸，通过合情推理得到的新猜想。解决了一个问题，又发现并提出了一些有趣的问题，这就是数学的魅力所在。

总之，要让数学有魅力，要让课堂有魅力，要让数学好玩起来，就要让学生的思考更精彩，就要让课堂有思考的味道，就要让"听"的味道淡一些，就要让"想"的味道浓一些。要通过以核心问题为统领，驱动学生思考；要通过以问题串为线索，启发学生思考；要通过搭建思维阶梯，拓展学生思考。让学生的思考一直在路上，独立思考，学会思考，并逐步学会想得更清晰、更全面、更深刻、更合理，让学生的思考更精彩，让精彩成为一种常态，让课堂焕发数学应有的魅力，让学生焕发生命应有的活力！

第四节　教学实录与评析

数学，在"冰冷"的美丽背后，蕴藏着"火热"的思考。课堂，因思考而精彩；学生，因思考而快乐。这就是课堂的魅力所在。魅力课堂倡导数学课要有"数学味"——思想的味道、思维的味道和思考的味道，让学生焕发生命的活力，让课堂成就学生的精彩，让精彩成为一种常态，让数学真正好玩起来。

下面是根据2017年12月7日在华东师范大学举行的第七届悦远教育小学数学教学研讨会的教学实况，整理出本节课的教学实录。

一、动手画图，唤醒已有知识

师：你们都认识了哪些图形？

生：长方形、正方形、三角形、平行四边形、梯形和圆。（非常熟悉）

师：请在练习本上用三角板或直尺画出一个三角形，画好后同桌之间互相交流，说一说你画的是什么三角形。（同桌交流后进行全班汇报交流）

师：（指着黑板）他画的是一个什么三角形？

生：（齐声）直角三角形。

师：还有哪些同学画的也是直角三角形？请举手。

师：你们都是一家人——直角三角形家族。

师：（指着黑板）这位同学画的又是一个什么三角形？

生：（齐声）锐角三角形。

师：还有哪些同学画的也是锐角三角形？请举手。

师：你们都是锐角三角形家族。

师：这位同学画的又是什么三角形？

生：（齐声）钝角三角形。

师：我们全班同学可以分成三个大家族，分别是锐角三角形家族、直角三角形家族和钝角三角形家族。

评析

学生对三角形并不陌生，因为已经初步认识了三角形，知道了三角形的分类，也能画出相应的三角形，这些都是学生已有的知识。但是，学生对三角形又是陌生的，因为还没有深入研究过三角形的性质。三角形边的关系和三角形内角和是三角形边和角的性质，属于图形的再认识；三角形的面积，属于图形的度量。因此，图形的概念、图形的性质和图形的度量，就是图形与几何的基本学习历程。

三角形边的关系，起到承上启下的作用，是深入研究图形奥秘的开始。这里通过让学生动手画三角形，并进行简单的交流，不仅唤醒了学生的已有知识，培养了学生的空间观念，而且让学生初步体会了分类思想和集合思想，为后面驱动数学思考，深入研究三角形边的关系奠定重要的思想基础和经验基础。

二、启发思考，提出核心问题

师：（指着黑板上的图形）大家认真观察，比较这三大家族的三角形，你们发现什么变了？

生：形状变了。

生：大小也变了。

师：合起来可以怎么说？

生：形状、大小都变了。

师：概括得真好。什么不变？

生：都有三条边。

生：都有三个角。

生：都有三个顶点。

师：同学们观察得真仔细，不仅善于思考，而且善于表达。我们今天就来研究三角形的边。

师：三角形都有三条边，这三条边都是线段。反过来，如果我随意给你三条线段，你能不能围成一个三角形？先独立思考，再同桌互相说一说，然后全班交流。

生：（大部分）能。

生：（少部分）不能。

师：我们不是已经认识三角形了吗，为什么大家的意见却不统一？这里到底蕴含着怎样的奥秘？今天我们就一起来研究这个问题。（板书：能不能）比如，人都有两条腿，反过来，有两条腿的都是人吗？（全班大笑）

评析

现有多个版本的教材，引入三角形边的关系，基本上可以分成两类：一是利用生活情景，根据两点之间线段最短引入学习；二是提供一些长短不一的小棒或者彩带，让学生动手操作引入学习。三角形边的关系，两边之和大于第三边，这个道理仿佛是浅显的，结论好像是显然的，其实不然。如果我们画一个三角形，问学生这个三角形的边有什么关系，学生会指着图形直接告诉你，哪条长，哪条短，也就是拿两条边的长度做比较。如果再问还有其他关系吗，学生会说两条边都有一个共同的交点。学生怎么也不会想到把两条边加起来和第三条边比较（除非已经自学预习），这就是基本学情。

因此，我们必须深入思考，这么浅显的道理，用眼睛就能直观判断，为什么学生就没有发现？问题的焦点在于：为什么懂得把两边加起来与第三条边比较？为什么要这样做？也就是，本课学习，显然缺乏应有的思维起点。

魅力课堂倡导数学课应该有思想的味道、思维的味道和思考的味道。因此，这里对现有教材进行重新处理，增设了这个教学活动，把三角形边的关系的学习设计成验证一个正命题的逆命题是否成立，也就是，在观察比较的基础上，概括出三角形的共性——三角形都有三条边，反过来思考，便可提出本节课的核心问题——任意给定三条线段能不能围成一个三角形？这个问题让学生形成了认知冲突，产生了意见分歧，驱动了数学思考，激发了学习兴趣，也体验了变中不变思想，初步感受思想的味道和思考的味道，这是让数学好玩的重要基础。

>>>

三、操作实验，探索边的奥秘

师：究竟能还是不能？口说无凭，我们一起来做数学实验进行验证吧。我们请两位同学，随意说出一组线段的三个数据。

生：1、2、3。

生：3、4、5。

师：这是一类数据，都是三个连续的自然数，谁能列举不同的一组数据？

生：2、4、6。

生：6、8、10。

生：1、3、5。

师：这又是一类数据。上面五组数据中，每一组的三条线段都不相等，谁能例举其他数据？

生：4、4、8。

生：5、5、7。

生：8、8、8。

师：非常好。这三组数据，有的两条线段相等，有的三条都相等。我们把这些数据写在黑板上，等我们学习之后再来逐一判断。

师：像这样的三条线段随意变化，我们很难研究出边有什么奥秘。处理这样的问题，我们可以让两条线段固定不变，然后，慢慢变动另一条线段的长度，我们动手围一围，就能发现它的规律。下面，我们开始做实验。我提供一组数据，你们先凭感觉猜一猜，我再请两位同学上来帮忙，围一围，验证一下你们的猜测是否正确，其他同学注意观察和思考，想一想你发现了什么。

（教师用磁条代替小棒，学生协助在黑板上操作，按照本章第三节所给的表格中的顺序分别进行猜测和验证，第四组数据最后呈现。）

师：根据前三组数据，你发现了什么？请你用"如果……那么……"说一说。

生：如果两条比较短的加起来没有超过那条最长的，那么就不能围成三角形。

师：说得真好。从后三组数据中，你又发现了什么？

生：如果两条比较短的加起来超过那条最长的，那么就能围成三角形。

师：在后三组数据中，你们只有这个发现吗？

生：我还发现其他两条边加起来也超过另一条边，比如：15+30>18。

生：我还发现18+30>15。

师：在能围成三角形的三个数据里，只有比较短的两条边之和大于第三边吗？

生：不是的，任何两条边加起来都大于第三条边。

师：说得真好，这就是三角形边的性质，也可以说是三角形边的关系。

师：我们已经验证了六组数据，知道了什么情况下不能围成三角形，也知道了什么情况下能围成三角形。那么，请你猜一猜老师准备在表格中间三个空格中填什么数据？

生：15、15、30。

师：为什么你会猜老师要填写这组数据呢？

生：因为"小于"和"大于"这两种情况，我们都已经讨论并验证了，现在就差"等于"这种情况了。

师：说得很在理，你是我的知心朋友，你真懂我的心（握手、掌声）。我把它（15、15、30）请出来，你们猜能围成三角形吗？

生：能。

生：不能。

师：我们不是非常清楚什么情况能围成了吗？为什么在这里意见又不统一呢？

生：我们还没有验证，看不太准。

师：这种情况非常特殊，看是看不准的，要想。哪位同学能想明白？说一说你的想法。

生：因为15+15正好等于30，两条15厘米的线段正好"趴在"30厘米上面，"拱"不起来，所以不能围成。

师：说得真形象，它们"趴在"一起，"拱"不起来，不能围成，这就是思考的威力。这么简单我们就想明白了，把掌声送给她。

评析

魅力课堂倡导数学课要有思想的味道。任意三条线段能否围成一个三角形，从本质上看，是一个三元函数 $w=f(x, y, z)$，三条线段就是三个变量 x、y、z。为了研究变量 x、y、z 与函数 w 之间的关系，数学上，常常采用这样的研究方法：固定两个变量 y、z，让另一个变量 x 发生变化，观察研究变量 x 与函数 w 之间的关系。以上教学活动的设计，很好地体现了这一基本思路，不仅让学生完整经历了三角形边的关系的研究和探索过程，而且体会了函数思想和归纳思想，这就是思想的味道。

魅力课堂还倡导数学课要有思维的味道。推理是思维的主要形式，小学数学教学中主要培养学生的合情推理，归纳和类比是合情推理的重要方式。在这里，三角形两边之和大于第三边这一结论，是在一个七组数据的数学实验中，让学生在操作、观察、思考的基础上，通过归纳推理得出的结论。另外，中间那组数据（15、15、30）不直接出示，而是让学生猜一猜，学生凭借经验和直觉做出了推断，这里就是合情推理的结果。以上教学活动的设计，是新知展开的核心环节，实质上是围绕核心问题展开研究与探索的过程，学生不仅掌握了知识，还体会了数学思想，积累了思维经验，为后续数学学习奠定重要的思想和经验的基础，这是让数学好玩的关键所在。

四、纵向思考，拓展思维空间

师：如果我让这条线段继续变长，它还能围成三角形吗？

生：（异口同声）能。

师：我让它变成100厘米（100、15、30），还能围成三角形吗？

生：（大部分）能。

生：（少部分）不能。

师：我们不是已经研究得很清楚了吗？三种情况都研究了，怎么意见又不统一呢？请认为不能围成的同学说说自己的想法，其他同学认真听，再好好想一想。

生：它变成100厘米，就是最长的了，这时30厘米就不再是最长了，这时比较短的两条边是15厘米和30厘米，因为15+30没有大于100，所以不能围成。

生：（恍然大悟）对啊！我怎么没有想到。

师：你们觉得这个同学说得有道理吗？

生：有道理，是这样。

师：那么这条线段最多只能是多少才能围成呢？独立思考后同桌交流。

生：45厘米。

生：不对，是44厘米。

师：为什么？

生：如果是45厘米，两条短边之和正好和它相等，不能围成；如果是46厘米，两条短边之和就小于它，也不能围成，所以应该是44厘米。

师：分析得很到位，最多只能是44厘米。

师：我来概括一下：要围成三角形，这条线段最少是16厘米，最多是44厘米，这样，能围成三角形一共有几种情况？

生：29种。

师：你是怎么想的？跟同学们说一说。

生：44−16+1=29。

> **评析**

已经得出三角形边的关系的基本结论，仿佛思考可以结束了，这一教学活动的设计，旨在已有思考和结论的基础上，顺势而上，继续引导学生纵向思考，进一步拓展思维的空间，让思考更清晰，让思考更全面，让思考更深刻。同时，学生明白了一个道理：这条线段的长度变化是有范围的，要围成三角形，这条边不能任意变大，从而体会了函数变量的取值范围。学生也增长了见识，感悟了道理：不能顾此失彼，要顾全大局，30厘米并不是一直是最长的，要注意顾及变长的线段。这就是魅力课堂所倡导的数学课要有思考的味道，这是让数学好玩的根本保证。

五、回顾总结，驱动新的思考

师：我们回顾一下今天的研究历程。我们通过画三角形，发现三角形的形状、大小变了，不变的是都有三条边（线段），因此，我们就提出了一个问题：任意三条线段能不能围成一个三角形？（板书：能不能）

生：（异口同声）不能。

师：为什么不能？（板书：为什么）

生：如果两条比较短的线段之和没有大于最长的线段就不能围成三角形。

师：要能围成该怎么办？（板书：怎么办）

生：两条比较短的边之和要大于比较长的边。

师：通过今天的学习，我们增长了见识。虽然三角形都有三条边，但是反过来，三条线段却不一定能围成三角形，就像人都有两条腿，反过来，有两条腿的不一定都是人。

师：下面，我们一起来看一看课前同学们例举的各组数据，判断一下能否围成三角形。（逐一进行判断）

师：我们今天专门研究了三角形，对它已经有了更为深刻的认识，这就是三角形边的奥秘。你们还有其他问题吗？（板书：还有吗）

生：四边形、五边形、六边形……有没有这样的奥秘？

师：你觉得任意给你四条线段，你能围成四边形吗？

生：不能。

师：你觉得怎样才能围成四边形？

生：必须比较短的三条之和大于第四条。

（学生说完后笑了，觉得不可思议。）

师：你觉得任意给你五条线段，你能围成五边形吗？

生：不能。

师：你觉得怎样才能围成四边形？

生：必须比较短的四条之和大于第五条。

（学生说完后笑了，仿佛自信多了。）

师：这些都是你们的初步猜想和直觉判断。是不是这样，有没有规律？课后你们可以继续做实验进行验证，探索多边形边的奥秘！

评析

魅力课堂倡导数学课要有思考的味道，在这里以"能不能""为什么""怎么办""还有吗"四个问题，重新回顾本课的研究历程，厘清思路，温故知新。在核心问题"能不能"围成三角形的统领下，探索了三角形边的奥秘，不仅明确了"不能"围成的道理，而且明晰了"能"围成的条件。在回顾反思中，发现并提出了新的问题，获得新的猜想，驱动了新的思考，进一步感受数学的神韵和魅力，因为思考带来了兴趣，因为兴趣带来了成功,因为成功带来了喜悦。"能不能""为什么""怎么办""还有吗"四个问题,形成一个数学思考的循环系统,驱动着思考,探索着奥秘,让问题始终在产生,让思考永远在路上,让课堂一直在延续。这就是数学的神奇,这就是课堂的魅力,这就是数学好玩的真谛!

$2a$ $7ab$

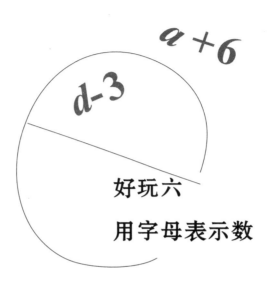

$a+6$

$d-3$

好玩六
用字母表示数

$c+2$

$8y$

第一节 教学故事与感悟

"用字母表示数"一课，是我 2018 年重点研究和交流的一节研究课。2011 年，我曾经在泉州市第二中心小学试教过这节课，当时觉得不满意，"大学"味道太浓，还需要优化处理，短期内又没有新的想法和突破，便一直没有再深入研究。直到 2017 年 5 月在江苏盐城的一次活动结束后，徐标老师特意交代我研究这节课，我才再次思考并深入研究，最终成为 2018 年的一节重点交流和分享的研究课。

2019 年 4 月 13 日，这节课在重庆举行的小学数学课程峰会上进行了交流。会上我认识了北京师范大学庆阳附属学校的杨芳老师，2020 年 7 月在他们学校成立了工作站。下面是这节课在研究过程中所发生的一些教学故事。

一、一次美丽的约定

要讲"用字母表示数"一课的诞生过程，必须先介绍我的一位特殊朋友——徐标。他专注于数学教育研究，做过中学数学老师、中学数学教研员，做过奥数金牌教练，曾经在出版社工作过，还担任杂志社的主编。他的成长经历非常独特而丰富。

如果说北京的孩子建议我要"好好练一下普通话"，那么跟徐标相比，我的普通话还是会好一些，但这并不影响我们的交流与友情，因为我们有一个共同的爱好——喜欢研究数学，我们在一起常常可以聊到深夜。

我们第一次见面是在 2014 年 5 月 22 日，当时在北京师范大学举行首届华人数学教育会议，我应邀在会上分享了《数学"四基"的内涵、关系与应用》，当时他也在会场。听了我的报告后，他真诚地给了我鼓励和建议，我们在会场上合影留念。当时一同合影留念的还有四川成都的杨薪意老师。

从那以后，我们便有了更多的联系。2015 年 10 月 12 日，他第一次邀请我到江苏南京交流，我做了一场报告——《数学思想及其教学设计研究》，当时的报告效果还不错，反响也很好。我的一些观点可能触动了他，或者是与他产生了共鸣，这之后我们走得更近了。

有一次，他萌发了主办教学研讨会的念头，想把喜欢数学的老师们集中起来，进行讨论和交流，促进大家共同成长，我非常支持他的想法。后来，他把想法付诸实施，开始定期举办教学研讨会。2016 年 3 月 31 日在江苏南京举行了首届"基础教育论坛·小学数学"教学观摩研讨会，我在会上执教了"分数的初步认识"一课；2016 年 11 月 3 日在江苏泰州举行第二届"基础教育论坛·小学数学"教学研讨会，我在会上执教了"用数对确定位置"一课。2017 年 5 月 20 日，在江苏盐城举行第三届"基础教育论坛·小学数学"教学研讨会，围绕"核心素养为纲的数学课程教学改革"这一主题展开交流和讨论。他邀请吴正宪老师和我在会上进行分享，吴老师执教了"小数的意义"一课，我执教了"三角形边的关系"一课。他还邀请了方运加主编做了专题报告——《核心素养下的冷思考》。

这次会议很成功，我也很激动，就在微信朋友圈里发布了感言："520 哪儿过？一批喜欢小学数学的老师朋友们在江苏盐城过，在徐标的引领下，大家对小学数学高声呼喊——520！如果你问多少年，我会轻轻告诉你，先来一万年！"会后，他非常认真地跟我说："'用字母表示数'这一课，很多人上过，你是怎么想的？能不能在下一次的活动中，上给我看看？"我一下子就答应了下来，这就是我们之间一次美丽的约定，他为什么会指定这节课，至今还是一个谜，他也一直不告诉我。这样的一次约定和承诺，让我重新开始思考这节课的一些教学问题。

2017 年 12 月 14 日，优化后的"用字母表示数"一课第一次试教。2018 年 4 月 28 日在安徽合肥举行第四届"基础教育论坛·小学数学"教学研讨会，我正式执教了这节课。会场上，我看到他一直在笑，且频频点头，估计他觉得我上得还可以，符合他的"口味"。

二、一个核心的问题

我们团队曾经讨论过这节课，我和李培芳老师、许贻亮老师曾经想过，找一个时间，找三个班级，通过抓阄确定上课班级和顺序，我们三个人同上这节课，然后再进行比较研究，结束后就去唱歌。但是由于种种原因，这个心愿一直没有实现。下面是我备课时的一些关键想法。

用字母表示数，一个关键性的核心问题是：用字母表示数的数学本质是什么？应该教什么？有人说：KFC代表"肯德基"，WC代表"厕所"，P代表"停车场"，K代表13，这就是字母代表数。有的人说：字母可以代表任意数，因此，学生说，a只青蛙a张嘴，a只眼睛a条腿，或者是，a只青蛙b张嘴，c只眼睛d条腿。有的人说：字母可以代表变化的数，因此，小明a岁，妈妈比他大28岁，妈妈是$a+28$岁，或者a个三角形就有$3a$条边，这就是字母表示数。

我觉得我们应该深入研究一下，什么是字母表示数？这里的字母指什么？指英文字母，这个问题比较简单，没有分歧。然而，这里的数又指什么？是任意数？变化的数？还是未知数？其实，字母在数学上有着广泛的应用，它可以表示任意数，如运算定律$a+b=b+a$等。它还可以表示变化的数，准确地说是表示变量，如函数中的字母，在小学数学中主要体现在周长公式、面积公式和体积公式中，如$S=ah$，这里的S、a和h都是字母，它们不是表示数，而是表示变量，函数的数学本质是反映变量之间的变化规律。它还可以表示未知数，如方程中的字母，$x+5=7$，这里的字母x表示的是未知数，方程的数学本质是寻求未知数的解。

换句话说，字母在数学表达上有多重含义，那么，我们在"简易方程"这一单元，应该学习字母表示什么？我觉得应当学习字母表示未知数。通过本节课的学习，应该建立起"未知数"的概念，学会用"字母"表示"未知数"，为方程的学习奠定基础。

从数学本质上分析，数是量的一种抽象，已知数是已知量的一种抽象，可以用自然数、分数、小数进行表示，未知数是未知量的一种抽象，可以用字母 a、b、c……表示。数是可以数的，自然数可以数，分数可以数，小数也可以数，那么字母也可以数，如 1 个 a 是 a，2 个 a 是 $2a$，3 个 a 是 $3a$……数是可以算的，自然数、分数、小数都可以进行四则运算，字母也可以进行四则运算，比如，小明今年 5 岁，28 年后他几岁？我们根据已有的经验，可以列式：5+28=33（岁），这是已知量的加法运算。如果小明今年的岁数不知道，问 28 年后他几岁，这时用已有的经验已经没有办法表示，学习字母表示未知数后，我们就有新的办法了。小明今年的岁数不知道，就用 a 表示，因此，28 年后他的年龄可以列式：$a+28$（岁）。这就是必须积累的新的经验，是学习方程和列方程的重要基础。

  小明的岁数用 a 表示，如果小明妈妈比小明大 28 岁，那么小明妈妈的年龄也可以用 $a+28$（岁）进行表示。大家必须注意区分小明 28 年后的年龄 $a+28$（岁）和小明妈妈的年龄 $a+28$（岁），这里表面上看都是 $a+28$，但是有着本质上的区别。小明 28 年后的年龄 $a+28$ 中的字母，表示的是未知数，而小明妈妈的年龄 $a+28$ 中的字母表示的是变量。有的老师接下来可能会说，当小明 500 岁时，妈妈几岁？$a+500$。但是人不可能活到 500 岁，然后，老师就说："对了，字母在特定情境下有一定的取值范围。"其实，小明妈妈的年龄 $a+28$，这里本质上是一个一次函数 $y=x+28$，x 和 y 都是字母，在这里不是表示未知数，而是表示两个变量，所谓"字母在特定情境下有一定的取值范围"实质上就是函数的定义域。

  因此，"用字母表示数"一课，应该教字母表示"未知数"这一层含义，不应该教字母表示"任意数"的含义，更不应该教字母表示"变量"的含义。用字母表示数，从数学本质上看，应该从根本上让学生认同字母和原来的数一样，也能够参与四则运算，学会用字母表示未知数，再学用含有字母的式子表示具体情境中的未知量，不断积累数学问题代数表达的经验，为后续学习奠定基础。

三、孩子们的心里话

  "用字母表示数"一课，经过近半年的思考，于 2017 年 11 月设计出了初步教学方案。12月14日，我和施培雷校长一起，带领泉州师范学院附属尊道小学的数学老师，一起到深沪中心小学进行第一次试教。在许丽容校长的支持下，我们举行了2017年秋晋南团队小学数学教学研讨会。首先谢丹婷老师执教了"什么是周长"，然后，我执教"用字母表示数"。

课后，孩子们给我写了很多心里话。陈紫缨同学说："老师，您很帅，很有趣，我们都很想再上一次您的课，因为您的问题很有趣，我们大家都很喜欢您的课。希望您能来上我们班的课，我们等您。"林烨衡同学说："苏老师，你非常有趣，我非常喜欢你的课。你一定还知道很多知识，我喜欢你，更喜欢你的课。我一定会考上大学再见到你的，一定要等我。"黄钧锴同学说："苏老师，你来上这节课真是太好了。你幽默风趣，课也很生动，夸人优点，希望每节数学课都跟你上。"周海同学说："我觉得你上的课非常有趣，你总是举出一些很好笑的例子，让我们哈哈大笑，教给我们的知识也非常丰富。"韩超同学说："谢谢您那节课对我的教育，您通过娱乐的教育方式，让我喜欢上了您的课。您幽默风趣，我真希望以后可以当您的学生，每天听您讲课。不过在此之前，我一定努力学习，让自己变得更强，再考上您的学校。"……

2018年3月20日，在洪丽菊校长的支持下，我在泉州师范学院第二附属小学举行了魅力课堂——泉州师范学院第六届小学数学教学研讨会。我带领我们小学教育专业的本科生参加了本次研讨会，会上我进行了这节课的第二次试教。

课后，孩子们给我写了这样的心里话。杨思璇同学说："希望苏老师能一直在我们学校上课，让更多同学体会到苏老师上课的方式，让更多人喜欢并爱上数学。"李冉冉同学说："我以后要和苏老师一样厉害，自己办一所让孩子快乐的学校。"陈熙和同学说："苏老师，您教得真好，我非常喜欢您的课。您的本领就像 x 一样。"何铭霞同学说："老师，您是最有趣的老师，我喜欢您的课。"张琳琳同学说："平常大学的老师都很严肃，而你却让我们整堂课都在笑，以后我一定要去您执教的大学读。"洪尚言同学说："你教了我这么多有趣的知识，我永远不会忘记你。"尤万榕同学说："我觉得您比我想象中还伟大。上了您的课，我喜欢上了数学。"张欣彤同学说："老师您辛苦了，我会好好学习，天天向上，用我的努力报答您的！"还有一位没有写姓名的同学说："老师，谢谢您，您对我如母亲一般，我感激不尽。"读了这个孩子的心里话，我恍然大悟，原来我的身上还有"母爱"。

2018年4月28日在安徽合肥正式上完这节课后，我进行了随机访谈。由于是现场随机提问，我不知道他们的具体姓名，下面根据录像实况，把这一节课学习之后孩子们对数学的感受摘录如下："我感觉数学很有趣。""我感觉数学很好玩。""我觉得数学很奇妙。""我觉得数学课怎么上都不够。""数学不枯燥，不像语文要死记硬背。""数学就像一块美玉。""我觉得数学值得我们一起去探索。""我觉得数学真的是博大精深。"……

孩子们学习之后对我说的心里话摘录如下："我不想下课，我还想再上一会儿。""老师，你的课很幽默，有时间再来我们学校上一堂课，好吗？""老师，我也是福建的，是福建闽侯的。""老师，我也是福建的，福建莆田的。""老师，下次到我家来玩。""老师，我家在东北，你可以来东北玩。""老师，你能不能再上一会儿？""老师，今天学的是不是代数？""老师，您能不能永远都留下来？""老师，我可以吐槽一下你上课的方法吗？你这节课跟我们说一共只玩三个游戏，前面那两个游戏涉及的基本上是一二年级小朋友的知识，到第三个游戏才步入正轨。"

通过以上孩子们的真诚话语，我们不难看出，这样的数学课已经不再枯燥，这样的数学课已经触动思维的内核，这样的数学课已经超越数学的价值，这样的数学课已经产生育人的效果，这样的数学课已经在孩子的心中播下了希望的种子，这样的数学课让课堂绽放了魅力，这样的数学课让孩子充满了期待，这样的数学课让老师看到了奇迹。这就是我所倡导的魅力课堂！

四、一次意外的收获

2018年10月25日在江苏省无锡市安镇实验小学举办了"太湖之秋·核心素养与未来数学教学研修班"，我应邀参加了分享交流，执教了"用字母表示数"一课，并做了专题报告《数学课堂的魅力从哪里来？》。

在这次分享中，我再次遇到了老朋友——范艳华老师，她是当地的数学教研员。我们是2016年3月31日在江苏南京举行首届"基础教育论坛·小学数学"教学观摩研讨会上认识的，她听了我的课"分数的初步认识"。

在这次分享中，我依然采用三个游戏活动贯穿课的始终。考虑到要更好地体现"数是量的一种抽象""未知数是未知量的一种抽象"，我对游戏做了一点变动，把原来"心中想着一个数"改为"箱子里有几个苹果"——卡片背后分别藏着2个苹果、1个苹果和8个苹果。这样，这节课就变成"翻卡片"的三个游戏活动了。从那以后，这节课都采用这种方案教学。

当时上课的效果很好，学生积极思考，学习热情高涨，时而深入思考，时而掌声不断，时而笑声迭起，孩子们开心极了，老师们也很高兴。当我宣布课已经结束时，孩子们受不了了，一位女孩快速站了起来，强烈要求我——继续拖课，很多同学也跟着喊，我只好接着又上了一小会儿，满足孩子心愿后果断下了课。

我的课上完后，范艳华老师上台总结发言，她的发言让我"吓了一跳"。她说她今天来听课时，脖子动不了——落枕了，听完"用字母表示数"后，好了，脖子能动了，并当场左右扭动了几下，以此证明真的好了。她还说："这一点倪凯颜校长可以作证，苏老师的课真是魅力无穷。"全场响起了欢笑声！

这次分享又让我长了见识——我的课，除了可以治疗口吃，还有推拿的功效！会后，倪校长握着我的手开玩笑地说："我准备改教数学了！"我跟她说："您不需要改教数学，您把我演绎数学的方式迁移到语文，有机会试试看，说不定会有奇迹的出现。"后来得知，她在2019年到大连的一次分享中，在语文教学中大胆加入数学元素，收到了显著的成效，赢得了与会语文老师的赞许。这也许就是数学的魅力之所在！

学生学习体验

▶ **北京师范大学庆阳附属学校5年级6班高语儿同学：**

很庆幸能听您的课，我觉得听您的课是一种享受，您那幽默风趣的语言和让人捉摸不透的套路，深深吸引了我。我原本不太喜欢数学。我觉得那些数字很枯燥，但在我上了您的课后，我觉得数学很有趣、很神奇！上完您的课，我才知道数学竟然还可以讲故事，而且现在我觉得数学有一种特别的魅力在吸引着我。美好的时光是如此的短暂，虽然我们只相处了一节课，但是这节课非常宝贵，我会记住这一课的！

▶ **北京师范大学庆阳附属学校5年级6班周雨星辰同学：**

很感谢您能为我们上这堂课，不然，我会永远无法懂得数学的有趣和它的魅力。虽然只是一节课，短短的40分钟，但是，这40分钟对我们来说简直犹如金钱一般。我喜欢您的数学课，各个方面、点点滴滴，您的幽默、您的思维，都让我很喜欢。希望您能再来我们学校，再为我们上一堂课。

▶ **北京师范大学庆阳附属学校5年级6班刘子亦同学：**

我觉得您的教学方法很有趣，您通常用讲故事的方法来引导我们，并一步一步把我们带入要讲的内容。正如大家说的，数学很神奇，而您也是利用它的这一特点，以讲故事的方法来给我们上课。这是您上课最有趣的一点。

▶ **北京师范大学庆阳附属学校5年级6班王紫怡同学：**

我是一名上过您的课的学生——王紫怡。在我上完您的课后，特别想让时间倒流，再去听一遍，因为您上的课生动有趣，还特别搞笑。

▶ **北京师范大学庆阳附属学校5年级6班耿一文同学：**

我特别喜欢上您的课，而且，我相信我们班的同学也很喜欢您的课。我觉得您非常幽默，逗得我们哈哈大笑。我很喜欢您讲课的方式——用讲故事的方法引入要上的内容，同学们听得津津有味，一听就会了。老师，您是南方人，来一次也很不容易，我希望您有机会就来给我们上上课呀！

▶ **北京师范大学庆阳附属学校5年级6班李轩仪同学：**

自从听了您的课，新的数学大门向我打开了。苏老师讲的课十分生动，刚一开始，就挑起了我们的兴趣，就连在后面听课的老师也笑得合不拢嘴。我也又一次认识到了数学原来是无比的有趣。下课的时候，您也认真倾听了同学们对您的意见。虽然您是一位大学教授，但却和我们这些小学生们打起了"交道"。课堂上，您也和我们成了"无话不谈"的好朋友。您在课上给我们的那张书签，我会一直保存着，来纪念那堂无比欢乐的课。

▶ **北京师范大学庆阳附属学校 5 年级 6 班（没有写名字）：**

您的教育方式使我们喜欢，您的性格使我们喜爱，您的品质使我们喜爱，还有您的口音，更使我们喜欢。我相信您一定是个好教师，您一定会教出更优秀的学生。

▶ **北京师范大学庆阳附属学校 5 年级 6 班（没有写名字）：**

在您的课上，我学到了很多知识，您上的课十分有意思，我根本不想下课了！您的语言幽默，上课总是满脸开心的样子，这样的老师谁又会不喜欢呢？

▶ **北京师范大学庆阳附属学校 5 年级 6 班（没有写名字）：**

苏老师，上了您的课，让我感受到数学的魅力，对数学产生了浓厚的兴趣。现在的我对数学充满了兴趣和信心。我喜欢您的上课方式，希望以后您能常来我们学校。我还把那张帅帅的小书签加到我的数学书里了，希望每次学习数学都能想起您。谢谢您，苏老师！

第二节 教学内容与分析

"用字母表示数",属于数与代数领域中"简易方程"的教学内容。人教版安排在五年级上册第五单元,苏教版安排在五年级上册第八单元,北师大版安排在四年级下册第五单元,冀教版安排在四年级下册第二单元,青岛版安排在四年级下册第二单元,西师版安排在五年级下册第五单元。

自从1923年以来,我国一共颁布了18个数学课程标准(教学大纲)。1978年颁布的《全日制十年制学校小学数学教学大纲(试行草案)》,首次在算术的基础上增加了代数的内容,并要求在四年级下册(五年制)用18课时学习"简易方程",内容包括:用字母表示数、用字母表示运算定律、用字母表示公式、简易方程、列方程解应用题。1986年颁布的《全日制小学数学教学大纲》,在内容要求上没有变化,但学习时间调整到五年级(六年制)下册,这个单元的课时数调整为24课时。1988年颁布的《九年义务教育全日制小学数学教学大纲(初审稿)》、1992年颁布的《九年义务教育全日制小学数学教学大纲(试行)》和2000年颁布的《九年义务教育全日制小学数学教学大纲(试用修订版)》,都把这部分教学内容列为"代数初步知识",并删除"用字母表示运算定律、用字母表示公式"的内容,留下"用字母表示数、简易方程、列方程解应用题"等内容。

2001年教育部颁布的《全日制义务教育数学课程标准(实验稿)》,在第二学段"数与代数"中将这部分内容的目标要求进一步调整修改为"在具体情境中会用字母表示数。会用方程表示简单情境中的等量关系。理解等式的性质,会用等式的性质解简单的方程。"这个时期对于这部分内容的基本技能要求达到"会"的程度，也就是第二层次水平要求，相当于"理解"。

2012年教育部颁布的《2011版课标》再次调整修改为"在具体情境中能用字母表示数。结合简单的实际情境，了解等量关系，并能用字母表示。能用方程表示简单情境中的等量关系，了解方程的作用。了解等式的性质，能用等式的性质解简单的方程。"这个时期这部分内容的基本技能，教学要求从第二层次水平"会"提高到第三层次水平"能"，相当于"掌握"。

《2022版课标》修订为"在具体情境中，探索用字母表示事物的关系、性质和规律的方法，感悟用字母表示的一般性"，强调了过程目标，要求"用字母表示的方法"要达到第四层次水平"探索"，要求"用字母表示的一般性"要达到第三层次水平"感悟"。

从以上的比较分析可以发现：第一，在小学数学中，学习代数初步知识始于1978年，简易方程作为代数初步知识的主要学习内容，主要包括用字母表示数、简易方程、列方程解决问题，近40年来，"用字母表示数"这一教学内容一直没有间断过。第二，"用字母表示数""用字母表示运算定律""用字母表示公式"曾经作为"简易方程"这一单元中并列存在的三个学习内容，1988年以后在"简易方程"这个单元中删除"用字母表示运算定律""用字母表示公式"的教学内容。第三，2001年以后，数学课程标准更加强调从算术思维向代数思维过渡，强调用代数方法解方程，不主张用算术方法解方程，倡导运用等式性质解简单的方程。第四，2022年，新课标将其从结果目标调整为过程目标，强调"探索用字母表示事物的关系、性质和规律的方法，感悟用字母表示的一般性"。

本节将从知识体系、教材比较、数学本质、数学"四基"、数学"四能"、核心素养等几个角度分析本节课的教学内容，以期为大家深入研究本课的有关教学问题提供参考。

一、知识体系分析

从中小学数学整体架构的角度分析，在中小学数学中主要学习代数、几何、统计和概率。代数主要学习方程和函数，算术是代数的重要基础，主要学习整数、分数、小数的四则运算；几何主要研究平面图形、立体图形的关系、性质和度量等；统计研究数据的收集、整理、分析和描述等；概率研究随机事件发生可能性的大小、描述和分析等。因此，用字母表示数属于代数学中方程的内容。

从代数学的角度分析，代数基本按照"量""数""式""方程""函数"的顺序递进，数是量的一种抽象，式是一种更抽象的数，式是方程的重要基础，方程和函数是代数的重要内容。从数到式，从数的运算到式的运算，这是认识上的一次飞跃，更是思想上的一次突破，是四则运算的一种拓展。

在小学数学中，有关"式"的内容主要是学会用字母表示未知数，学会用字母表示具体情境中的未知量。在中学数学中，详细学习了代数式的有关内容和四则运算，不仅有单项式，还有多项式，不仅有整式，还有分式，不仅有有理式，还有无理式。代数式的四则运算进一步发展了学生的抽象思维，进一步提高了学生对四则运算的认识。

从方程的角度分析，小学只接触简易方程，方程在后期的发展中主要沿着两个方向延伸。一是未知数的次数。小学数学学习最简单的一次方程，中学数学研究更为复杂的一次方程，重点研究二次方程，到了大学数学，开始研究高次方程问题。二是未知数的个数。小学数学只研究一个未知数，也就是一元方程，中学数学重点研究二元方程（组）和三元方程（组），大学数学研究多元方程组和不定方程等。

因此，用字母表示未知数是方程的重要基础。学习用字母表示未知数是方程的重要内容，学会用含有字母的式子表示具体情境中的未知量，是学习方程的一项重要技能，它将直接影响后续根据已知条件列方程的学习。

二、教材比较分析

人教版安排在五年级上册第五单元"简易方程"中，苏教版安排在五年级上册第八单元"用字母表示数"中，北师大版安排在四年级下册第五单元"认识方程"中，冀教版安排在四年级下册第二单元"用字母表示数"中，青岛版安排在四年级下册第二单元"用字母表示数"中，西师版安排在五年级下册第五单元"方程"中。

从下表可以发现:"用字母表示数"在六套教材中最早安排在四年级下册学习,最晚安排在五年级下册学习,完全符合课程标准学段目标的具体要求。人教版教材不仅安排了用字母表示运算定律,还安排了用字母表示面积公式和周长公式。苏教版教材不仅安排了用字母表示摆三角形小棒的根数,还安排了用字母表示剩下的千米数,同时也安排了用字母表示面积公式和周长公式。北师大版教材安排了用字母表示青蛙的只数、眼睛数和腿数,还安排了用字母表示面积公式和周长公式。冀教版教材首先安排了用含有字母的式子表示丫丫和妞妞的年龄关系以及买铅笔盒的钱数,然后安排了用字母表示正方形的周长公式和面积公式,最后安排了用字母表示运算定律。青岛版教材首先安排了用字母表示节水量,然后安排了用字母表示路程、速度和时间的关系,最后安排了用字母表示周长公式和面积公式。西师版首先安排了用字母表示运算定律,然后安排了用字母表示青蛙的腿数,最后安排了用字母表示小丽与小强的年龄关系。

教材	年级	教学内容
人教版	五年级上册	运算定律、面积公式、周长公式
苏教版	五年级上册	摆三角形小棒的根数、剩下的千米数、面积公式、周长公式
北师大版	四年级下册	青蛙的只数、眼睛数和腿数、面积公式、周长公式
冀教版	四年级下册	用含有字母的式子表示丫丫和妞妞的年龄关系和买铅笔盒的钱数、正方形的周长、正方形的面积、运算定律
青岛版	四年级下册	节水量、路程速度时间、周长公式、面积公式
西师版	五年级下册	运算定律、青蛙的腿数、小丽年龄比小强大2岁

通过以上分析,这些教材都试图把字母在数学上的应用进行呈现,不仅安排了用字母表示任意数,而且大量安排了用字母表示变量,但用字母表示未知数的内容,基本没有涉及。然而,我们在这里学习用字母表示数的目的和意义是什么?是为后续学习方程服务,而不是要学习函数。因此,在本课中应该重点学习用字母表示未知数,而教材编写这样的教学内容是否合理,非常值得商榷。

三、数学本质分析

用字母表示数的数学本质,在本章的第一节中已经分析,这里针对以上教材所编写的教学内容,做一些补充。从表面上看,教材所编写的教学内容都涉及用字母表示的问题。然而,这些字母的具体意义从本质上分析,却有显著的区别,万万不可混乱、混淆,这个问题的准确把握,对于明确"用字母表示数"一课应该教什么非常重要。

第一,在运算定律中,字母表示的是"任意数"。如加法交换律 $a+b=b+a$,这里的字母表示的是"任意数",即加法交换律对于"任意数"都成立,不仅在自然数中成立,在整数、分数、小数中也是成立的,在有理数、无理数、实数中同样成立。

第二,在面积公式、周长公式、路程速度时间中,字母表示的是"变量"。如正方形周长公式 $C=4a$,本质上是一个一元函数;长方形面积公式 $S=ab$,本质上是一个二元函数;路程速度时间 $s=vt$,本质上也是一个二元函数。这些含有字母的等式,不是方程,而是函数,这里的字母不是"未知量",而是"变量"。

第三,摆三角形中小棒的根数 $3a$、剩下的千米数 $280-b$、青蛙的眼睛数 $2a$ 和腿数 $4a$、小丽的年龄 $a+2$,在这些式子中,虽然没有直接写出显性函数关系的式子,但是从本质上看,这里的字母也都表示"变量"。三角形个数 a、已经行驶的千米数 b、青蛙只数 a、小强的年龄 a 等都是"变量",会不断变化,这里利用字母表示出了"三角形个数与小棒根数的函数关系""剩下的千米数与已经行驶千米数的函数关系""青蛙只数与眼睛个数或腿数之间的函数关系""小丽年龄与小强年龄之间的函数关系"。这里字母的取值范围,实质上就是函数的定义域。

四、数学"四基"分析

1. 从基础知识的角度分析

基础知识在一节课的教学目标中属于结果目标,"用字母表示数"这一课的基础知识究竟是什么？这是一个关键性的问题，涉及本节课的知识定位问题，应该聚焦在字母所表示的这个"数"上，这里的"数"具体是指什么？《2011版课标》没有明确阐述，我们认为：从"简易方程"整体知识的角度分析，方程是含有未知数的等式，学习"用字母表示数"是为后续方程概念的学习服务。因此，这里的"数"具体应该是指"未知数"。"用字母表示数"这节课的知识点应该有两个：一是"字母表示未知数"，二是"未知数和已知数可以进行四则运算"，而"字母表示任意数"和"字母表示变量"不应该成为本节课的教学内容。

作为本节课的知识性结果目标，可以表述为"了解具体情境中的未知数，知道未知数和已知数可以进行四则运算"。这里的"了解"和"知道"都是结果目标的行为动词，属于第一层次水平要求。

2. 从基本技能的角度分析

基本技能在一节课的教学目标中也属于结果目标，"用字母表示数"这一课的基本技能究竟是什么？这又是一个关键性的问题，涉及本节课的技能定位，应该聚焦在"表示"上。我们认为：从"简易方程"整体知识的角度分析，在方程概念的基础上，学会列方程解决问题是一个重要内容，列方程的基础在于"用字母表示未知量"和"用含有未知数的式子表示具体情境中的量"。因此，"用字母表示数"这一课应该在技能方面为后续列方程的学习奠定基础。

作为本节课的技能性结果目标，可以表述为"能用字母表示未知量，能用含有未知数的式子表示具体情境中的量"。这里的"能"是结果目标的行为动词，属于第三层次水平要求，相当于"掌握"，与课标要求相同。

3. 从基本思想的角度分析

基本思想在一节课的教学目标中属于过程目标，这是数学"四基"的关键内容。然而，"用字母表示数"这一课蕴含的基本思想究竟是什么？数学基本思想有抽象思想、推理思想和建模思想，抽象思想常常蕴含在数学知识的产生过程之中，推理思想常常蕴含在数学知识的发展过程之中，建模思想蕴含在数学知识的应用过程之中。

"用字母表示数"一课是"简易方程"这一单元的起始课，属于知识的产生过程，因此，蕴含的数学思想主要是抽象思想。在这一课的学习过程中，我们需要重新构建"量"的问题，把已经知道的量称为"已知量"，把暂时不知道的量称为"未知量"，这里蕴含着分类思想和集合思想。已知量用"已知数"（整数、分数、小数）表示，未知量用"未知数"（字母）表示，这里蕴含着对应思想和符号表示思想。已知数可以进行四则运算，未知数也可以进行四则运算，这里蕴含着变中不变思想。从已知数到未知数，数的范围"变"了，四则运算这个性质却"不变"。

因此，"体会分类思想、集合思想、对应思想、符号表示思想和变中不变思想"应该成为本节课过程目标的重要内容。

4. 从基本经验的角度分析

基本经验是数学"四基"的重要内容，在一节课的教学目标中也属于过程目标。活动经验是学生经历数学活动过程的一种结果，是学生在"做"的过程和"思考"的过程中逐步积淀的，是学生在数学学习活动过程中逐步积累的。积累数学活动经验是提高学生数学素养的重要标志。因此，在小学数学教学中，帮助学生不断积累基本经验是数学教学的重要目标，主要包括观察的经验、操作的经验和思维的经验。

因此，"积累观察的经验、操作的经验和思维的经验"应该成为本节课过程目标的重要内容。

五、数学"四能"分析

从数学"四能"的角度分析，我们应该确定一个核心问题。用核心问题统领全课，再设计一个问题串，让学生在数学思考中发现问题和提出问题，然后分析问题和解决问题，以此促进学生深度思考，培养学生发现问题、提出问题、分析问题和解决问题的能力。

为什么我们会想到用"字母"来表示"未知数"？那是因为这个数是多少我们"不知道"，就不能用整数、分数或小数进行表示。即使"不知道"，也想把它表示出来，该"怎么办"？这时，我们就必须借助其他的符号来进行表示，"字母"就是一种不错的选择，因为它在外形上不会与原来的整数、分数、小数混淆，在结构上书写也比较方便。

通过以上分析，我们可以把"知道吗"作为本节课的核心问题。如果这个量是多少已经"知道",就用"已知数"(整数、分数或小数)来表示;如果这个量是多少,我们"不知道",就用"未知数"(字母)来表示。因此,"知道吗"是本节课的核心问题,是一个分界线。接下来,我们可以设计这样的问题串,促进学生深入思考:如果"不知道",但又需要表示出来,该"怎么办"?基于这个问题,学习用字母表示未知数,进一步思考用字母表示未知数"有何用"。让学生学习用含有字母的式子表示新的未知量,在具体情境中感受字母参与运算的过程,进一步体会用字母表示数的意义。最后,用"还有吗"这个问题,引导学生自己发现并提出新的问题,再次尝试用含有字母的式子解决问题,体会用字母表示数的应用。

这样,"知道吗""怎么办""有何用""还有吗"四个问题形成了一个问题串。我们可以通过这四个问题,不断推进教学的进程,促进学生的思考,在情境的体验中学会用字母表示未知量,不仅为后续方程概念的学习奠定重要基础,而且把数学"四能"的基本理念落到实处。

六、核心素养分析

从核心素养的角度分析,本节课可以培养的核心素养主要是量感、数感和符号意识。

量感在这里主要是指对"已知量"和"未知量"的感悟,进一步丰富学生对"量"的认识,明确"已知量"可以用"已知数"(整数、分数、小数)表示,"未知量"可以用"字母"表示。这是一个非常重要的感悟,有助于对数学本质问题的理解。

数感在这里主要是指对"已知数"和"未知数"的感悟,进一步丰富学生对"数"的认识,体会到"未知数"和"已知数"一样,都能进行四则运算,在原来"已知数"运算经验的基础上,进一步认识到"未知数"之间也可以运算,"未知数"和"已知数"之间也可以进行运算。这样的感悟和经验,对后面列方程具有重要意义。

符号意识在这里是指理解用"字母"这种符号表示"未知量"的意义,能用字母表示未知数,知道字母具有简洁性,能用含有字母的式子表示具体情境中的未知量。

综合以上六个方面的分析，根据《2022版课标》的基本理念，我们可以拟定本节课的教学目标如下：

（1）在观察、思考、表达等数学活动中，了解具体情境中的未知数，知道未知数和已知数可以进行四则运算，能用字母表示未知量，能用含有字母的式子表示具体情境中的数量关系。

（2）经历发现问题、提出问题、分析问题和解决问题的过程，感悟用字母表示的一般性，发展量感、数感和符号意识，体会分类思想、集合思想、对应思想、符号表示思想和变中不变思想，积累观察的经验、思考的经验和表达的经验。

（3）感受数学与生活以及数学内部之间的紧密联系，养成良好的思维习惯，体会数学的奇妙，激发学习的兴趣。

第三节　教学问题与思考

2018年3月30日，我以"用字母表示数"一课为例，在教学实践的基础上，阐述了魅力课堂的三个基本要义，并第一次正面回答数学的魅力问题。我把形成的文稿发给张奠宙先生，他于3月31日下午给我回复，他赞成"魅力数学"的主张，同意数学魅力的解释，这让我受到极大的鼓舞。下面是我思考的一些文字。

数学的魅力在哪里？数学的魅力在于它的神奇和美妙。神是指数学知识背后所蕴含的基本思想，它是数学的灵魂和精髓，主要包括抽象思想、推理思想和建模思想；美是指教学内容的数学本质，它是数学的根源和本质。数学的神和美是一种客观的存在。数学的奇和妙是学习者在数学学习过程中的一种主观感受和体验。中国有一个成语"奇思妙想"，它是指对于某些事物思维散发出奇特的想法或看法，其中不乏一些新创意、新的思路。

因此，在数学学习过程中，通过"思"才能产生奇的感受，通过"想"才能产生妙的体验。换句话说，通过"数学思考"才能产生奇和妙的感受。

本节以"用字母表示数"为例，探讨魅力课堂的三个基本要义。

一、魅力课堂的第一要义——把握数学本质

魅力数学要求课堂要准确把握数学本质，这是魅力课堂的第一要义。我们要从数学本质的深度研究教学内容，厘清教学内容的源与流，分析知识的生长点和延伸点，追问教学内容的数学本质，从本质上明确该"教什么"，而不能仅仅停留在教学内容的表面理解上。教学时，要根据教学内容的数学本质，立足学生的实际，设计一些有效的数学活动，让学生在数学活动中，感悟教学内容的数学本质，这样的课堂才会有魅力，才能更好地促进学生数学核心素养的形成与发展。

比如，"用字母表示数"一课，是小学数学中代数领域的经典课例。用字母表示数的数学本质是什么？这节课该教什么？教学的基点在哪里？要回答这些问题，我们可以从以下几个角度去思考。

第一，从学科知识的数学本质分析。"用字母表示数"属于初等代数的范畴，初等代数是研究数字和文字代数运算的理论，主要研究实系数代数式的代数运算理论，属于数学的一个重要分支，方程、方程组是初等代数的主要内容。在实数的范围内，小学阶段的四则运算和初中阶段的整数次乘方和开方都是代数运算。代数的本质在于还原和对消，也就是通过式的运算、化简、对消，最终把淹没在方程中的未知数 x 还原出来，显示出 x 的本来面目，在这里，张奠宙先生用以上形象的语言阐述了代数中解方程的数学本质。

从以上分析可以看出，方程和解方程是代数的基本内容，未知数和代数式是方程的两个重要前概念，是学习方程的重要基础，用字母表示数的结果，本质上就是一个代数式。在代数式中，"文字代表数"（即本章所指的字母表示数）并非本质所在，本质在于文字（即本章所指的字母）可以和数以及其他符号进行运算，因此，张奠宙先生的观点——字母表示数，功夫要花在字母参与运算上，我们觉得应该成为本节课的教学内容之一。

第二，从数学知识的源与流分析。人们为什么会萌发"用字母表示数"？在数学的研究过程中，已知数、已知量可以用整数、分数、小数等进行表示，未知数和未知量就不能再用这种方式进行表示，这时人们就必

须借助另一套符号进行表示，字母就是一种很好的选择。它在外形上与数字不同，不会与之混淆，从这个角度看，用字母表示的不是已知数和已知量，而是未知数和未知量。另外，数学上引入字母以后，有什么用？它要到哪去？众所周知，字母将为后续方程和函数的学习服务，但是字母在其中的含义完全不同：在方程中，字母表示的是一个"未知数"，是一个"暂时未知"的数，而在函数中，字母表示的是一个"变量"，是一个"变化的量"。

小学阶段，"用字母表示数"是"简易方程"这一单元的起始课。字母表示数首先应该为方程的学习服务，在这里，字母是未知量的一种抽象，它表示的是特定的未知数。张奠宙先生的观点——简易方程单元中的"文字代表数"，学生需要学习的是如何用"文字"表示特定的未知数，我们觉得应该是本节课的主要教学内容。

第三，从课程标准的目标要求分析。《2022版课标》在第三学段数量关系的"内容要求"中指出："在具体情境中，探索用字母表示事物的关系、性质和规律的方法，感悟用字母表示的一般性。"因此，从内容要求的角度分析，课标强调过程目标的达成，对于"用字母表示事物的关系、性质和规律的方法"这一过程目标，要求达到第四层次水平"探索"，对于"用字母表示的一般性"这一过程目标，要求达到第三层次水平"感悟"。同时，在"学业要求"中指出："能在具体情境中，用字母或含有字母的式子表示数量之间的关系、性质和规律，感悟用字母表示具有一般性。"因此，从学业要求的角度分析，课标强调结果目标和过程目标同时达成，对于"用字母或含有字母的式子表示数量之间的关系、性质和规律"这一结果目标，要求达到第三层次水平"能"（即掌握），对于"用字母表示具有一般性"这一过程目标，要求达到第三层次水平"感悟"。

因此，"用字母表示数"一课，在结果目标上，应该达到"在具体情境中，能用字母或含有字母的式子表示数量之间的关系、性质和规律"，在过程目标上，应该达到"感悟用字母表示具有一般性"。通过"用字母表示数"一课的学习，为后续方程的学习种下"用字母表示未知数"这颗种子，让它在方程的学习过程中发芽、成长，为列方程解决问题奠定坚实基础，为算术思维顺利向代数思维过渡提供重要的思想保证。

二、魅力课堂的第二要义——挖掘数学思想

数学思想是数学的灵魂和精髓，魅力数学要求课堂要充分挖掘数学思想，这是魅力课堂的第二要义。"站位要高"是魅力课堂的重要特点，站在数学思想的高度设计教学，才能真正确保课堂的魅力。因此，我们应该立足教学内容，充分挖掘数学知识中所蕴含的数学思想，让学生在基础知识、基本技能的学习过程中，感悟数学思想，积累思维经验，这样的课堂才有足够的回味空间和品味余地，才能绽放出数学应有的魅力，才能更好地促进学生数学核心素养的形成与发展。

一般而言，数学思想蕴含在数学知识的形成、发展和应用过程中，在数学知识的形成过程中常常蕴含着抽象思想，在数学知识的发展过程中常常蕴含着推理思想，在数学知识的应用过程中常常蕴含着建模思想。"用字母表示数"一课究竟蕴含着哪些数学思想？我们可以从以下几个方面进行分析。

第一，从知识形成的角度分析。"用字母表示数"是"简易方程"这一单元的起始课，属于知识的形成阶段。因此，"用字母表示数"一课所蕴含的基本思想是抽象思想。具体包括哪些数学思想？我们知道，对于"已知数"和"已知量"，可以用学过的数（整数、分数和小数）进行表示，而对于"未知数"和"未知量"又该如何表示？这里就蕴含着符号表示思想。在具体情境中，用含有字母的式子表示相应的量，这里又蕴含着对应思想。比如，小明今年几岁不知道，可以用 x 表示，那么小明 5 年后的年龄就可以用 $x+5$ 表示，在这里，x 与小明今年的年龄对应，$x+5$ 与小明 5 年后的年龄对应。对于不同情境中的未知量（如池塘里青蛙的只数、操场上学生的人数、森林里树木的棵数等），情境变了，然而情境中的未知量都可以用字母进行表示，这里蕴含着变中不变思想，"变"的是具体情境，"不变"的是情境中未知量的表示方式。

第二，从知识发展的角度分析。在中小学数学中，数与代数领域的知识脉络通常是量—数—式—方程—函数，"数"（这里指整数、分数、小数等）是"已知量"的一种抽象，"式"（代数式）是"未知量"的一种抽

象。因此，学习了"用字母表示数"后，"数"就开始发展到"式"，在代数式的视域下，单个字母或单个数字也是代数式，数学上称之为单项式，这样，原来的一个数，在"式"的世界里变成了单项式，这在学生内心深处有些"接受不了"，这是本节课需要积累的经验，也是数学学习历程中一个非常重要的"门槛"。从"数"到"式"，在这个发展过程中，原来在"数"的世界里，能进行四则运算，并且常常有一个感觉比较"踏实"的运算结果，那么在"式"的世界里，是否依然能进行四则运算？又该如何运算？运算的结果又是如何？这里蕴含着推理思想中的类比思想，这是本课培养合情推理的重要素材。当学生在学习过程中领悟了这些内容后，数学的神奇和美妙便油然而生。

第三，从知识应用的角度分析。用字母表示未知数，它在具体情境中的应用属于知识的应用过程，在这个过程中蕴含着建模思想。本节课建立的是代数式模型。所谓模型，就是指运用形式化的数学语言表征研究对象的一种数学结构，代数式模型就是运用字母、数字和运算符号等表征具体情境中事物的数量的一种数学模型。

三、魅力课堂的第三要义——驱动数学思考

魅力数学要求课堂要积极驱动数学思考，这是魅力课堂的第三要义。魅力课堂倡导课堂要有广阔的思维空间，要有浓厚的思考味道，要让"听"的味道淡一些，"想"的味道浓一些，强调通过启发学生独立思考、学会思考，让学生充分体验思考的乐趣，体会数学的神奇与美妙，从而感受课堂的魅力。

如何才能积极驱动数学思考？我们认为，关键在于课堂要有一个明确的核心问题以及一些富有启发性和引导性的问题串，以核心问题为统领，以问题串为线索，促进学生更为积极地思考，学会用数学的方式思考问题。

第一，通过提炼核心问题，驱动数学思考。问题是数学的心脏，是思考的载体，核心问题是驱动数学思考的关键所在，应该具有统领性、驱动性和相关性。核心问题要能够统领一节课的数学学习，要能够驱动学生的

数学思考，要能引发全体学生的关注，要与一节课的核心知识相关联。因此，提炼核心问题时，我们要深入研究分析教学内容，把握好一节课的核心知识，在核心知识上提炼出相应的问题。

从前文分析中可知，"用字母表示数"一课的核心知识是"用字母表示特定的未知数"，也就是用字母表示特定情境中的"未知量"。通过本课的学习，要让学生明确一个道理：已经"知道"的数量可以用相应的"数"进行表示，暂时"不知道"的数量可以用"字母"进行表示。这里研究对象的具体数量"知道"还是"不知道"就是一个关键性问题，它将产生两种完全不同的表示方法。在原来的学习经验中，在算术的世界里，学生对于不知道的问题（即求解问题），通常是通过分析问题和条件的关系，凭借算术思维，根据问题情境中的数量关系，直接列出算式进行计算，最终解决问题。然而，在代数的世界里，面对不知道的问题，学生可以通过不同的思维方式（代数思维），不再去寻找问题和条件的数量关系，而是直接把"不知道"当成"知道"，并给它一个特定的符号（字母），然后再去寻找问题情境中的等量关系，列出方程并求解。

因此，我们可以把"知道吗"作为本节课的核心问题，以此驱动学生的数学思考，它是本课学习过程中数学思考的基点和出发点。如果研究对象的数量已经知道了，那么就直接用相应的数进行表示，这是已有的经验；如果研究对象的数量不知道，也可以"假装"已经知道，那么就间接用字母进行表示，这是本节课需要积累的新经验，是方程知识学习过程中非常重要的思想方法。

第二，通过设计一串问题，拓展思维空间。问题串是核心问题的延伸拓展，是一节课明晰的思维线索，是把数学思考引向深入的重要保证，是拓展思维空间的重要载体，是体会思维乐趣的重要基础。问题串要具有关联性、逻辑性和可持续性，问题串与核心问题之间要相关联，问题与问题之间也要相关联，要符合推进数学思考的一般逻辑，同时还要能促进学生持续思考。因此，设计问题串时，我们要立足核心问题，整体把握教学内容，全面构思教学环节，把教学环节的设计和问题串的设计有机统一起来，让学生在数学思考和问题解决的过程中整体推进学习的进程。

在"用字母表示数"一课中，我们可以设计一组观察的数学活动。首先在黑板上摆放几个磁吸（不遮住），然后再摆几个磁吸（遮住），让学生观察后思考，用"摆了几个磁吸，你知道吗"这个问题驱动学生的数学思考，要求学生写下相应的数。这里的"知道吗"就是一个核心问题。在第一个数学观察活动中，因为"知道"所以可以直接写出相应的数，然而，在第二个数学观察活动中，由于磁扣被遮住了，看不见，因此，学生自然"不知道"摆了几颗，虽然不知道，但是还要把它写下来（表示出来），那该怎么办？"怎么办"在这里就是一个延伸性的问题，让学生在独立思考和交流讨论中，想办法表示出一个"未知的数量"，在解决"怎么办"这一问题的过程中，就自然推进了学习进程，不知不觉中开启了学习之旅。问题解决了，但思考不能就此终止，要紧接着追问：我们用字母表示未知数，又有何用？这里"有何用"是前一个问题"怎么办"得以解决后的又一个拓展延伸的问题，进一步把学生的注意力和思考路径导向理解字母表示特定未知数的意义。在这里我们可以从生活中选取一些具体的事例，比如"淘气今年几岁不知道，淘气5年后的年龄怎么表示""池塘里有几只青蛙不知道，跑了5只，这时池塘里青蛙的数量怎么表示"等，让学生体会用含有字母的式子表示具体情境中的未知量的意义所在，为后续方程的学习奠定坚实基础。在此基础上，我们可以引导学生接着思考：生活中还有其他事例吗？这里的"还有吗"是"有何用"的进一步拓展延伸，让学生带着"用字母表示未知量"的眼光，观察思考周围的世界，发现并提出新的数学问题，并用含有字母的式子进行表示。

"知道吗""怎么办""有何用""还有吗"四个问题形成一个问题串，在"知道吗"这一核心问题的统领下，驱动了字母表示数的数学思考。问题串把数学思考不断引向深入，促进学生更为积极地思考，想得更全面、更深刻、更清晰。这里的问题串自身又构成一个数学思考的循环系统，不仅丰富了课堂的广度，而且拓展了思考的时空，把数学思考从课内延伸到课外。虽然一节课已经结束，但是新的思考又刚刚开始，学生在不知不觉中触及了更多、更广的未知世界，发现那里充满着各种数学奥秘，这就是数学的神奇和美妙。

魅力数学追求课堂要有三个基本要义：把握数学本质、挖掘数学思想、驱动数学思考，这是一种新的教学生态。学生在发现问题、提出问题、分析问题和解决问题的过程中，掌握基础知识，习得基本技能，感悟数学本质，体会数学思想，驱动数学思考，感受数学魅力，逐步学会用数学的眼光观察世界，用数学的思维思考问题，用数学的语言表达想法，从而形成和发展数学核心素养，这就是魅力课堂的美好愿景！

第四节　教学实录与评析

用字母表示数，从本质上看，就是要学会用字母表示未知数，理解字母可以同样参与四则运算，会用含有字母的式子表示具体情境中的未知量，为后续方程知识的学习奠定基础。

本节课驱动学生思考的四个问题是：知道吗、怎么办、有何用、还有吗。下面是根据 2018 年 4 月 28 日在安徽合肥的一次分享现场的教学实况整理出的教学实录。

一、教学的基准点——知道吗

师：同学们，今天这节课，我们就玩三个游戏，游戏结束，课就上完了。（学生非常专注地听着）下面，我们开始玩第一个游戏。现在我心中想着一个数，你知道是什么吗？

生（女）：不知道。

师：为什么？

生：老师您没说。

师：真好。我既没有说出来，也没有写出来，你们怎么可能知道呢！这是一种正常的现象，说明我们是正常人。但是，我们学数学，学着学着，就会变得"不正常"！今天，我会让大家变得"不正常"，大家到时要受得了！

（学生惊讶地看着老师。）

师：（在黑板上摆放两个绿色磁吸）现在老师心中想的是哪个数，你知道吗？

生：现在知道了。

师：是什么？

生：是2。

师：为什么？

生：因为你摆出了两个磁吸，所以我猜你心中想的应该是2。

师：非常棒，给他掌声。他已经会用合情推理了，真好。请大家在练习本上把它写下来，动作要快。

师：苏老师宣布第一个游戏到此结束。下面，开始玩第二个游戏，此时老师心中又想着另一个数，你知道吗？（板书：知道吗）

生：不知道。

师：为什么不知道？

生：因为老师没有说，也没有通过什么方式表达出来。

师：（在黑板上摆放一个绿色磁吸）现在老师心中想的是哪个数，你知道吗？

生：知道了，是1。

师：请大家把它也写在本子上。第二个游戏也结束了，恐怕这节课很快就要结束了！

（学生吃惊地你看看我，我看看你。）

师：你看到黑板上的2和1，你能想到什么？

生：我想到2+1。

师：非常好。学数学的人就是这样子，他已经想到了加法运算。除了加法运算，你还能想到什么？

生：2乘1，2减1，2除以1。

师：（板书算式：2+1=3、2-1=1、2×1=2、2÷1=2）自然数可以进行四则运算，而且都有运算结果，都生了"宝宝"，你们心里踏实吗？

生（男）：（笑着说）踏实。

评析

在这里把本节课教学的基准点定在"自然数"和"自然数的四则运算"上，通过两个极为简单的游戏活动，让学生在复习自然数的基础上，明白它们都可以进行四则运算，而且运算都有结果，结果还是自然数。始终强调"知道吗""为什么"，让学生初步感受，知道了就能用"已知的数"进行表示，为第三个游戏奠定了基础。

2018年10月25日在江苏无锡的一次交流中，我对三个游戏活动正式做了调整，把"心中想着一个数"改为"箱子里有几个苹果"。事先在黑板上张贴三张苹果图（分别是2个、1个和8个），分别用三张卡纸盖着，在没有翻开卡纸之前，由于看不到，因此不知道有几个苹果，就不能进行准确的表示。然而，当翻开卡纸后，由于看到了，就能知道这个箱子里有几个苹果，这时就能用自然数进行准确的表示。这样的改动，旨在体现"数"是"量"的一种抽象，"已知数"是"已知量"的一种抽象，为"未知数"（字母）是"未知量"的一种抽象奠定基础，这样的改动也更加接近数学本质。

二、教学的生长点——怎么办

师：下面，我们开始玩第三个游戏。我心中又想了一个数，你知道吗？

生：不知道。

师：可是，我一定要你写下来，你怎么办？（板书：怎么办）先独立思考，然后同桌交流，你打算怎么写？

（学生感到困惑，同桌略有交流。）

生：1、2、3、4、5、6……

师：这个同学试图把所有可能的情况都写下来。这样不行，我要你用一个符号表示出来，大家再想一想办法。

生：8。

师：苏老师心中想的数一定是8吗？

生：不一定。

师：既然不一定是8，那么你写8，这样的表示方法就不行了。还有其他方法吗？

生：你告诉我，你心中想的数加上1是多少，我就能知道你想的是哪个数。

师：他的方法真好，但是我现在不能告诉你，课结束的时候，我会告诉你。

生（女孩，姓王）：（不自信地说）我不知道你心中想的是哪个数，因此，我用"？"表示。

师：你为什么用这个符号表示？

生（王）：因为我不知道你想的是哪个数，就用这个"？"代表了。

师：小王老师的想法很独特，今天就跟我一起做小老师了，不要回去座位了。她刚才说了两个很重要的字，是什么？

生（王）：代表（教师板书：代表）。

师：小王老师用了一个疯狂的符号"？"代表苏老师心中想的那个数。你还能用什么符号代表我心中想的那个数？

（小王老师立刻在黑板上又写出另一个符号"x"。）

师：这是什么？

生（王）：x。

师：请问这个 x 是什么？

生（王）：这个 x 代表"未知数"。

师：（板书：用字母代表数——未知数）什么叫未知数？

生（王）：（不确定）就是不知道的数。

师：这个未知数是永远不知道的吗？

生（王）：（稍加思考）不是。

师：那是什么？

生：是"暂时"不知道。只要你说出来就知道了。

师：给她掌声。她说得很好，这个未知数只是暂时不知道。除了 x，你还知道哪些字母？

生（王）：（羞涩）a、b、c、d……，大家都学过英语，就不用我再说了吧！

（全场嬉笑声，教师板书并把这些字母圈起来。）

师：这些又是一个新的家族，这个家族的样子长得和自然数一样吗？

生：不一样。

师：今天小王老师用一个全新的符号，来表示"未知的数"，非常厉害，再次给她掌声鼓励。

师：如果我们把自然数看成是"地球"上的数，那么这些字母就可以看成是"外星球"上的数。这些"外星球"上的数来到"地球"，帮我们做了一些事情，表示"未知的数"。

师：今天来听课的同学有几个，知道吗？

生：（齐声）知道，36个。

师：既然知道，那么用什么数表示？

生：n。

师：这就是典型的"走火入魔"了。我们既然已经知道是36个人，是用未知数表示吗？

生：不是。

师：那么该用什么表示？

生：36。

师：很好。我们已经知道了，是36个同学，就应该用已知的数36进行表示。

师：今天有多少个老师来听课？你知道吗？

生：不知道。

师：该怎么表示？

生：用 x 表示。

师：对了。同学们，这一下都长大了。已经知道是36个同学，我们就用36表示。不知道有几个老师，我们就用 x 表示。

评析

在这里通过第三个游戏活动，引出了新的知识点——用字母代表未知数。学生按照固有的思维，试图用已知的数来表达未知的数，但在相关活动的体验中，发现无法做到，必须用全新的符号才能表示未知的数。在该环节中，小王老师首先尝试用"？"来表示，这是一个伟大的创造——选用自然数以外的符号来表示未知数。在老师的启发引导下，她又进一步想到用字母 x 代表未知数，正式生长出新的知识。在师生对话交流中，体会这里的未知数，只是"暂时"不知道，并不是"永远"不知道，让学生理解了"未知数"的数学本质。在"听课学生有36人""听课老师不知道有多少人"两个完全不同的问题情境中，进一步理解"已知数"和"未知数"的本质区别，明确何时用"已知数"进行表示，何时用"未知数"进行表示，懂得如果已经知道就用自然数进行表示，如果不知道就用字母进行表示，这是"用字母表示数"的关键所在。

在这个过程中，学生不仅学习了知识，还增长了见识，感悟了道理；不仅感受到了用字母表示未知数的合理性，而且体会了分类思想、集合思想和符号表示思想，积累了用字母表示未知数的经验，为下一环节的学习奠定了重要的经验基础。

三、教学的延伸点——有何用

1. 字母与数字的加法运算

师：字母来到我们数学大家族，有何用？（板书：有何用）

师：今天听课的老师有多少人，我们不知道，就可以用 x 进行表示，而听课的学生有36人，请问：我们这个大教室里一共有多少人？你准备怎么表示？

生：用 $x+36$ 表示。

师：（板书：$x+36$）这里的 x 表示什么意思？

生：表示老师的人数。

师：36表示什么意思？

生：同学的人数。

师：$x+36$表示什么意思？

生：表示大教室里一共有多少人。

师：有一天，苏老师走到了池塘边，突然听到了"呱呱"的叫声，认真一看，天啊！有好多青蛙。有几只？不知道。怎么办？

生：用x表示。

师：真好。我站了一会儿，突然听到"扑通、扑通、扑通"三声，跳进去了3只青蛙，请问这个时候池塘里一共有几只青蛙？

生：$x+3$。

2. 字母与数字的减法运算

师：有一天，下课后，我走出教室一看，树上有好多的小鸟，有几只？不知道。怎么办？

生：用x表示。

师：突然，一阵风吹来，我发现飞走了5只，请问这个时候树上还剩下几只小鸟？

生：$x-5$。

师：看来，字母来到我们数学大家族，还是挺有用的，还想听故事吗？

生：想。

师：有一天，苏老师去停车场，发现停了好多辆车啊！……请一个同学上来继续往下编一个数学故事。

生（女）：有一天，苏老师去停车场，发现停了好多辆车啊！有几辆？不知道，怎么办？

生：用x表示。

生（女）：突然，"呼、呼、呼"开走了10辆车子，请问现在还剩下几辆车子？

生：$x-10$。

3. 字母与数字的乘法运算

师：很棒，给她掌声鼓励。我也来编一个数学故事。苏老师去停车场,发现停了好多辆车啊!有几辆?不知道,怎么办?

生:用 x 表示。

师:请问这些车一共有几个车轮?

生:我觉得是 x 乘以 4。

师:(板书:$x \times 4$)你能把它写得更简洁一些吗?

生:可以用 $x4$ 表示。

师:很好,他把乘号省略了。还可以怎么写?

生:$4x$。

师:你们发现 $x4$ 和 $4x$,什么变了?

生:顺序变了。

师:对了。当数字与字母相乘时,中间的乘号可以省略,我们通常把"地球"上的数字写在前,"外星球"的字母写在后。

师:通过刚才这些故事,我们发现"外星球"的字母来到"地球"后,它和"地球"上的数一样,能做加法运算、减法运算和乘法运算。你猜它还可以做什么运算?

生:除法运算。

师:对了。它还可以做除法运算,你们自己举个例子说明。

4. 字母与数字的运算比较

师:"地球"上的自然数做运算都有一个结果,而"外星球"上的 x 和地球上的 36 "结婚",有结果吗?能生宝宝吗?

生:没有结果。

师:x 和 36 做加法运算,不可能有自然数那样简洁的结果了。你们心里受得了吗?

生:受得了。

师:我再举一个例子,笑笑今年几岁不知道,该怎么办?

生:用 x 表示。

师:请问 5 年后笑笑几岁,怎么表示?

生:$x+5$。

师:笑笑今年几岁不知道,请问 10 年前她几岁,怎么表示?

生:$x-10$

师：$x+5$、$x-10$ 本身就是运算的结果，没有更简洁的结果了，这就是字母大家族与众不同的奥秘。

评析

当遇到一个数量问题，不知道这个量是多少时，我们暂时用字母来代表，即用字母来表示未知数，这仅仅是解决问题的一个重要手段，并不是根本目的，我们应该学会用含有未知数的式子，表示出具体问题情境中的未知量。这是列方程的重要基础，是用字母表示数的关键所在。

本节课的延伸点：由 x 延伸到 $x+10$，由 x 延伸到 $x-5$，由 x 延伸到 $4x$，不仅要知道 x 所表示的含义，还要懂得数字所表示的含义，同时还要明确含有字母的式子所表示的含义。因此，我们通过"大教室里一共有多少人""树上还剩下几只小鸟""一共有几个车轮"三个实际生活问题，引导学生在用 x 表示未知数的基础上，用含有 x 的式子表示具体情境中的未知量，从而让学生在具体情境中，体会字母与数字的加法运算过程，体会字母与数字的减法运算过程，体会字母与数字的乘法运算过程。这可以让学生从本质上感受字母和数字一样，都能进行四则运算，克服四则运算要有一个显性结果的思维定势，从而为后续方程的学习奠定重要的思想基础和经验基础。

四、教学的拓展点——还有吗

师：（板书：还有吗）你能像老师这样，想一想生活的故事，再提出一个新的数学问题吗？

生：涵涵今年几岁不知道，请问 10 年后，涵涵几岁，怎么表示？

生：$x+10$。

师：很好，就是这样。用我们的眼睛去观察周围的世界，想一想在哪里还可以用字母进行表示？

生：今天妈妈给我买了很多冰棒，不知道有几根，我给了别人10根，请问现在还剩下几根棒冰？

生：$x-10$。

生：这个时候，妈妈又给我买了20根冰棒，请问现在有多少根，怎么表示？

生：$x-10+20$。

师：谁可以把它写得更简洁一些？

生：$x+10$。

师：为什么？

生：给了别人10根，又得到20根，相当于比原来只多了10根。

师：很好。如果我跟你说今天的课已经学完了，你受得了吗？

生：受不了！

师：为什么受不了？

生：因为我不想下课，还想上一会儿。

师：你还想上多久？

生：（笑着说）一天！

师：好的，那我们就再上一小会儿。请一个同学再上来继续编一个数学故事。

生：有一天，我在路上看到好多车，不知道有几辆，可以用什么表示？

生：可以用 x 表示。

生：又来了10辆，现在一共有多少辆车？

生：$x+10$。

生：今天郝老师给我们布置了几道数学作业，不知道，该怎么办？

生：用 x 表示。

生：郝老师看我们今天表现好，给我们减掉了2道题，现在还剩下几道题目？

生：$x-2$。

师：苏老师心中想的数，你们知道吗？

生：不知道。

师：不知道，怎么办？

生：用 x 表示。

师：（板书：$x+1=9$）大家是否还记得，课前有一位同学很想知道，我心中想的那个数加上 1 是多少，现在我告诉你，这个数加上 1，正好等于 9，那么你知道我心中想的这个数是什么？

生：8。

师：对的。我们的未知数只是一个暂时不知道的数，当给足了条件的时候，我们一下子就能知道这个未知数具体表示的是哪个数。

师：今天的课到此结束。下面，我们进行随机访谈，请大家说一说，你对数学的感受。

生：我感觉数学很有趣。

生：我感觉数学很好玩。

生：我觉得数学很奇妙。

生：我觉得数学课怎么上都不够。

生：数学不枯燥，不像语文要死记硬背。

生：数学就像一块美玉。

生：我觉得数学值得我们一起去探索。

生：我觉得数学真的是博大精深。

师：下面，我们进行随机访谈，请大家说一说，你的心里话。

生：我不想下课，我还想再上一会儿。

生：老师，你的课很幽默，有时间再来我们学校上一堂课，好吗？

生：老师，我也是福建的，是福建闽侯的。

生：老师，我也是福建的，福建莆田的。

生：老师，下次到我家来玩。

生：老师，我家在东北，你可以来东北玩。

生：老师，你能不能再上一会儿？

生：老师，今天学的是不是代数？

生：老师，您能不能永远都留下来？

生：老师，我可以吐槽一下你上课的方法吗？你这节课跟我们说一共只玩三个游戏，前面那两个游戏涉及的基本上是一二年级小朋友的知识，到第三个游戏才步入正轨。

评析

在这里,通过"还有吗"这个问题,引导学生进一步思考,结合生活经验,让学生独立思考、学会思考、发现问题并提出新的问题,由此把数学思考引向深入,让学生的思考看得见,让学生的思考听得见,让学生的思考摸得着。通过课后的两个访谈环节,学生说出了对数学的真实感受,学生道出了自己的心里话——学生不愿意下课,学生愿意继续拖课。我们可以发现,数学已经焕发了魅力,课堂已经绽放了活力,这就是以情优学的美好愿景,这就是魅力数学的真实写照,这就是魅力课堂的教学生态,这就是数学好玩的根本所在!

$\frac{3}{7}$ $\frac{1}{2}$

$\frac{5}{6}$

$\frac{9}{5}$ 好玩七
真分数假分数

$\frac{9}{4}$

$\frac{3}{4}$

第一节　教学故事与感悟

"真分数假分数",是我 2019 年重点研究和交流的一节研究课。这节课是 2019 年 3 月 15 日在广西飞往南宁的航班上开始进行设计的,诞生了初步的设计方案;2019 年 5 月 13 日第一次试教;2019 年 5 月 16 日征求了中央民族大学孙晓天教授的意见后再次修改;2019 年 6 月 18 日在贵州遵义开始第一次正式的交流与分享,听取蔡金法教授和吕传汉教授的意见和建议后进行了个别调整;2019 年 10 月 18 日在江苏南京进行交流后,最终形成了现在的设计方案。下面是这节课在研究过程中所发生的一些教学故事。

一、难忘的研磨经历

2019 年 3 月 16—17 日在广西南宁举行 2019 年春季"名师大课堂"全国小学数学教学观摩研讨会,我邀请了夏永立、李培芳、叶育新、阮志强、陈璐等五人,一起前往交流分享。我们每个人都上 1～2 节课,我在会上分享了"用数对确定位置""负数的认识"两节课。

3 月 15 日下午,我乘坐厦门航空 MF8363 航班从泉州前往南宁,在近 2 个小时的飞行中,我开始设计这节课,把初步方案和思路写在了飞机上的纸质清洁袋上,确定了本节课的课题为"揭秘分数大家族——真分数假分数"。核心观点:假分数是数出来的。设计思路:以 $\frac{1}{4}$ 为单位,数出一个分数家族，借助数线，通过分类产生真分数和假分数，从而揭开分数家族的秘密。基本原则：以问题为载体，以"四能"为抓手，以思想为导向。驱动思考的四个问题：有没有、在哪里、是什么、还有吗。

2019 年 5 月 13 日，根据初步的设计方案，我在南安市丰州中心小学工作站的交流活动中，开始本节课的第一次试教，收到了预期的效果，赢得了与会老师的赞许，由此基本确立了本课的教学方案。5 月 14 日早晨，欣喜之余，看到妻子养育的鲜花在阳台上争相开放，便撰写了微信发朋友圈分享：美好季节已到来，我家阳台花盛开，漫山遍野红似海，伊人这朵我最爱。这就是我当时成功试教后的喜悦心情！

2019 年 5 月 16—17 日在泉州师范学院第一学术报告厅召开 2019 年闽黔基础教育国家教学成果推介交流与教学研讨会，这个活动由我和吕传汉教授共同策划。在 2018 年国家教学成果奖的评选中，吕传汉教授的项目荣获一等奖，我申报的项目荣获二等奖。这次活动旨在分享两项获奖的教学成果，我还专门邀请了中央民族大学孙晓天教授来参加，并请他做专题报告。在这次活动中，我针对本节课的核心观点和设计思路等问题，专门向孙晓天教授请教，并征求他的意见。得到孙教授的肯定和鼓励后，我坚持了原定的设计方案，同时，孙老师离开泉州时，专门嘱咐我要把"长见识和悟道理"融入我的教学主张，我非常赞同。因此，2019 年 7 月以后，我的文章中经常出现"学知识、长见识、悟道理"这样的文字。

2019 年 6 月 18 日在贵州遵义文化小学举行"吕传汉、张佩玲智库专家工作坊项目——乡村小学数学教学国际研讨会"，我应邀参加，并第一次正式分享这节研究课。美国特拉华大学蔡金法教授、贵州师范大学吕传汉教授、贵州大学周国利教授、贵州教师教育学校张佩玲校长等，会后给我提了很多宝贵的意见和建议，让我进一步完善并优化了教学方案。贵州大学周国利教授于 6 月 18 日晚上发微信鼓励我："苏老师你好！我和你一见如故，我们俩授课风格相同，早见过上课幽默的老师，谁知道你更幽默，你上课风格超有特色，望保持并发扬光大。"6 月 19 日早晨再次发微信勉励我："勤于学习他人之长的人，是谦逊的人；能够倾听别人意见的人，是明智的人；肯于接受批评的人，是自省的人；善于分析得失的人，是聪明的人；四种品质兼备便成了包容，有了包容之心，无论身处顺境逆境，都能怀一颗至真、至美、至善的心，走向最美的境界。"

我一路走来，总是贵人相伴，总是感动相随。我深刻体会到，在教师专业成长中贵人的重要性。我经常说"贵州是贵人之州"，我在贵州的第一批贵人是吕传汉教授和张佩玲校长，通过这次活动，我有幸结识了新的贵人——周国利教授。我常想：幸福是什么？幸福就是经常有贵人相伴，能做自己喜欢的事。智慧是什么？智慧就是已经预设好的事情能做好，没有预设的事情能做到。情商是什么？情商就是说话让人喜欢，做事让人感动，做人让人想念。正能量是什么？正能量就是给人希望，给人方向，给人力量，给人智慧，给人自信，给人快乐。

我始终努力——成为学生成长中的贵人，成为一个有正能量的人！

二、美丽的拉萨之行

2019年7月25—26日在西藏拉萨举行"儿童数学教育思想研修学大会"，吴正宪老师邀请我和陈璐老师随她一同前往拉萨，参加本次大会并做教学分享，我再次执教了这节课。

这是我第一次进入西藏，我满怀激动的心情，于7月24日乘坐厦门航空MF8467航班，从厦门直接飞往拉萨，再次与吴老师相聚。在这次分享中，庆幸的是，我没有"高原反应"。上完课，吴老师这样对我说："苏老师，你和学生的距离很近，课堂很有亲和力，你不说是大学老师，还真看不出来。"吴老师就是这样时常勉励我不断前行。

吴老师是我学习的榜样，她对小学数学的热爱，对课堂教学的执着，对教育的追求，对学生的喜爱，对老师的关怀，都是我学习的榜样。记得1998年我第一次教"小学数学教学法"课程时，就开始观摩吴老师的教学录像，研究她的教学思想，当时的我就被她的教学艺术所折服。因此，我经常勉励我的学生，要以吴老师为榜样，现在好好学习，好好体会，好好感悟，将来好好教书，好好育人，好好生活。2011年一次偶然的机会，我在一次现场活动中终于遇见了吴老师。她的人格魅力深深吸引着我，后来因为小学数学，我们经常在不同的地方相遇，这就是缘分。我们时常谈心，慢慢变成了挚友，从她的身上，我学到了很多，不仅是教学，还有做人，我也成了儿童数学教育思想的永远追随者！

吴老师倡导"好吃又有营养"的数学课堂，强调"三个读懂"——读懂学生，读懂教材，读懂课堂，主张用纯粹的心做专业的事，把专业的服务送到最需要的地方去……在这漫漫求索的二十几年里，吴老师的教育教学思想深深影响着我：让我怀揣上美丽的梦想，让我明确了前行的方向，让我看到了幸福的彼岸，也让我体验了教学的乐趣，还让我明白了友情的珍贵，更让我懂得了人生的真谛……

我喜欢拉萨蓝色的天空，洁白的云彩，纯粹的心灵，我更喜欢用纯洁的心去做喜欢的事，用纯粹的心做专业的事！

三、教学的崭新感悟

2019年9月20日，河南省小学数学骨干教师培训班在焦作高等专科学校举行，毋光先教授邀请我去给省培学员上课。我们是教育部高端研修项目小学数学"种子教师"培训班的同学，2013年在东北师范大学培训时结为朋友。我们都从事相同的工作——培养小学数学教师，我们都喜欢小学数学，并彼此欣赏着，这就让我们走得很近很近。我每一节新的研究课，几乎都在他举办的教师培训活动中交流过，这次也不例外。我在他的省培项目活动中，执教了2019年的最新研究课"揭秘分数大家族——真分数假分数"，虽然参训学员不多，但是反响比较强烈，这次的分享促动了我对教学的新思考。

2019年10月14日在陕西延安实验小学举行全国高师数学教育研究会小教培训工作委员会第十六届学术年会，王永春会长和刘效丽秘书长邀请我在会上再次分享了这节课。这次教学分享，让我对教学有了一种全新的感悟，下课后便写下了感受，并分享到朋友群：魅力课堂走进延安，台上学生精彩的表现，让我幸福满满，台下老师灿烂的笑容，让我感激不尽！数学课上，可以这样疯狂吗？数学课上，可以这样欢笑吗？当课堂回归自然时，它将绽放出奇异的光彩，老师并不太像老师，学生并不太像学生，教书不太像教书，育人不太像育人。然而，该有的一切，都在自然交往中悄悄地发生！那是神往已久的境地，那是执着追求的远方，那里一定有歌一般的美妙,那里一定有诗一般的幸福!

教学的至高境界——回归自然。自然地对话,自然地交往,自然地教学,教与学不是刻意地进行,而是自然交往中悄然发生。这样的课堂,可以唤醒生命的活力;这样的课堂,可以绽放数学的魅力;这样的课堂,能够触及儿童的心灵;这样的课堂,能够驱动学生的思考。然而,反观平时见到的教学,预设的太多,生成的太少,"听"的味道太浓,"想"的味道太淡,教师丧失往日的风采,学生缺乏应有的活力,课堂变成了老师的"说教场",课堂缺失了应有的"人情味"。

教学的至上法宝——走向融合。课堂是教师教学的主要阵地,课堂教学是教师专业成长的重要平台。在小学课堂教学中,语文和数学是两个最具有代表性的学科,差异明显,各领风骚。语文具有人文性、思想性和工具性的特点,数学具有抽象性、严谨性和广泛性的特点;语文重在一个"情"字,数学重在一个"理"字。长期以来,在凸显学科特点的教学道路上,这两个截然不同的学科都得到了充分的发展,成就了一批又一批的教师,实现了从优秀走向卓越。

然而,在分科教学的背景下,语文和数学在课堂教学上存在比较严重的割裂现象,常常重视凸显学科特征的教学研究,而忽视融合教育视角下的教学实践。我觉得:当下语文和数学的教学,应该从割裂逐步走向融合,这样才能更好地促进教师的专业成长。语文的课堂教学,在强调"情"的基础上,可以融入一些"理"的元素,让语文课具有数学味;数学的课堂教学,在强调"理"的基础上,可以注入一些"情"的元素,让数学课具有语文味。"情""理"交融的课堂,将会让语文和数学的教学,绽放出更加奇异的光彩。

四、不是亲生的就是抱养的

2019年10月18日在江苏南京浦口外国语学校举行"三线相融提升学力"小学数学教学研讨会,我再次分享了这节课。课堂上一位女孩的意外回答,让我大开眼界,至今记忆犹新,也进一步丰富了我对真分数和假分数的认识。

那一天，我像往日一样，把一个圆平均分成四份，产生了分数单位$\frac{1}{4}$，接着，数了12个$\frac{1}{4}$，形成了一个$\frac{1}{4}$家族——$\frac{1}{4}$、$\frac{2}{4}$、$\frac{3}{4}$、$\frac{4}{4}$、$\frac{5}{4}$、$\frac{6}{4}$、$\frac{7}{4}$、$\frac{8}{4}$、$\frac{9}{4}$、$\frac{10}{4}$、$\frac{11}{4}$、$\frac{12}{4}$，并在数线上找到了它们的家，然后，引导学生给$\frac{1}{4}$家族进行分类。一个男生说明了他的想法，他想把$\frac{1}{4}$、$\frac{2}{4}$、$\frac{3}{4}$、$\frac{4}{4}$分成一类，其他分数分为一类。当我问他为什么这么分时，他说："$\frac{1}{4}$、$\frac{2}{4}$、$\frac{3}{4}$、$\frac{4}{4}$这几个分数看起来心里好受些，其他那些分数看起来心里不好受。"这个孩子说出了他的心理感受，分子大于分母，看起来很奇怪，心里不好受，当时现场一片笑声。其实，学生看到分子大于分母的分数，为什么心里受不了？我想根本原因主要在于三年级初步认识分数时，老师过分强调了"取出"二字，这样学生就难于接受$\frac{5}{4}$的存在，因为在他们看来，一个东西平均分成4份，是不可能"取出"5份的，这是所有人都能明白的浅显道理！

　　接下来，我又请了一位女孩上来说说她的想法。她的想法很独特，她想把$\frac{1}{4}$、$\frac{2}{4}$、$\frac{3}{4}$分成一类，其他的分数分成一类，这种分类方式正好与书本一致，我当然欣喜。当我问她是怎么想的，她说："老师你看，$\frac{1}{4}$、$\frac{2}{4}$、$\frac{3}{4}$这三个分数，'孩子比妈妈小'，这样的孩子肯定是'亲生'的，是'真'的。而$\frac{4}{4}$这个分数，'孩子和妈妈一样大'，后面的分数'孩子都比妈妈大'，这怎么可能！肯定不是'亲生'的，很可能是'抱养'的，是'假'的。"这时全场响起了热烈的掌声。我瞬间觉得这个解释太形象了，我笑着问："如果让你给后面这一类分数取个名字，你想叫它什么？"她脱口而出"假分数"。"前面这一类你又想叫它什么？"她接着说"真分数"。就这样，真分数和假分数的概念自然而然形成了！

　　这是这节课自从分享以来，第一次听到学生是这样解释的，非常形象——不是亲生的就是抱养的。这次课堂的意外生成，也是一次意外的惊喜和收获，给我留下了极为深刻的印象，也促进了我对教学的再思考，这也许就是人们常说的教学相长吧！

五、学生不敢说话该怎么办

2021年5月22日在山东菏泽举行了"百课千师"第四届全国小学数学教学研讨会，我应邀前往分享教学。2017年9月23日的山东菏泽的分享经历，让我刻骨铭心——不小心打个盹，火车走了，人没走，从此我开始懂得害怕和担心，独自外出时都极为小心。当我得知这次活动也是在菏泽举办时，我就格外地小心，生怕再出意外，不敢再坐火车，改为乘坐山东航空SC2275航班从厦门直接飞到菏泽。虽然这次分享避免了路上的意外，但是却出现了课堂的意外。

那天，会场不算大，大约有300人参加，我信心满满地走上了讲台，做好了各项课前准备，在黑板上画好了数线，摆好了卡片和磁吸。我慢慢转过身来，看着孩子们，开始准备上课。这时我发现他们都满头大汗，笔直地坐着，涨红了脸，一双手紧紧地压在了桌面上，双眼直盯着黑板，眼神里藏不住的彷徨，脸上的汗水自然滑落，他们都没有动手去擦。

虽然我已发现有些不对，但是也没有多想，于是，我便开始了课前互动，随意地聊了起来。我说："你们认识我吗？"孩子们没有反应，只有个别人摇摇头。我接着说："你们知道我的名字吗？"孩子们仍没有反应。我又说："你们是几年几班的呢？"孩子们还是没有反应。这时我直接把话筒递到离我最近的第一排的一个男生面前，试图请他回答，只见他坐着一动不动，紧紧闭着嘴唇，涨红了脸，就是不开口说话。

我被眼前的这一幕吓坏了，这是我第一次遇到这样的情况。上大型公开课，学生紧张是正常现象，但是紧张到闭口不说话，这是第一次遇见，心想：这怎么教学啊，再好的设计也不可能有好的教学效果。我当机立断，中断了原来的谈话，转身向在座的老师们说明了情况后，决定带领全班同学做一些"减压运动"。我让全班同学都站起来，举起左手，再举起右手，跟着我的节拍，深深吸一口气，"一、二、三"拍拍手，连续做了三次后才让他们坐下。这时我问那个男生："现在好些了吗？"他终于开口说话了："好些了。"我狠狠表扬了他们，然后就开始正式上课。

随着教学的不断推进，孩子们都被带入了问题的意境之中，积极地想着，开心地笑着，慢慢都放松了下来，紧张的氛围不见了，活泼的气氛形成了，大家都积极投入到思考之中。那位刚开始不敢说话的男生，在这节课中成功充当了我的"教学助手"，以小老师的身份，一直在台上与我互动，由他带领全班同学学习。课末，我问他有什么感受，他表示做小老师很有成就感，赢得了全场老师的热烈掌声。我问他长大后想做什么，他直接说想当老师，又赢得了全场老师的热烈掌声！这就是小学老师的神奇和伟大之处，有时候，一节课就可以改变孩子的一生！

这节课以这样的方式推进，虽然刚开始有些意外，但是随着教学的慢慢推进，同样生出了许多精彩，不仅增强了学生的自信，而且赢得了全场教师赞扬的掌声。我再一次感悟到：教学需要一个巧妙的设计，教学更需要一种敏锐的判断，教学还需要一份灵动的智慧。这或许就是人们常说的，教学是一种艺术吧！

教师听课感受

▶ **河南省鹤壁市山城区寺望台中心小学胡艳丽老师：**

谁说大学教授不会教小学生？今日苏明强教授一节"揭秘分数大家族——真分数假分数"颠覆了我的思想认识。苏明强教授课前幽默的导入已经深深地把孩子们和在坐的每一位培训学员彻底降伏了；课堂上虽然只有一张嘴和一支粉笔，可幽默风趣的数学语言，却足矣牢牢抓住孩子们的思维。课已结束，孩子们却意犹未尽、依依不舍，更加说明了苏教授的数学课堂魅力所在！苏明强教授真是名副其实的大师，一支粉笔，一张嘴，就把孩子带进了数学的王国，体会了数学的奥妙和魅力，令人耳目一新，印象深刻！以后我会学习他的教学理念，提高自己，希望自己也能成为孩子的贵人！

▶ **河南省信阳市固始县特殊教育学校吴勤老师：**

今天是我心情最激动、思想最受洗礼、灵魂最受触动的一天。因为今天，我遇到了教育名家苏明强老师。上午，在焦作实验小学，苏老师独具匠心的教学设计，独特的个人魅力展示，极好课堂效果的呈现，"俘获"了五一班全体学生和我们50位男女学员的心，我们都情不自禁地成为他忠实的粉丝。苏老师语言幽默风趣但又极其严谨，在课堂上没有一句无用的话语。面对每一种情况，他都能巧妙应对，春风化雨，不留痕迹。特别是学生的语言描述，苏老师总是不忘引导更合理、更严谨地表达。这就是大师的水准，教育家的风范，是值得我们一线教师永远学习的地方，给我们以深邃的思考与深刻的启迪。"行走在路上，梦就在前方。"我相信，在苏老师这样的大家的思想引领下，我会继续追求自己多年来的梦想，坚定走专业成长道路的信念，不断打磨自己的教育教学本领，不忘初心，不辱使命，甘于清贫，默默耕耘，为学生更有尊严地生存而努力。

▶ **河南省开封市群力小学丁素琴老师：**

今天我心情特别激动，苏明强教授一节"揭秘分数大家族——真分数假分数"的教学，让我充分领略到了大师的风范！精彩的讲座让我感受到了数学的魅力！他机智幽默的语言不仅让小学生敬佩，让大学生喜欢，就连我们这些参加培训的老师都听得入了迷。他对数学本质的把握，对数学思想的恰到好处的融入，对数学思考的展现，让我感受到数学的神奇与美妙！我要学习，学习，再学习！听了苏老师的这节数学课，内心感受最深的是，小学数学课竟然还能这样上，真正体会到了魅力数学的魅力所在。这种上课方式，不光学生喜欢，老师也喜欢，这样去上数学课，学生的注意力都被吸引到了课堂上，怎么能学不好数学呢？当教师抓住了数学课的本质，找到了数学课的魅力切入点，不仅能轻松完成每节课的任务，而且还能让学生的思考更加精彩，还原数学和学习的本身魅力，让数学焕发青春的魅力，让课堂追寻应有的味道，让学生的语言表达更精彩，让精彩成为一种常态。通过学生的思维拓展，让学生学到知识，长出见识，悟出道理，真正达到魅力的极限。

▶ **河南省漯河市漯河小学侯玲老师：**

今天很幸福地拥有和苏明强教授在一起的一天，快乐，美好！苏教授幽默风趣的语言、浑然天成的教学风格，给我留下了深刻的印象，也让孩子们感受到苏老师的魅力、数学课堂的魅力。一节课下来，孩子们依然不舍得下课，不舍得离开。太神奇了，苏教授的课堂竟然对孩子有那么大的魔力。苏教授曾说过：一节成功的数学课，总是能够让人看到学生数学素养的提升，总是能够让人看到学生用数学思想去思考问题。的确，苏教授就是朝着这个方向去前进的。通过今天的学习，我对小学数学课堂有了较深的体会和理念领悟，增强了我成为科研型教师的信心，收获了丰富的教学理念和教学经验。在今后的教育教学工作中，我将用一颗对数学教育执着追求的热爱之心，不断地丰富自己，提升自己，完善自己，让自己的数学课堂也成为魅力课堂！

▶ **河南省灵宝市尹庄镇岳渡小学王小山老师：**

一间教室一群人，一支粉笔一张嘴，把握教材站位高，教学设计有新意。课前铺垫气氛好，课上方觉互动妙，一字一句有意图，抓住本质水平高。教师语言得注意，用词表情和语气，综合才能都具备，课堂迸发新活力。课堂就像大舞台，分数演绎真精彩，四十分钟不过瘾，只好下午来期待。人生道路千万条，探索课堂第一条，小数教学有梦想，一路追梦向前跑。四月八日创奇迹，小数届内是传奇，苦思冥想有一套，明强课堂真魅力。教育路上有梦想，不忘初心齐飞翔，携手共进走得远，幸福之花必绽放。

第二节 教学内容与分析

"真分数假分数",属于数与代数领域中"数的认识"的教学内容。人教版安排在五年级下册第四单元,苏教版安排在五年级下册第四单元,北师大版安排在五年级上册第五单元,冀教版安排在五年级下册第二单元,青岛版安排在五年级下册第二单元,西师版安排在五年级下册第二单元。

本节将从知识体系、教材比较、数学本质、数学"四基"、数学"四能"、核心素养等几个角度分析本节课的教学内容,以期为大家深入研究本课的有关教学问题提供参考。

一、知识体系分析

有关分数的知识体系,已经在"好玩三 分数的初步认识"一章的第二节进行了详细阐述,这里不再进行说明。

二、教材比较分析

人教版安排在五年级下册第四单元"分数的意义和性质",教材通过例题1和例题2呈现了真分数、假分数和带分数三个概念。例1首先要求在三个圆中分别涂出$\frac{1}{3}$、$\frac{3}{4}$和$\frac{5}{6}$,并说一说分数单位,然后机器人提示:"这些分数的分数单位分别是什么""它们各有几个相同的分数单位",最后比较每个分数的分子和分母的大小，引出真分数的概念——分子比分母小的分数叫作真分数。例 2 首先把一个圆作为单位"1"，要求在三组圆中分别涂出 $\frac{3}{3}$、$\frac{7}{4}$ 和 $\frac{11}{5}$，然后询问"这些分数比 1 大还是比 1 小"，最后给出假分数的概念——分子大于或等于分母的分数叫作假分数，以及带分数的概念——像 $2\frac{1}{5}$、$1\frac{3}{4}$ 这样由整数和真分数合成的数叫作带分数。

苏教版安排在五年级下册第四单元"分数的意义和性质"，教材通过例题 5 和例题 6 呈现了真分数、假分数的概念。例题 5 首先要求分别在三个圆中涂出 $\frac{1}{4}$、$\frac{3}{4}$ 和 $\frac{4}{4}$ 三个分数，提示"每个分数里各有几个 $\frac{1}{4}$"，接着要求在两个圆中涂出 5 个 $\frac{1}{4}$，提示"5 个 $\frac{1}{4}$ 是几分之几"。例题 6 首先要求在三组图形中分别涂出 $\frac{2}{5}$、$\frac{10}{5}$ 和 $\frac{13}{5}$ 三个分数，接着提示"每个分数里各有几个 $\frac{1}{5}$"，最后通过比较以上分数中分子和分母的大小，再将这些分数进行分类，从而得出真分数的概念——分子比分母小的分数叫作真分数，以及假分数的概念——分子比分母大或分子与分母相等的分数叫作假分数。教材在例题 7 中再给出带分数的概念。

北师大版安排在五年级上册第五单元"分数的意义"。教材首先创设了"分饼"的生活情境——5 张饼平均分给 4 个人，提出问题"每人分到多少张饼"，并用图示说明了每人分到的结果 $1\frac{1}{4}$。智慧老师说："$1\frac{1}{4}$ 是带分数，读作：一又四分之一。"然后，通过图示呈现一张一张分的办法，给出淘气在分的时候所遇到的困惑——每人怎么分到 $\frac{5}{20}$，并提示"5 个 $\frac{1}{4}$ 相加是 $\frac{5}{4}$"。接着，直接给出真分数——像 $\frac{1}{2}$、$\frac{1}{4}$、$\frac{2}{3}$、$\frac{3}{4}$ 这样的分数是真分数，假分数的概念——像 $\frac{3}{2}$、$\frac{3}{3}$、$\frac{5}{4}$、$\frac{9}{4}$ 这样的分数是假分数。最后，呈现一条数线和七个分数，要求把每个分数填在相应的位置上，并说一说哪些是真分数、哪些是假分数。

冀教版安排在五年级下册第二单元"异分母分数加减法"，教材通过例题 1 和例题 2 呈现了真分数、假分数和带分数三个概念。例题 1 首先给出两组图形，要求分别写出涂色部分所表示的分数，分别是 $\frac{5}{6}$、$\frac{2}{5}$、

$\frac{3}{8}$ 和 $\frac{4}{4}$、$\frac{7}{4}$、$\frac{13}{8}$，然后提示"比较两组分数，你发现了什么"，提供了三个小朋友的发现"第一组的分数分子比分母小……""第一组的分数都比1小……""第二组的分数中，$\frac{4}{4}$ 的分子和分母相等，其他两个分数的分子大于分母"，最后给出真分数的概念——分子比分母小的分数叫作真分数，以及假分数的概念——分子比分母大或分子与分母相等的分数叫作假分数。例题2首先呈现问题：把5个苹果平均分给4个小朋友，每人分得几个？要求小组合作分一分，并用算式表示分的结果——$5 \div 4 = 1\frac{1}{4}$（个），从而引出带分数的概念——一个整数（0除外）和一个真分数合成的数叫作带分数，同时给出带分数的各部分名称（整数部分、分数部分）和读法。

通过以上分析，我们可以发现，四套教材编写的差异性比较大，共同之处主要有：强调"数"与"形"的结合，强调通过在圆形中涂色学习真分数和假分数的概念，强调真分数、假分数与1的大小关系。不同之处主要体现在以下几个方面：第一，概念的引入方式不同，人教版、苏教版和冀教版都是直接从数学引入，而北师大版是从"分饼"的情境中引入。第二，概念的理解方式不同，人教版、苏教版和北师大版都强调了通过分数单位理解假分数，而冀教版没有这方面的文字提示。北师大版强调通过数线的位置，理解真分数和假分数与1之间的关系，而人教版、苏教版和冀教版没有出现数线。第三，概念的定义方式不同，人教版、苏教版和冀教版都采用"属差式定义法"，直接刻画真分数和假分数这两个概念的本质——真分数分子比分母小，假分数分子比分母大或分子与分母相等，而北师大版采用"描述式定义法"，没有直接刻画真分数和假分数概念的本质。第四，概念的出现顺序不同，人教版、苏教版、冀教版都是先给出真分数、假分数的概念，再给出带分数的概念，而北师大版是先出现带分数的概念，再出现真分数和假分数的概念。

三、数学本质分析

在本节课中，涉及三个概念——真分数、假分数和带分数，主要概念是真分数和假分数。下面，我们来分析一下真分数和假分数的数学本质。

从学科的角度分析，我们知道算术是代数的基础，算术主要学习整数、分数和小数的四则运算，代数主要按照"量""数""式""方程""函数"的顺序递进，数是量的一种抽象。因此，真分数是比 0 大比 1 小的量的一种抽象，假分数是大于 1 或者等于 1 的量的一种抽象。这样真分数和假分数合起来就覆盖了大于 0 的数的世界，这样的世界是美妙的，不仅原来的自然数"镶嵌"其中，而且发现了数的世界中另外的一片天地，从而实现了数域的有效扩充——将整数成功扩充到有理数。在这个过程中，假分数扮演着极为重要的地位，如果只有真分数而没有假分数，那么，数域无法顺利完成扩充，这个时候，从学科的角度讲，分数也就失去了存在的价值。

从分数的角度分析，真分数与假分数是分数的再认识。分数是一个属概念，属于上位概念，而真分数和假分数是种概念，属于下位概念。从这个角度分析，真分数是一种分数，假分数也是一种分数。因此，人教版、苏教版和冀教版采用"属差式定义法"，给真分数下了定义——分子比分母小的分数叫作真分数，也给假分数下了定义——分子比分母大或分子与分母相等的分数叫作假分数。这样的定义方式，能够很好地体现出真分数是分数、假分数也是分数这一数学本质。从这个角度看，这样的定义方式是科学的、合理的。

从运算的角度分析，数是解决运算封闭性问题的一种结果。在自然数的集合中，为了完全解决减法运算的问题，就产生了负数，这个时候数域就从自然数扩充到整数。在整数的集合中，为了完全解决除法运算的问题，就产生了分数，这个时候数域就从整数扩充到有理数。在有理数的集合中，为了完全解决正数开方的问题，就产生了无理数，这个时候数域就从有理数扩充到实数。在实数的集合中，为了完全解决负数开方的问题，就产生了虚数，这个时候数域就从实数扩充到复数。这是数与运算的基本关系。

从这个角度分析，真分数是被除数小于除数，是除法运算的结果，而假分数是被除数大于或等于除数，也是除法运算的结果。换句话说，在除法运算中，我们从被除数和除数大小关系的角度，不仅产生了概念划分的分界点 1，而且产生了新的概念：被除数小于除数，结果是真分数，真分数小于 1；被除数大于等于除数，结果是假分数，假分数大于或等于 1。在这一点上，除法和减法相似，在减法运算中，我们从被减数和减数大小关系的角度，产生了分界点 0，也产生了新的概念——正数和负数。因此，有了真分数和假分数，除法运算的结果就都能进行表示了，这就是分数的价值所在。

四、数学"四基"分析

1. 从基础知识的角度分析

本节课的知识点主要有两个方面：一是三个数学概念——真分数、假分数、带分数，二是基本结论——真分数小于 1 和假分数大于或等于 1。

2. 从基本技能的角度分析

本节课的技能点主要有三个方面：一是正确读写真分数、假分数和带分数，二是正确判断真分数和假分数，三是解决简单实际问题。

3. 从基本思想的角度分析

本节课蕴含的基本思想是抽象思想，主要包括分类思想、集合思想、数形结合思想和变中不变思想。在本节课的教学中，我们可以用 $\frac{1}{4}$ 作为计数单位，让学生数出 12 个 $\frac{1}{4}$，并在数线上找到这 12 个 $\frac{1}{4}$ 所对应的的位置，通过"数"与"形"的结合，让学生理解"几个四分之一，就是四分之几"，由此产生 12 个分数，然后引导学生对这 12 个分数进行分类，从而产生真分数和假分数的概念。这个过程就能让学生体会分类思想、集合思想、数形结合思想和变中不变思想。

4. 从基本经验的角度分析

本节课不仅可以帮助学生积累观察的经验和操作的经验，还可以帮助学生积累思维的经验。这里观察的经验主要在于观察发现几个四分之一就是四分之几，操作的经验主要在于能在数线上找到相应的分数，会正确读写、判断真分数和假分数。思维的经验主要在于能凭借归纳推理得出真分数和假分数的特征，能凭借类比推理从真分数、假分数想到真小数和假小数等。

五、数学"四能"分析

从数学"四能"的角度分析，我们应该确定一个核心问题，用核心问题统领全课，再设计一个问题串，让学生在数学思考中发现问题和提出问题，然后分析问题和解决问题，以此促进学生深度思考，培养学生发现问题、提出问题、分析问题和解决问题的能力。

这节课如何融入数学"四能"的教学呢？我的思考是：我们可以把课题"真分数和假分数"直接改为"揭秘分数大家族——真分数假分数"，换句话说，本节课的学习定位是揭开分数的奥秘，这样就给本节课的学习增添了许多神秘的色彩。因此，按照这样的定位，我们就可以设计本课教学推进的路径：有没有奥秘？如果有，是什么？在哪里可以看到这些奥秘？通过学习还能提出新的问题吗？

"有没有""是什么""在哪里""还有吗"这四个问题就形成了一个问题串，通过这四个问题就可以有效推进课堂教学的进程，促进学生的思考，让学生在问题的思考中，学习知识，增长见识，感悟道理，从而把数学"四能"的基本理念落到实处。

六、核心素养分析

从核心素养的角度分析，本节课可以培养的核心素养主要是量感和数感。

量感在这里主要是指对"真分数"和"假分数"大小关系的感悟，真分数小于1，假分数大于等于1，感悟量的大小关系，数线是一个重要载体。教学时，我们可以引入数线，把同分母的真分数和假分数分别在数线上标识出来，然后引导学生观察数线上的相应位置，学生能直观地发现真分数、假分数与1的大小关系，通过数线建立起分数的"真假模型"，从而感悟真分数、假分数的大小关系。

数感在这里主要是指对"真分数"和"假分数"概念内涵的感悟，进一步丰富学生对"分数"的认识，体会到"真分数"和"假分数"一样，都是一种分数。教学时，我们可以通过把一个圆平均分成 4 份，其中的 1 份用 $\frac{1}{4}$ 进行表示，由此产生了分数，接着以 $\frac{1}{4}$ 为单位，通过数一数，形成了 $\frac{1}{4}$ 的分数家族，再通过分一分，把这个家族的分数分成真分数和假分数，由此建构起分数的概念体系。这样，学生不仅学习了新的概念，而且感悟了概念之间的联系，进一步发展了数感。

综合以上六个方面的分析，根据《2022 版课标》的基本理念，我们可以拟定本节课的教学目标如下：

（1）在观察、思考、表达等数学活动中，掌握真分数、假分数的概念，了解带分数的意义，理解真分数小于 1 和假分数大于或等于 1，能正确读写、判断真分数、假分数和带分数，会解决简单实际问题。

（2）经历发现问题、提出问题、分析问题、解决问题的过程，感受真分数、假分数产生的过程，发展量感和数感，体会分类思想、集合思想、数形结合思想和变中不变思想，积累观察的经验、思考的经验和表达的经验。

（3）感受数学知识内部之间的紧密联系，体会数学的神奇与美妙，树立学好数学的信心，激发学习数学的兴趣，养成善于思考的习惯。

第三节 教学问题与思考

基于多年的思考、实践和研究，我所倡导的"魅力课堂"教学主张，从根本上看，是一种"以情优学"的教育思想，就是通过情感态度与价值观这一维度的高度达成，促进知识与技能和过程与方法两个维度教学目标的更好达成，三维教学目标和谐统一，从而实现数学课程三维教学目标的整体落实。

"以情优学"是我基于大量的教学实践与研究，2020年春季居家隔离期间，深度反思后提出的一个教学思想，通过"三情"优化"三学"，旨在通过积极的情绪、良好的情感和理性的情操，优化学习的材料、学习的过程和学习的结果。

魅力课堂实质上是"以情优学"教学思想在小学数学中的一种教学主张，强调通过把握数学本质，融入数学思想，突出数学思考，积累数学经验，让课堂焕发数学应有的魅力，让学生绽放生命应有的活力，促进学生更好地学知识、长见识、悟道理。这就是魅力课堂的"4+2+3"模式。

为了让课堂有魅力，为了让思考有乐趣，为了让数学真正好玩起来，我们强调教学设计要把握好教学的四个关键要点——基准点、生长点、延伸点、拓展点。其中，基准点涉及教学的角度问题，生长点涉及教学的梯度问题，延伸点涉及教学的深度问题，拓展点涉及教学的广度问题。因此，我们在设计一堂课的教学方案时，要注意关注教学的角度、梯度、深度和广度。下面，我们以"真分数假分数"一课为例，讨论一下课堂教学设计的有关问题。

一、教学设计把握好课堂教学的"基准点"

"基准点"是魅力课堂的重要基础,把握好课堂教学的"基准点"是魅力课堂教学设计的第一要务。"基准点"关系到课堂教学中的"基调"和"基点"问题。因此,要让课堂富有魅力,就必须设计好一节课的"基准点"。设计时要注意遵循"站位要高、基点要低"的原则,也就是要站在数学本质的高度设计一节课的"基调",要立足学生已有的知识和经验设计一节课的"基点",这样才能更为科学、合理地确定一节课的"基准点"。

假分数不仅仅是分数知识中的一个新概念,假分数的产生,让分数彰显出独特的存在价值,让分数真正"兼容"了自然数,实现了数域的伟大扩充,进一步丰富了分数家族。分数作为一种数,它具有可数性,假分数的产生源于分数的可数性。因此,本节课教学的"基调"就确定在"揭开分数大家族的奥秘"和"治疗分数学习中所受的内伤"上,教学的"基点"就确定在学生"已有的知识和经验"基础上,让学生在复习回顾中带着期待和好奇,开启分数探秘之旅,为课堂焕发数学应有的魅力,奠定积极的情绪基础。

教学时,我们可以事先引导学生回顾三年级的"分数的初步认识",让学生随意写出几个分数,一起读一读、看一看,然后想一想为什么它们都是分数,让学生从外形和结构上,明确分数都有分数线、分母和分子,从而建立起分数的基本模型,为后面理解假分数也是分数奠定重要的模型基础。同时,告诉学生,这节课即将揭开分数大家族的秘密。

二、教学设计把握好课堂教学的"生长点"

"生长点"是魅力课堂的关键所在,把握好课堂教学的"生长点"是魅力课堂教学设计的第二要务。"生长点"关系到课堂教学中新课的推进和新知的生长问题,不仅要符合学科知识发展的逻辑,而且要符合学生认知发展的逻辑。因此,要让课堂富有魅力,必须设计好一节课的"生长点"。

本节课的生长点主要有两个：一是由一个分数单位生长出一个分数家族，二是由家族成员的分类生长出真分数和假分数的概念。

从数学学科发展的角度看，分数的产生和发展，本质上是解决除法运算封闭性的需要，把 $\frac{5}{4}$ 看成是 5÷4 运算的结果，这是本节课新知识"生长"的一种方式。然而，这样的方式不一定最符合学生的认知发展逻辑。因此，我们还可以立足分数单位的本质属性——可数性，让假分数在数分数单位的过程中自然地"生长"，让真分数和假分数的概念在生活经验的类比中自然地"生长"，让分数家族的奥秘在数与形的结合中自然地"生长"，由浅入深，深入浅出，打开分数奥秘之门，为课堂焕发数学应有的魅力奠定良好的情感基础。

教学时，我们首先可以复习已有的知识，把一个圆片平均分成 4 份，其中的 1 份用 $\frac{1}{4}$ 进行表示，由此引出分数单位 $\frac{1}{4}$，然后以 $\frac{1}{4}$ 为计数单位，引导学生数一数这个圆中有几个 $\frac{1}{4}$，并接着数 8 个 $\frac{1}{4}$，将这 12 个 $\frac{1}{4}$ 的卡片摆放在黑板上。其次，我们在黑板上画一条数线，让学生在数线上分别找到这 12 个 $\frac{1}{4}$ 的家。接着，再把卡片抽出来，边数边写，在数线的相应位置写上对应的分数，1 个 $\frac{1}{4}$ 就是 $\frac{1}{4}$，2 个 $\frac{1}{4}$ 就是 $\frac{2}{4}$，3 个 $\frac{1}{4}$ 就是 $\frac{3}{4}$，4 个 $\frac{1}{4}$ 就是 $\frac{4}{4}$，5 个 $\frac{1}{4}$ 就是 $\frac{5}{4}$，6 个 $\frac{1}{4}$ 就是 $\frac{6}{4}$……最后，将这 12 个分数进行分类，观察每一类分数的特点，由此产生真分数和假分数的概念。

三、教学设计把握好课堂教学的"延伸点"

"延伸点"是魅力课堂的基本保证，把握好课堂教学的"延伸点"是魅力课堂教学设计的第三要务。"延伸点"关系到课堂教学中新知内化与技能巩固的持续推进问题，在纵向延伸中，推进新知的内化，不仅要符合学科知识发展的逻辑，而且要符合学生认知发展的逻辑。在横向延伸中，推进技能的巩固，要促进学生更为积极地思考。因此，要让课堂持续富有魅力，必须设计好一节课的"延伸点"。本节课的延伸点主要有两个：一是由假分数纵向延伸到带分数，二是由真假分数横向延伸到综合应用。

我们可以试图在建构真分数、假分数概念的基础上，通过纵向延伸的设计，借助"数线"模型，通过数形结合的手段，促进假分数这一概念的内化，让学生不仅从感性认识上升为理性认识，进一步深化对概念的理解，而且体会数形结合思想。通过横向延伸设计，借助"分数"模型，通过问题促进学生更为积极地思考，不仅进一步巩固基础知识和基本技能，而且积累数学思维活动经验。通过纵横延伸的设计，让学生在巩固知识、习得技能的同时，增长见识，感悟道理，领略分数的奥秘之道，为课堂焕发数学应有的魅力奠定理性的情操基础。

教学时，我们可以通过数形结合，引导学生观察，把4个$\frac{1}{4}$的卡片围成一个圆，从而让学生直观形象地理解4个$\frac{1}{4}$其实就是1。再增加一个$\frac{1}{4}$，通过直观观察，学生不难发现5个$\frac{1}{4}$就是比1多了1个$\frac{1}{4}$，这时就顺理成章地引申出带分数$1\frac{1}{4}$。以此类推，6个$\frac{1}{4}$就是比1多2个$\frac{1}{4}$，就是$1\frac{2}{4}$；7个$\frac{1}{4}$就是比1多3个$\frac{1}{4}$，就是$1\frac{3}{4}$；8个$\frac{1}{4}$就是2；而9个$\frac{1}{4}$就是比2多1个$\frac{1}{4}$，就是$2\frac{1}{4}$；10个$\frac{1}{4}$就是比2多2个$\frac{1}{4}$，就是$2\frac{2}{4}$；11个$\frac{1}{4}$就是比2多3个$\frac{1}{4}$，就是$2\frac{3}{4}$；12个$\frac{1}{4}$就是3。

四、教学设计把握好课堂教学的"拓展点"

"拓展点"是魅力课堂的根本保障，把握好课堂教学的"拓展点"是魅力课堂教学设计的第四要务。"拓展点"关系到课堂教学中数学思考的深度和广度。通过类比推理，让学生发现并提出新的问题，有力推进数学思考，让思考永远在路上，让奇妙永远在心上。因此，要让课堂具有无穷的魅力，必须设计好一节课的"拓展点"。本节课的拓展点主要有两个：一是由真假分数拓展到真假小数，二是由已有知识经验拓展到发现新的问题。

数学的魅力来自内在的联结和惊奇的发现，课堂的魅力来自思维过程产生的乐趣，学习的乐趣来自享受思考的过程。因此，我们要把握好教学的"拓展点"。

教学时，我们可以通过类比迁移，启发学生凭借经验和直觉，借助合情推理，进一步拓展数学思考的深度和广度，学会思考，从而让课堂焕发数学应有的魅力，让学生绽放生命应有的活力。

学生通过分数与小数的联结，借助类比推理的方式，发现新的问题，提出真假小数的猜想，并凭借本课所形成的直觉，初步推断0和1之间的小数是真小数，1或1右边的小数就是假小数。接着，将分数的分子或分母试图替换成0、小数或分数，又发现并提出一系列有价值的问题和猜想，不仅拓展了数学思考的深度和广度，而且培养了数学"四能"和创新意识。

在联结中想象，在类比中推理，在思考中享受，在探索中成长，一节课的学习虽已经结束，一阵子的思考却刚刚开始。翻过了一座山，却看到了更加迷人的景色，这就是魅力课堂的美好愿景！

第四节　教学实录与评析

假分数怎么来的？假分数是数出来的，用分数单位数一数，就可以数出假分数，这就是"揭秘分数大家族——真分数假分数"一课设计时的主要观点。同时，在本节课的教学研究中，我第一次提出教学设计的四个要点——基准点、生长点、延伸点和拓展点。

下面是根据 2019 年 10 月 18 日在江苏南京的一次分享现场的教学实况整理出的教学实录。

一、概念的回顾与引入——教学的基准点

师：（直接出示课题）同学们，大家齐读一遍今天的课题。

生：（齐读）揭秘分数大家族——真分数假分数。

师：三年级的时候，老师有没有帮你们揭开分数的奥秘呢？

生：（齐声）没有。

师：你们知道为什么那个时候老师不揭开分数的奥秘吗？

生：（齐声）不知道。

师：老师担心你们知道了，心里会"受不了"。今天你们已经长大了，我们就一起来揭开分数大家族的奥秘。

（学生欢笑且惊讶。）

师：我们回忆一下，你们还记得分数吗？请大家在练习本上写出一个分数，我请六位同学写在黑板上。

（学生依次板书$\frac{1}{2}$、$\frac{7}{10}$、$\frac{4}{5}$、$\frac{11}{20}$、$\frac{5}{8}$、$\frac{87}{100}$。）

师：（指着这些分数）很好，你们真的还记得三年级学过的分数。但是，我一看就看出来了，你们已经受了严重的"内伤"，通过今天的学习，我一定会帮你们把"内伤"治好。

（学生很吃惊，你看看我，我看看你。）

师：像这样的分数，你们写得完吗？

生：（自信、轻易地回答）写不完。

师：对了。分数是一个大家族，不仅有无数个成员，还拥有许许多多不同的小家族。我们为什么说它们都是分数？那是因为它们都长这个样子（板书：$\frac{[\ ]}{[\ ]}$），它们都有分数线、分母和分子。

评析

在这里通过复习已有的知识——"分数的初步认识"，再现分数的各部分名称，在此基础上，从形式和结构的角度，进一步帮助学生建立起分数的基本模型，为后面理解假分数也是分数，提供一个直观的结构模型。在"分数的初步认识"的学习中，多数老师习惯性地强调"取出"，用"取出"来理解分数，但这样是"取不出"假分数的，这就为假分数的学习埋下了"隐患"：用"取出"无法理解假分数存在的合理性，学生在分数初步认识中已经受了"内伤"。因此，这节课的任务就是通过"数分数"的活动，从根本上治愈学生的"内伤"，从一个全新的角度，理解假分数存在的合理性，这是本节课的教学基准点。于是，用"揭秘分数大家族"为题直接引入教学，把分数当成一个大家族，为学生形象理解分数奠定基础。

二、概念的形成与理解——教学的生长点

1. 形式上产生假分数

师：同学们，为了探索分数大家族的奥秘，我们就选取一个小家族进

行研究，（板演圆形卡片）把一个圆平均分成4份，其中的1份可以用哪个分数表示？

生：（齐声）四分之一。

师：$\frac{1}{4}$就是这个家族的"首领"，大人们还常说它是这个家族的"分数单位"，这样说，你们受得了吗？

生：受得了。

师：很好，心理承受能力很棒。现在黑板上有几个$\frac{1}{4}$？

生：（跟着老师数）有4个。

师：今天我还带来了一些，大家一起数一数，一共有几个$\frac{1}{4}$？

生：5个$\frac{1}{4}$，6个$\frac{1}{4}$……一共有12个$\frac{1}{4}$。

师：（指着黑板上已经画好并标有0、1、2、3的数线）下面，我们一起来帮助这12个$\frac{1}{4}$在数线上找到它们相应的家。

师：请问第一个$\frac{1}{4}$的家在哪里？请一个同学上来找一找，并把这个$\frac{1}{4}$（卡片）放在数线的相应位置上。

（学生把第一个$\frac{1}{4}$准确放在数线的相应位置上。）

师：再请一位同学帮助第二个$\frac{1}{4}$在数线上找到它的家。

（学生把第二个$\frac{1}{4}$放在数线的相应位置上。）

……

师：很好，大家已经帮助12个$\frac{1}{4}$在数线上都找到了它们的家。这个家族首领$\frac{1}{4}$非常了不起，它一下子生出了这么多的"宝宝"。

（学生开心地笑了。）

师：（把第一个$\frac{1}{4}$的卡片从数线往上移开）请大家认真观察，跟着老师边说边在练习本上写一写，1个$\frac{1}{4}$是几分之几？

生：$\frac{1}{4}$。

师：（把第二个$\frac{1}{4}$的卡片从数线往上移开和第一个$\frac{1}{4}$合在一起）2个$\frac{1}{4}$是几分之几？

生：$\frac{2}{4}$。

师：（以此类推）3个、4个、5个……12个$\frac{1}{4}$，各是几分之几？

生：$\frac{3}{4}$、$\frac{4}{4}$、$\frac{5}{4}$……$\frac{11}{4}$、$\frac{12}{4}$。

师：还可以继续"生"下去吗？

生：（欢笑）可以。

师：可以"生"几个？

生：无数个。

师：这个"首领"太了不起了。我们一起读一读它生下来的孩子，请大家深深吸一口气，开始——

生：四分之一、四分之二……四分之十二。

师：我们接着来读一读这些分数的分子。

生：一、二、三……十二。

师：我们再来一起读一读这些分数的分母。

生：四、四、四……四。

师：这就是为什么它们都是同一个家族的原因，因为它们的分母都一样，也就是它们的"妈妈"都相同。

师：这12个分数，你们三年级的时候经常看到哪几个？

生：$\frac{1}{4}$、$\frac{2}{4}$、$\frac{3}{4}$。

生：有时也有见到$\frac{4}{4}$。

师：今天见到了$\frac{5}{4}$、$\frac{6}{4}$……$\frac{12}{4}$，你心里受得了吗？

生：受不了！

师：为什么受不了呢？

生：老师，一个圆平均分四份，怎么能"取出"五份呢？

师：你说出了大家的困惑。这就是你们在三年级学习分数时受到的"内伤"，我们现在已经长大了，我要告诉你们，这些你们心里受不了的分数，它们不是"取出"来的，而是 $\frac{1}{4}$ "生出"来的，也就是用 $\frac{1}{4}$ 数出来的。比如，5个 $\frac{1}{4}$ 就是 $\frac{5}{4}$ ，这样心里好受些了吗？

生：心里好受多了。

评析

在这里通过形象比喻分数单位 $\frac{1}{4}$ 是家族"首领"，是这个分数家族的"妈妈"，由"妈妈"生出了许多"宝宝"，由此把抽象的数学与形象的生活紧密联系起来，为学生理解数学提供了鲜活的生活模型。通过"数"与"形"的结合，让学生直观理解了"几个四分之一就是四分之几"，体会数形结合思想。在"数一数""读一读""写一写"的活动中，把分数的表示法与自然数的表示法有机统一起来，从而产生了假分数，并在形式上初步接纳了假分数的存在，为下面理解假分数的概念奠定了重要基础。

2. 根本上理解假分数

师：（指着数线上的分数）大家再认真看一看，想一想。$\frac{1}{4}$ 这个"首领"真伟大，这个家族有了它，就有了 $\frac{2}{4}$、$\frac{3}{4}$……"妈妈"（分母）不变，而"孩子"（分子）却不断变大。如果让你们给这个家族的成员分一分类，你准备怎么分？

生：我想把 $\frac{1}{4}$、$\frac{2}{4}$、$\frac{3}{4}$、$\frac{4}{4}$ 分成一类，其他的分成一类。

师：为什么这样分呢？

生：因为 $\frac{1}{4}$、$\frac{2}{4}$、$\frac{3}{4}$、$\frac{4}{4}$ 这几个分数看起来心里好受些，其他那些分数看起来心里不好受。

生：（欢笑）我想把 $\frac{1}{4}$、$\frac{2}{4}$、$\frac{3}{4}$ 分成一类，其他的分数分成一类。

师：你又是怎么想的呢？

生：老师你看，$\frac{1}{4}$、$\frac{2}{4}$、$\frac{3}{4}$这三个分数，"孩子比妈妈小"，这样的孩子肯定是"亲生"的，是"真"的。而$\frac{4}{4}$这个分数，"孩子和妈妈一样大"，后面的分数"孩子都比妈妈大"，这怎么可能！肯定不是"亲生"的，很可能是"抱养"的，是"假"的。

（这名学生的形象比喻让全班同学大笑。听课老师自发鼓掌。）

师：刚才这两位同学都说出了自己的想法，挺有道理，很有意思，给他们掌声鼓励。这两种分法共同之处是都把这个家族分成了两类，不同之处主要是$\frac{4}{4}$，你们觉得它应该归在前面这一类，还是应该归在后面这一类呢？

生：（异口同声）后面这一类。

师：为什么？

生：（异口同声）它不是"亲生"的。

师：（笑着说）看来第二位同学的想法和解释已经说服了大家。虽然$\frac{4}{4}$从表面上看还能受得了，但是"孩子（分子）和妈妈（分母）一样大"，这一点和前面一类还是有着本质区别，因此我们就把它归为第二类。

师：如果让你们给后面这一类分数取个名字，你们想叫它什么？

生：（齐声）假分数。

师：为什么？

生：（个别学生抢答）不是"亲生"的，肯定是"假"的！

师：（板书：假分数）这个名字取得好，有意思。不是"亲生"的，就是"假"的。如果后一类叫它假分数，那么前面这一类你们又想叫它什么？

生：（齐声）真分数。

师：（板书：真分数）真分数、假分数，这两个名字取得好，我完全同意！请你们给自己热烈掌声！这就是分数这个家族的第一个奥秘。

师：请大家思考一个严肃的问题，假分数是不是分数？为什么？

生：是。假分数也长着分数的样子，有分数线、分母、分子。

师：很好，理由很充分。虽然名字叫假分数，但仍然是分数，这就是分数这个家族的第二个奥秘。

师：（指着数线）大家认真观察一下$\frac{1}{4}$这个家族的分数，你发现真分数和假分数还有什么奥秘呢？

生：真分数都住在"0和1之间"，假分数都住在"1的右边"。

生：（马上补充）假分数还可能住在"1"的家里。

师：$\frac{1}{4}$这个家族，谁住在"1"的家里？

生：（齐声）$\frac{4}{4}$。

师：观察得真仔细。（画一条弧线并板书"真"）真分数的"家"在"0和1之间"，（画一条带有箭号的弧线并板书"假"）假分数的家在"1或1的右边"。这就是分数这个家族的第三个奥秘。

师：大家再仔细观察、认真思考，你发现真分数和假分数的个数有什么特点？

生：真分数的个数是有限的，假分数的个数是无限的。

师：$\frac{1}{4}$家族的真分数有几个？$\frac{1}{5}$家族呢？$\frac{1}{6}$家族呢？

生：3个、4个、5个。

师：你发现了什么？

生：每个家族真分数的个数不同，真分数的个数比分母小1。

师：真厉害，给他掌声鼓励！这就是分数这个家族的第四个奥秘。

评析

多么生动的解释啊！不是"亲生"的就是"假"的，这为学生理解真分数和假分数的概念，巧妙地提供了一个形象的生活原型。这是在这节课的多次执教过程中，第一次发现还可以这样解释假分数，这是学生的创造，让我大开眼界。我现在还能清楚地记得当时这位女孩说话的样子，现场听课的老师们马上自发响起了热烈的掌声（估计老师们也没有想到可以这样解释）。学生的这一创造，源自于我对分数的生活比喻，把分母比喻成"妈妈"，把分子比喻成"孩子"，妈妈不变，孩子却不断变大。因此，课堂的生成常常与老师的启发引导密不可分，这正说明了老师上课时启发引导的重要性。有了这个生活原型，那么真分数、假分数的概念就自然而然形成了。在这里连续揭开了分数大家族的三个奥秘，把学生的思考引向深入，通过数形结合、形象比喻，不仅让学生学习了知识，增长了见识，感悟了道理，积累了经验，而且体会了分类思想和集合思想，很好落实了数学"四基"理念。

三、概念的巩固与应用——教学的延伸点

1. 产生带分数

师：（指着数线）我们继续研究一下这些假分数，$\frac{4}{4}$其实就是几？

生：其实就是1。

师：对了，别看它（$\frac{4}{4}$）长着分数的样子，其实就是整数1。

师：（指着数线的位置）$\frac{5}{4}$这个假分数从位置上看有什么特点？

生：比1多一个$\frac{1}{4}$。

师：对了，你观察得真仔细。$\frac{5}{4}$其实就是比1多$\frac{1}{4}$。因此，我们又可以把$\frac{5}{4}$写成$1\frac{1}{4}$，这样的形式很特别，它是一个"带有整数的分数"。如果让你给它也取个名字，你想叫它什么？

生：就叫它"带分数"。

师：太棒了。$1\frac{1}{4}$我们读作：一又四分之一。这样受得了？

生：受得了！

师：很棒。你们又长大了！请问$\frac{7}{4}$可以写成哪个带分数呢？

生：$1\frac{3}{4}$。

师：请大家把黑板上的其他假分数都改写成带分数，并读一读。

师：大家有没有新的收获？为什么把这些分数都叫作假分数？

生：它们看起来都是分数，其实都带着"整数"，不"单纯"。

师：说得很好。假分数都可以改写成整数或带着整数的分数。下面，我出几个题目，看看大家是否真的理解了分数家族的奥秘。

2. 应用反馈

师：（指着板书 $\frac{[\ ]}{[\ ]}$）我在分母的位置填上 8，我们就一起研究一下 $\frac{1}{8}$ 家族的问题。请问：如果它是一个真分数，分子最大能填几？

生：（异口同声、快速）填 7。

师：如果它是一个假分数，分子最小能填几？

生：（齐声、快速）填 8。

师：好样的。我们换个题目，（分母擦掉，在分子的位置上填 8）这是研究哪个家族的呢？

生：不知道。

师：为什么？

生：因为分母没有确定。

师：虽然不知道是哪个家族的，但是我们知道这是第几个成员？

生：第 8 个。

师：很好。如果它是一个真分数，分母最小能填几？

生：（思考停顿后回答）填 9。

师：有点难度了，继续加油。如果它是一个假分数，分母最大能填几？

生：（思考后快速回答）填 8。

评析

这里通过两个活动延伸出带分数的概念，一是通过直观观察数线上假分数的位置，将特殊的假分数转变成整数，这是带分数概念形成的重要基础。二是通过直观观察数线上其他假分数的位置，发现它们都是比整数多出几个分数单位，这是形成带分数概念的关键所在。在这些观察经验的基础上，自然而然形成了带分数的概念，并形象地称它们为带着"整数"的分数，这为学生理解带分数的概念奠定了模型基础。接着，把课堂延伸到应用反馈环节，在这里结合课前提供的分数模型 $\frac{[\ ]}{[\ ]}$，通过一系列富有思考性和挑战性的问题，促进学生深入思考，做出相应的判断，进一步巩固真分数和假分数的概念。

四、概念的深化与反思——教学的拓展点

师：通过今天的学习，我们共同揭开了分数这个大家族的奥秘，一下子长大了许多，"内伤"也治好了。我们在学习知识的过程中，不仅增长了见识，还感悟了道理，这就是数学的神奇之处。你们通过今天的学习，还能发现并提出新的问题吗？

生：分数有真假分数，小数有真假小数吗？

师：这是一个好问题，你觉得有吗？

生：（欢笑，稍加思考后回答）我觉得应该有。

师：你觉得 0.9 是真小数还是假小数？说说道理？

生：我觉得是真小数，因为 0.9 在 0 和 1 之间。

师：说得有点道理。那么 1.5 呢？为什么？

生：假小数，因为 1.5 在 1 的右边。

师：还有其他问题吗？

生：有没有带小数？

生：有没有 $\frac{0}{4}$ 这样的分数？

生：$\frac{0}{4}$ 是真分数吗？

生：$\frac{0}{4}$ 是这个家族的"首领"吗？

生：为什么 $\frac{0}{4}$ 不能成为这个家族的分数单位？

生：有没有 $\frac{0.1}{4}$ 这样的分数？

生：$\frac{0.1}{4}$ 是真分数吗？

生：如果 $\frac{0.1}{4}$ 也是真分数，那么 $\frac{1}{4}$ 家族的真分数就不只是 3 个，而是有无数多个了！

生：分数的分母能是小数吗？

生：分数的分母和分子能是分数吗？

师：想到这里，想到这些，你们心里还受得了吗？

生：真的受不了！

师：是啊！现在你们还小，想到这些，确实会有些受不了。通过今天的学习，大家提出了许多非常有价值的问题，这些问题下课后你们可以继续讨论、思考和探索。其实，分数这个大家族还蕴含着许多未知的奥秘，等着你们逐步去发现，这就是数学的美妙之处。

评析

在这里学生从真假分数，拓展思考想到了真假小数的问题，从分数的分子分母都是整数的问题，拓展思考想到了分子分母是小数或分数的问题，从真分数是有限个的问题，拓展思考想到了真分数也是无限个的问题。这就是教学的拓展点。然而，在现实教学中，老师常常是回顾总结这节课的收获后就草草结束了课堂，这样学生就丧失了宝贵的思考机会，课堂就丧失了精彩的生成，教学就丧失了重要的价值。

课堂的拓展点设计非常重要。我们通过一节课的教学，帮助学生积累了数学经验，在课堂即将结束的时候，应该引导学生在今天的知识和经验基础上进一步思考，发现并提出新的问题，不仅很好地落实数学"四能"的教学，而且把课内引向课外，把已知引向未知，把思考引向远方。这才是数学神奇美妙的关键所在，这才是课堂富有魅力的关键所在，这才是数学真正好玩的关键所在。

后　记

　　光阴似箭，岁月如梭，弹指之间，工作至今，已是 26 载。

　　我用了 15 年，熟悉了工作，安顿了家庭，学会了生存，研究了教学。我从一位大学生变成了一位大学教师，为了实现自己的教学梦想，我比较系统地研究了名师的教学艺术，不仅有北京的吴正宪老师、李烈老师、刘德武老师、华应龙老师，而且有江苏的徐斌老师、贲友林老师、张齐华老师，还有浙江的俞正强老师、朱国荣老师、唐彩斌老师，上海的潘小明老师、广东的黄爱华老师。我从他们身上学到了很多，为我深入小学上课奠定了重要基础，在此深表感谢！

　　我用了 10 年，追寻着梦想，叙说着故事，获得了发展，学会了教学。我从一名大学教授变成了一名小学校长，我从一个大学老师变成了小学老师，我学会了在大学做老师，也学会了在小学当校长，我学会了给大学生上课，也学会了给小学生上课。在这 10 年间，我结识了许多新朋友，如储冬生、顾志能、夏永立和郝志萍等。我结合《2011 版课标》，比较深入地研究了小学数学教学的问题，不仅践行课标的新理念，而且提炼出自己的教学主张——魅力课堂，同时总结出自己的教学思想——以情优学，并在全国推广应用。

　　我不仅要感谢单位领导的大力支持，而且要感谢江苏赵国防校长、浙江陈加仓校长、贵州吕传汉教授和张佩玲校长、张艳校长、甘肃孙定国校长、新疆喻绍洲校长，还有福建的洪丽菊校长、傅彩虹校长、李衡校长、李银岚校长、戴英妹校长、黄金泉校长、刘荣锦校长、林文杰校长和林水助校长等。我在他们所在的学校建立了工作站，为我深入开展魅力课堂教学研究提供了重要帮助。

我还要感谢"全国小学数学魅力课堂教学研究实验学校"的校长们，让我的研究成果得以在全国18个省（市、自治区）的43所学校进行推广应用。他们分别是：上海的周卫斌，山东的贾涛、崔允学、安宝杰、宋德敏、王元光、牛伟青，安徽的甄伟，河南的杨磊，重庆的舒马鹰，河北的张义和、王丽静，广西的莫玉霜，贵州的陈才友、李月、杨通文、游爱洋，广东的黄赛勇，内蒙古的闫华英，黑龙江的姚颖、李丹，山西的关信革，云南的木新刚，浙江的沈斌，福建的蓝赠庆、陈利灯、黄榕炜、林江庄、阙荣发、邓其灿、黄学立、连青萍、苏国平、林水助、吕玉秀、吴茂生、温有文、陈起平、吴英哲、郑声奎、陈金毕、梅观应、陈云勇等。在此一并深表感谢！

我用了45天，回忆着过去，描述着梦想，述说着思考，完成了书稿。我详细回忆着一路走来的点点滴滴，我详细再现了一路走来的教学故事，我认真撰写着每一节课的教学思考和设计。我要特别感谢史宁中教授和吴正宪老师百忙之中抽空为本书作序，我要感谢朱永通先生给我这样的机会和勇气。我要感谢我家人的理解、支持和鼓励，帮我创造了一个幽静的环境，让我无忧无虑地穿梭在东湖之畔与学府之间，顺利完成了书稿的写作。

我要感谢李培芳、许贻亮、叶育新、冯玉新、白金华、通途、陈沙沙、邵军红、张海军、龚雪燕、胡艳丽、吴勤、丁素琴、侯玲和王小山等老师，为我的课例撰写了听课感受。我要感谢书中出现的所有小朋友，真诚诉说了他们的学习体验和心理感受。我还要感谢我们2018级小学教育专业的大学生唐梅芳、吴欣铌、谢琪瑶、黄瑶卿、潘芳芳、周吉和她的爸爸周德树老师，他们作为本书的第一批读者，不仅对书稿进行了核对，详细谈了阅读感受，而且还给我提出了宝贵的意见和建议！

我将再用10年，继续怀揣梦想，砥砺前行，努力践行《2022版课标》的理念，在小学数学教学研究的道路上，朝着既定的目标，继续谱写更加绚丽多彩的新篇章。

我爱数学，更爱小学数学；爱蓝色的天空，更爱纯洁的心灵；我愿意用一颗平常的心去做喜欢的事，更愿意用一颗纯洁的心去做专业的事。

回头看——已成往昔，向前看——还需努力！

2022年9月